世界の都市体系研究

阿部和俊著

古今書院

はじめに

　筆者はこれまで経済的中枢管理機能を指標として日本をはじめとしていくつかの国をとりあげ、都市や都市システムを分析してきた。その結果、それぞれの国における都市間の格差の大小や都市システムのあり様はさまざまであるが、その違いは政治体制によるところが大きいことを指摘した（阿部1991・1996・2001・2010）。

　具体的に言えば、日本・韓国・タイ・フランス・イギリス・エジプトにおいては、首都が圧倒的に高い地位にあり、都市システムも首都を頂点とする、いわば縦の都市システムである。一方、インド・(旧)西ドイツ・アメリカ合衆国・ブラジル・カナダにおいては、この機能からみると首都は必ずしも国内の第1位都市ではないし、その都市システムも首都を圧倒的な中心とするものではなく、都市間結合は強くない。かといって、首都を除いた都市間結合も強いというほどのものではなかった。前者の国家群の政治体制は立憲君主制か、もしくは共和制であっても非連邦制の共和国である。一方、後者の国家群の政治体制は連邦制である。

　本書は、これまで分析してきた国々のうち、韓国・フランス・ナイジェリア・南アフリカ共和国・インド・ドイツ・カナダ・アメリカ合衆国と新たに、ポーランド・ロシアを加えたものである。もちろん、いずれも経済的中枢管理機能を指標とした分析が中心である。とりあげた国々は、過去に一度取り上げた国のうちアメリカ合衆国以外は時系列的な変化の分析が可能であった場合である。新たに収めた国については時系列的な分析はできなかったものの、社会主義を経験した国（ポーランド・ロシア）の事例である。ドイツについては、統一前の西ドイツの分析結果を補論として掲載している。なお、アメリカ合衆国については、新しいデータは入手できなかったが、連邦制国家の都市システムの例として再掲した。

さらに、本書には西ヨーロッパの都市システムの分析結果を掲載している。筆者はこれまで日本をはじめとして複数の国の都市システムを分析してきたが、国境を越えた都市システム分析の必要性は認識していた。経済的中枢管理機能の担い手が民間大企業の本社、支所であるならば、国境を越えて展開するこの機能を指標として国境をまたぐ都市システムが検討されてしかるべきであるからである。

　しかし、実際問題としてそれは困難をきわめた。適切な資料の入手が難しかったからである。それに加えて、企業が国外に展開する場合、単純な支社・支店（branch office）という形態のほかに子会社（現地法人）というかたちをとるからである。適切な資料の存否と同時にこの問題をクリアできなかったからである。今回は本文中に記した資料を用いて、子会社という観点から西ヨーロッパを1つの範囲として分析した結果を掲載した。しかし、筆者はこの資料については1994年版しか入手しえておらず、時系列的な分析にまではいたらなかった（一部は『中央・北ヨーロッパ』朝倉書店　2014に「北欧・中欧の都市システム」として発表した。）。

　本書のタイトルは「都市体系」という用語を使用しているが、各章のタイトルおよび本文中では「都市システム」を使用している。筆者は両用語を同じものと解釈している。英語のurban systemに対応するものである。それにもかかわらず使い分けている理由は、両者は同じものであるが、「都市体系」の方が「都市システム」よりやや広い意味合いをもっているような語感があるからである。使い分けの理由には、これ以上の意味はないことを断っておきたい。

　さらに外国地名の日本語表記という問題もある。具体的には、ジュッセルドルフとするか、デュッセルドルフとするかといった問題である。両者は同じものであり、統一されていることが望ましいことは言うまでもない。統一をしてきたつもりだが、時間を経て書いた場合に修正されずに統一性を欠いている事例があることを認めなくてはならない。本書で不統一が見られたときには、ご海容のうえお読みいただきたいと思う。

　本書に収録した論文の既発表掲載誌などは以下の通りである。なお、既発表の論文は多くが「経済的中枢管理機能からみた都市体系」というタイトルであるが、本書においては各国の「都市と都市システム」に統一している。あわせ

てご承知おき願いたい。本書では各国の章立てを、フランスと西ドイツ以外は「1　はじめに　2　人口からみた主要都市　3　経済的中枢管理機能からみた主要都市　4　支所配置からみた都市間結合　5　おわりに」で統一している。理解をしやすくするためである。

第1章　韓国の都市と都市システム

　　　　阿部和俊『先進国の都市体系研究』のII　地人書房　1996

　　　　「経済的中枢管理機能からみた韓国の都市体系（1995）」『地理学報告』（愛知教育大学地理学会）　88　1999

　　　　「経済的中管理機能からみた韓国の都市体系の変遷(1985-2002)」『地理学報告』（愛知教育大学地理学会）　101　2005

第2章　フランスの都市と都市システム

　　　　「経済的中枢管理機能からみたフランスの都市体系」『地理学報告』（愛知教育大学地理学会）78　1994

　　　　阿部和俊『先進国の都市体系研究』のIV　地人書房　1996

　　　　「経済的中枢管理機能からみたフランスの主要都市と都市システム」『愛知教育大学研究報告』　第58輯　2009

　　　　「ゆっくりと変化するパリのすがた」　阿部和俊編『都市の景観地理—大陸ヨーロッパ編』2章　古今書院　2009

第3章　ポーランドの都市と都市システム

　　　　『愛知教育大学研究報告』第55輯　2006

第4章　ロシアの都市と都市システム

　　　　『経済的中枢管理機能からみたロシアと中国の都市システム研究』　平成16・17・18年度科学研究費補助金研究成果報告書　平成19年（2007）

第5章　ナイジェリアの都市と都市システム

　　　　阿部和俊『発展途上国の都市体系研究』のVIII　地人書房　2001

　　　　「経済的中枢管理機能からみたナイジェリアの都市体系（1995-2005）」『地理学報告』（愛知教育大学地理学会）　109　2009

第6章　インドの都市と都市システム

　　　　阿部和俊　『発展途上国の都市体系研究』のIV　地人書房　2001

「経済的中枢管理機能からみたインドの都市と都市システム」『地理学報告』(愛知教育大学地理学会) 115 2013
第7章　ドイツの都市と都市システム
一部は『中欧・北ヨーロッパ　第4部』　朝倉書店　2014
補論
「経済的中枢管理機能からみた西ドイツの都市体系」『経済地理学年報』35-2　1989
阿部和俊『先進国の都市体系研究』のⅢ　地人書房　1996
第8章　カナダの都市と都市システム
「経済的中枢管理機能からみたカナダの都市体系―主要製造業企業の分析を中心に―」　福島大学経済学会『商学論集』81－4　2013
第9章　アメリカ合衆国の都市と都市システム
阿部和俊『先進国の都市体系研究』のⅥ　地人書房　1996
第10章　南アフリカ共和国の都市と都市システム
阿部和俊『発展途上国の都市体系研究』のⅨ　地人書房　2001
「経済的中枢管理機能からみた南アフリカ共和国の都市体系（1995-2000）」『地理学報告』(愛知教育大学地理学会)　110　2009
第11章　西ヨーロッパの都市システム
『経済的中枢管理機能からみた西ヨーロッパの都市体系研究』　平成12・13年度科学研究費補助金研究成果報告書　平成14年（2002）
「中・北欧の都市システム」(『中央・北ヨーロッパ　第4部』　朝倉書店　2014）

　これら既発表の拙論においては、とくに表中の数字においていくつかのミスがあった。今回、再掲にあたり修正している。
　本書でとりあげた国々のほかに筆者は中国とハンガリーについても同様の分析を行っている。中国については、「中国の都市システム」として上野和彦編『世界地誌シリーズ　2　中国』（朝倉書店2011）に、ハンガリーについては、「経済的中枢管理機能からみたハンガリーの都市体系」として小林浩二・大関泰宏編著『拡大EUとニューリージョン』（原書房2012）に所収されている。本書には都市システム図のみ再掲しているが、詳しくはこれらを参考にしていただ

ければ幸いである。また、上記に記した科学研究費のほかに「経済的中枢管理機能によるアメリカ・オーストラリア・イタリア・カナダの都市体系研究」（平成7・8年度）という科学研究費もいただいた。

　本書の刊行については、古今書院の関田伸雄氏にお世話になった。本文中および表紙の図についてはほとんど杉山恭子さんのお世話になった。また、編集は山田果林さんに助けていただいた。筆者は平成25年3月に愛知教育大学を退職した。その際、多くの卒業生から多額の篤志をいただいたので、それを本書の出版にあてさせていただいた。感謝する次第である。

目　次

はしがき

第1章　韓国の都市と都市システム　　1

　1　はじめに　　1
　2　人口からみた主要都市　　2
　3　経済的中枢管理機能からみた主要都市　　4
　4　支所配置からみた都市間結合　　10
　5　おわりに　　13

第2章　フランスの都市と都市システム　　15

　1　はじめに　　15
　2　人口からみた主要都市　　19
　3　経済的中枢管理機能からみた主要都市　　21
　4　おわりに　　47

第3章　ポーランドの都市と都市システム　　50

　1　はじめに　　50
　2　人口からみた主要都市　　50
　3　経済的中枢管理機能からみた主要都市　　52
　4　支所配置からみた都市間結合　　58
　5　おわりに　　61

第4章　ロシアの都市と都市システム　　　63

1　はじめに　　　63
2　人口からみた主要都市　　　63
3　経済的中枢管理機能からみた主要都市　　　67
4　支所配置からみた都市間結合　　　74
5　おわりに　　　75

第5章　ナイジェリアの都市と都市システム　　　77

1　はじめに　　　77
2　人口からみた主要都市　　　77
3　経済的中枢管理機能からみた主要都市　　　80
4　支所配置からみた都市間結合　　　86
5　おわりに　　　94

第6章　インドの都市と都市システム　　　95

1　はじめに　　　95
2　人口からみた主要都市　　　96
3　経済的中枢管理機能からみた主要都市　　　100
4　支所配置からみた都市間結合　　　108
5　おわりに　　　110

第7章　ドイツの都市と都市システム　　　113

1　はじめに　　　113
2　人口からみた主要都市　　　116
3　経済的中枢管理機能からみた主要都市　　　117

4　支所配置からみた都市間結合　　　　　　　　　　119
　　5　おわりに　　　　　　　　　　　　　　　　　　　121

補論　西ドイツの都市と都市システム　　　　　　　123

　　1　はじめに　　　　　　　　　　　　　　　　　　　123
　　2　本社からみた主要都市　　　　　　　　　　　　　127
　　3　支所からみた主要都市　　　　　　　　　　　　　128
　　4　支所配置からみた都市間結合　　　　　　　　　　131
　　5　おわりに　　　　　　　　　　　　　　　　　　　132

第8章　カナダの都市と都市システム　　　　　　　134

　　1　はじめに　　　　　　　　　　　　　　　　　　　134
　　2　人口からみた主要都市　　　　　　　　　　　　　136
　　3　経済的中枢管理機能からみた主要都市　　　　　　141
　　4　支所配置からみた都市間結合　　　　　　　　　　146
　　5　おわりに　　　　　　　　　　　　　　　　　　　150

第9章　アメリカ合衆国の都市と都市システム　　　153

　　1　はじめに　　　　　　　　　　　　　　　　　　　153
　　2　人口からみた主要都市　　　　　　　　　　　　　154
　　3　経済的中枢管理機能からみた主要都市　　　　　　156
　　4　支所配置からみた都市間結合　　　　　　　　　　163
　　5　おわりに　　　　　　　　　　　　　　　　　　　166

第10章　南アフリカ共和国の都市と都市システム　　168

 1　はじめに　　168
 2　人口からみた主要都市　　168
 3　経済的中枢管理機能からみた主要都市　　170
 4　支所配置からみた都市（圏）間結合　　178
 5　おわりに　　180

第11章　西ヨーロッパの都市と都市システム　　183

 第1節　大企業の branch company からみた都市システム　　183
  1　はじめに　　183
  2　人口からみた16ヶ国と主要都市　　184
  3　16ヶ国の大企業　　193
  4　大企業の branch company の配置　　195
  5　おわりに　　206
 第2節　銀行の支所配置からみた都市システム　　207
  1　国別銀行の状況　　207
  2　銀行の本社からみた主要都市　　208
  3　銀行の支所からみた主要都市　　210
  4　銀行の支所配置からみた都市間結合　　212
  5　おわりに　　216

第12章　総　括　　217

索　引　　224

第 1 章
韓国の都市と都市システム

1 はじめに

　経済的中枢管理機能を指標として、1985・1995・2002 年の 3 年次を対象として韓国の主要都市を分析する。3 年次とも民間主要企業として上場法人をこれにあてる。筆者はすでに 1985 年次（上場法人と登録法人の計 1,384 社）と 1995 年次（上場法人 725 社）について、この機能からみた韓国の主要都市を分析した（阿部 1996・1999）。その結果として、両年次ともソウルの著しい卓越性を指摘できた。これらを踏まえて、2002 年次の資料を付け加えて分析をすすめる。

　具体的な分析に入る前に 1980 年代以降 2002 年までの韓国の重要事項を列記すると、光州事件（1980）、民主化宣言（1987）、ソウルオリンピック（1988）、南北朝鮮国連同時加盟（1991）、国民 1 人あたりの GNP が 1 万ドルを突破（1995）、OECD に加盟、通貨危機・経済が IMF の管理下に入る（1997）、初の南北首脳会談（2000）、日韓ワールドカップ共同開催（2002）、といった項目が挙げられる。

図 1-1　研究対象都市
1995 年に裡里市と益山郡が合併して益山市になった。

光州事件以後1990年代半ばまではオリンピックをはさみ、経済はほぼ順調に発展してきたが、1997年の通貨危機によって大きな曲がり角を経験した。ここでは、このような経済状況の下、経済的中枢管理機能から韓国の主要都市を分析する。ただし、両者の相互関係については深い言及は行なっていない。

資料は『会社年鑑』（毎日経済新聞社）、『韓国主要企業辞典』（全国経済人連合会）、『The Bankers' Almanac』（Reed Information Service 刊）を使用した。図1-1は分析の対象となる都市である。

2　人口からみた主要都市

最初に、人口面から道と主要都市についてみておこう。表1-1は1985・1995・2005年の道別人口を示したものである。道別人口は京畿道が圧倒的に多い。1985年には15,807千人、39.1%であったが、増加を続け2005年には22,766千人、48.2%にもなっている。国全体の人口はこの20年間に700万人弱増加したが、京畿道だけでその増加分を吸収していることになる。忠清南道以外は比率も低下している。

表1-2はこの3年次の主要都市を人口で30位まで掲載したものである。韓国では1994年末に大規模な自治体合併があったために、1985年次の人口か

表1-1　韓国の道別人口

(A) 道別人口 (1985)	人口(千人)	全国比	(B) 道別人口 (1995)	人口(千人)	全国比	(C) 道別人口 (2005)	人口(千人)	全国比
京畿道	15,807	39.1%	京畿道	20,159	45.2%	京畿道	22,766	48.2%
江原道	1,725	4.2%	江原道	1,465	3.3%	江原道	1,465	3.1%
忠清北道	1,390	3.4%	忠清北道	1,395	3.1%	忠清北道	1,460	3.1%
忠清南道	3,000	7.4%	忠清南道	3,036	6.8%	忠清南道	3,332	7.1%
全羅北道	2,201	5.4%	全羅北道	1,901	4.3%	全羅北道	1,784	3.8%
全羅南道	3,748	9.3%	全羅南道	3,323	7.5%	全羅南道	3,238	6.8%
慶尚北道	5,041	12.5%	慶尚北道	5,118	11.5%	慶尚北道	5,073	10.7%
慶尚南道	7,031	17.4%	慶尚南道	7,651	17.2%	慶尚南道	7,629	16.1%
済州道	489	1.2%	済州道	505	1.1%	済州道	532	1.1%
	40,432	100.0%		44,553	100.0%		47,279	100.0%

資料：大韓民国回税企画院調査統計局『人口および住宅センサス』

資料：『韓国統計年鑑』（統計庁）

資料：『韓国統計年鑑』（統計庁）

注）特別市・直轄市の人口も各道に含まれている。

表 1-2 主要都市の人口

	(A) 主要都市の人口 (1985)			(B) 主要都市の人口 (1995)			(C) 主要都市の人口 (2005)		
		人口(千人)	ソウルの人口=100.0		人口(千人)	ソウルの人口=100.0		人口(千人)	ソウルの人口=100.0
1	ソウル	9,629	100.0	ソウル	10,217	100.0	ソウル	9,820	100.0
2	釜山	3,514	36.5	釜山	3,810	37.3	釜山	3,524	35.9
3	大邱	2,029	21.1	大邱	2,445	23.9	仁川	2,531	25.8
4	仁川	1,385	14.4	仁川	2,304	22.6	大邱	2,465	25.1
5	光州	906	9.4	大田	1,271	12.4	大田	1,443	14.7
6	大田	866	9.0	光州	1,257	12.3	光州	1,418	14.4
7	蔚山	550	5.7	蔚山	967	9.5	蔚山	1,049	10.7
8	富川	456	4.7	城南	868	8.5	水原	1,044	10.6
9	馬山	449	4.7	富川	779	7.6	城南	935	9.5
10	城南	448	4.7	水原	755	7.4	高陽	867	8.8
11	水原	431	4.5	安養	591	5.8	富川	839	8.5
12	全州	426	4.4	全州	563	5.5	龍仁	690	7.0
13	安養	361	3.7	清州	531	5.2	安山	682	6.9
14	清州	350	3.6	高陽	518	5.1	清州	643	6.5
15	浦項	261	2.7	安山	509	5.0	全州	623	6.3
16	木浦	236	2.5	浦項	509	5.0	安養	612	6.2
17	晋州	227	2.4	昌原	480	4.7	天安	522	5.3
18	光明	220	2.3	馬山	441	4.3	昌原	502	5.1
19	済州	203	2.1	光明	350	3.4	浦項	490	5.0
20	裡里	192	2.0	晋州	330	3.2	金海	432	4.4
21	群山	185	1.9	天安	330	3.2	馬山	428	4.4
22	昌原	173	1.8	益山	322	3.2	南揚州	426	4.3
23	麗水	172	1.8	平澤	312	3.1	議政府	399	4.1
24	天安	170	1.8	亀尾	310	3.0	始興	385	3.9
25	春川	163	1.7	議政府	276	2.7	平澤	378	3.8
26	議政府	163	1.7	慶州	274	2.7	亀尾	371	3.8
27	原州	151	1.6	群山	266	2.6	晋州	334	3.4
28	亀尾	142	1.5	済州	258	2.5	光明	330	3.4
29	江陵	133	1.4	金海	256	2.5	益山	321	3.3
30	慶州	128	1.3	順天	249	2.4	麗水	303	3.1

資料:大韓民国経済企画院調査統計局『人口および住宅センサス』

資料:『韓国統計年鑑』(統計庁)

資料:『韓国統計年鑑』

らの増減を安易に論ずることはできないが、基本的な指標として提示しておきたい。

　韓国において人口最多都市は言うまでもなくソウルである。1995〜2005年にかけて少し減少したが、1,000万人近い市域人口をかかえ全国人口の20%を超える。1995年では、それは22.9%であったから、比率はやや低下した。しかし、京畿道の人口は増加していることを考慮すれば、ソウルの都市圏人口が増加していることは容易に推測できる。その一端として、大きな人口をもつ城南・富川などのソウル近郊都市を挙げることができる。

1985年において100万人をこえる都市は4つであったが、1995年には6つになり、2005年には8つになった。合併による結果でもあるが、人口の大都市集中化は著しい。1985年では上位10都市の人口の合計は全国の50.0%であったが、1995・2005年では53.1%になっている。ソウルの市人口が減少したこともあって、上位都市の人口の対ソウル人口比は上昇した。

3 経済的中枢管理機能からみた主要都市

(1) 全体的な状況

1985・1995・2002年の上場法人をもって対象企業とするが、表1-3はその業種別構成を示したものである。上場法人の数はこの17年間に大きく増加した。上場法人のような大企業が経済の中心であるとすれば、上述のような紆余曲折があったとはいえ、韓国の経済は大筋において発展してきたと評価されよう。

3年次とも最多業種は「鉄鋼諸機械」である。17年間に569社、構成比で15.1ポイント増加した。対象企業数が大きく増加しているので、各業種とも企業数は増加している。しかし、1995〜2002年にかけて、「金融」「証券」「保険」

表1-3　対象企業の業種構成

	1985		1995		2002	
水産・農林	2	0.6	3	0.4	6	0.3
鉱	3	0.9	4	0.5	9	0.5
建設	34	10.1	51	7.0	67	4.0
食料品	31	9.2	48	6.6	62	3.7
繊維	30	8.9	65	9.0	77	4.6
パルプ・紙	0	0	27	3.7	32	1.9
化学・ゴム・窯業	58	17.2	109	15.0	208	12.4
鉄鋼諸機械	79	23.4	215	29.7	648	38.5
その他製造業	19	5.6	33	4.6	37	2.2
商	20	5.9	50	6.9	98	5.8
金融	28	8.3	57	7.9	55	3.3
証券	5	1.5	27	3.7	23	1.4
保険	11	3.3	12	1.7	11	0.7
運輸・通信・不動産	14	4.2	17	2.4	44	2.6
電力・ガス	0	0	4	0.5	10	0.6
サービス	0	0	1	0.1	278	16.5
その他	3	0.9	2	0.3	16	1.0
計	337	100.0	725	100.0	1,681	100.0

資料：『会社年鑑』『韓国主要企業辞典』『Bankers' Almanac』

の3業種の構成比はいずれも低下している。金融危機の影響であろう。しかし、いずれの業種も企業数の大幅な減少というほどのものではない。

表1-3でもう1点指摘しておくべきことは2002年の「サービス」業企業の多いことである。この業種に含まれる企業は1985年には0、1995年には1社だったのに、2002年には一気に278社も認められる。上記資料の企業採録基準にも関係していると考えられるが、ここではこのことは問わずに論をすすめる。

1985年次の登録法人の「娯楽・文化・用役・不動産・サービス」業に属する企業は70社認められる（阿部　1996）。登録法人は上場法人に比べて大企業ではないが、2002年には上場法人の中「サービス」が278社も登場するということは、上記のような懸念はあるとはいえ、この17年間に「サービス」業は飛躍的に発展してきたということの一証左でもあろう。

その結果、「サービス」は「鉄鋼諸機械」に次ぐ多数となった。「食料品」「繊維」「パルプ・紙」「化学・ゴム・窯業」「鉄鋼諸機械」「その他製造業」を一括して製造業とすると、この3年次のその比率は64.3%、68.6%、63.3%である。「サービス」の飛躍的な増加で2002年には少し比率は低下するが、製造業の比率はかなり高い。

(2) 本社からみた主要都市

表1-4はこの3年次について韓国の主要都市を支所数の多い順に並べたものである。まず本社から主要都市をみていこう。

表1-4から明らかなように、韓国ではソウルの本社数が圧倒的に多い。しかし、その集中率は低下傾向にあり、ソウルの占める比率は73.5%（1985）、57.2%（1995）、52.9%（2002）である。1985年ではソウルを除くと、釜山と仁川のみが10を越える本社をもっていたにすぎなかったが、1995年にはそれは6都市に増え、2002年には14都市にもなった。

釜山はあらゆる点において韓国第2の都市であるが、その本社比率は7.7%、5.8%、4.8%と低下している。釜山のほかには、仁川、大邱、光州が重要な都市であり、これらの本社数はこの17年間にわたって増加している。しかし、仁川（3.3%、4.0%、3.9%）、大邱（0.9%、1.0%、1.5%）、光州（0.9%、0.7%、

表 1-4 韓国の主要都市における本社数と支所数

(1985年)				(1995年)				(2002年)			
	本社		支所		本社		支所		本社		支所
釜山	26	(7.7)	149	ソウル	415	(57.2)	355	ソウル	889	(52.9)	494
ソウル	247	(73.5)	148	釜山	42	(5.8)	236	釜山	80	(4.8)	215
大邱	3	(0.9)	111	大邱	20	(2.8)	174	大邱	44	(2.6)	158
大田	3	(0.9)	83	光州	5	(0.7)	153	光州	15	(0.9)	128
光州	3	(0.9)	79	大田	7	(1.0)	143	大田	25	(1.5)	122
馬山	2	(0.6)	54	仁川	29	(4.0)	89	仁川	65	(3.9)	83
全州	2	(0.6)	53	全州	5	(0.7)	55	水原	15	(0.9)	48
原山	0	(0.0)	41	蔚山	10	(1.4)	52	城南	34	(2.0)	46
仁川	11	(3.3)	39	水原	5	(0.7)	47	蔚山	18	(1.1)	43
水原	3	(0.9)	23	馬山	6	(0.8)	43	済州	3	(0.2)	34
清州	3	(0.9)	23	清州	7	(1.0)	42	全州	4	(0.2)	33
済州	1	(0.3)	22	原州	0	(0)	42	原州	3	(0.2)	33
浦項	0	(0)	22	浦項	3	(0.4)	38	安山	80	(4.8)	30
麗水	0	(0)	20	済州	1	(0.1)	38	昌原	18	(1.1)	30
木浦	1	(0.3)	19	昌原	5	(0.7)	34	清州	6	(0.4)	29
江陵	0	(0)	19	富川	8	(1.1)	26	安養	28	(1.7)	26
晋州	1	(0.3)	18	城南	3	(0.4)	26	馬山	6	(0.4)	26
蔚山	2	(0.6)	17	安山	31	(4.3)	24	江陵	0	(0)	24
春川	1	(0.3)	17	江陵	1	(0.1)	24	天安	31	(1.8)	23
群山	2	(0.6)	16	安養	12	(1.7)	23	富川	14	(0.8)	22
慶州	0	(0)	16	木浦	1	(0.1)	19	浦項	4	(0.2)	21
安養	3	(0.9)	13	亀尾	6	(0.8)	18	亀尾	15	(0.9)	20
裡里	0	(0)	13	晋州	2	(0.3)	18	金海	3	(0.2)	14
天安	0	(0)	13	天安	2	(0.3)	18	光陽	0	(0)	12
その他	22	(6.5)		その他	99	(13.7)		その他	281	(16.7)	
計	336	(100.0)		計	725	(100.0)		計	1,681	(100.0)	

資料：表 1-3 に同じ

0.9％）の比率が大きく上昇しているわけではない。

　これらの都市とは別に、安山、安養、城南、富川といった諸都市の本社数が大きく増加したことがわかる。この4都市の本社数は合計で156社、9.3％（2002）にもなる。これらはいずれもソウルの周辺に位置する都市である。この他に、仁川、水原のようなソウル外延の歴史の古い都市をも加えてソウル大都市圏とすると、これらの本社数の合計は1,125本社、66.9％（2002）にもなる。

　ソウル大都市圏の範囲のとりかたにもよるが、ソウル周辺にはこの表 1-4 には掲載されていない、いくつかの都市にも本社がみられるので、その集中率は70％近くに達するものと推察される。京畿道として本社数をカウントすると、1,262社、75.1％（2002）となる。1地域集中はすさまじい。1985年ではそれは291本社、86.6％であったから、集中率としてはこの17年間に11.5ポ

表1-5　主要都市の本社の業種構成（2002年）

		水産・農林	鉱	建設	食料品	繊維	パルプ・紙	化学	ゴム・窯業	鉄鋼諸機械	その他製造業	商	金融	証券	保険	不動産	運輸・通信	電力・ガス	サービス	その他
ソウル	889	5	4	45	27	51	14	92	19	182	20	71	40	22	11	1	35	5	238	7
釜山	80		2	6	5	3		6	5	34	1	4	4				3	1	6	
安山	80				2	4	6	5		52	8								2	1
仁川	65				2	1		7		39	2	4					2		4	4
大邱	44		1	3	2	2	1			23		3	3					1	5	
城南	34			1		1				22		5					1	1	3	
天安	31			1				1	1	26		1		1						
安養	28			1	1		1	3		20		2								
大田	25			2	2	1		4		9		1	1				1		3	
蔚山	18							5		10		1						1	1	
光州	15						1	8		1	1						4			
水原	15	1			1			2		9										
亀尾	15				1	1		1	2	10										
富川	14						1	3		10										
その他	328		2	8	19	13		38	13	194		5	4	5			1	1	12	4
計	1,681	6	9	67	62	77	32	167	41	648	37	98	55	23	11	1	43	10	278	16

資料：表1-3に同じ

イント低下した。しかし、対象企業数が大きく増加したので、比率が低下したのであり、ソウルを中心とする京畿道への集中は大変に大きいと評価される。

2002年について主要都市の本社の業種構成（表1-5）をみてみよう。ソウルの本社数は圧倒的であるが、とくに「商」「金融」「証券」「保険」「運輸・通信」「サービス」の分野において集中が著しい。これらの企業は508社（全体の30.2％）であるが、このうちの417社（82.1％）がソウルに本社を置いている。既述したように、2002年における「サービス」の企業数の多いことは、なお、検討の余地があるが、いわゆる第3次産業に属する企業のソウル集中はすさまじい。

筆者は日本の大企業の多くが複数本社制を採用している実態について報告したが（阿部　2004）、近年、韓国の企業においても類似した形態がみられるので、この点について述べたい。韓国の場合、登記上以外の本社としては第2本社、地域本社、地域本部という表記がみとめられる。これらのもつ意味と差異については今のところ不明なので、ここではいずれも第2本社としてカウントしていく。

複数本社制を採用している企業は63社（2002）認められた。このうち2本社は57社である。57社のうち、ソウルに本社をもたないのは9社である。そして、30社が2つの本社をいずれもソウルに置いている。同一市内本社は、この他にも7事例（釜山・城南・安山・安山・蔚山・城南・仁川）ある。この他、ソウルとは全く関係のない複数本社制を5社が採用している。

　日本の場合でも同一市内複数本社という事例は認められるが、少数である。日本の企業が複数本社制を採用している最多パターンは、登記上本社は他都市で第2本社を東京に置くというものである。しかし、韓国では登記上本社は他都市でソウルに第2本社を置いている企業は10社にすぎない。この10社の登記上本社所在地は益山・安山・城南・釜山・安山・安山・城南・忠清南道・京畿道・京畿道である。

　以上のように、韓国企業が採用している複数本社制は確かにソウル中心とはいうものの、2つの本社がいずれもソウルという事例が最多であり、日本の場合とは異なる。この点については今少し検討が必要であろう。

(3) 支所からみた主要都市

　続いて、支所から主要都市をみていこう。最も重要な点は1985～1995年にかけて各都市の支所数は増加したが、1995～2002年にかけては各都市の支所数が減少していることである。

　1995～2002年にかけて対象企業数は956社も増加したが、ソウル以外の都市で支所数が減少したことの意味はどのように解釈されるのであろうか。考えられる理由としては、①経済事情の悪化によって、多くの企業が支所配置を縮小させた。②資料の不備、つまり、『会社年鑑』の支所記載が簡略化されたのではないか、の2点である。①の場合、ソウルの支所数が増加していることの解釈がむつかしい。この現象だけをみれば、韓国の企業は地方都市に対する評価を下げ、よりソウル重点化へ移行したことを意味する。②の場合は、他の資料をあたるなど、さらなる調査を行なわなくてはならない。

　個別都市について検討すると、釜山の評価が重要である。1985年では、わずか1支所とはいえ釜山の方がソウルを上回っていた[1]。1995年ではソウルの支所数の方が多くなり、2002年ではその差はさらに開いた。つまり、本社数、

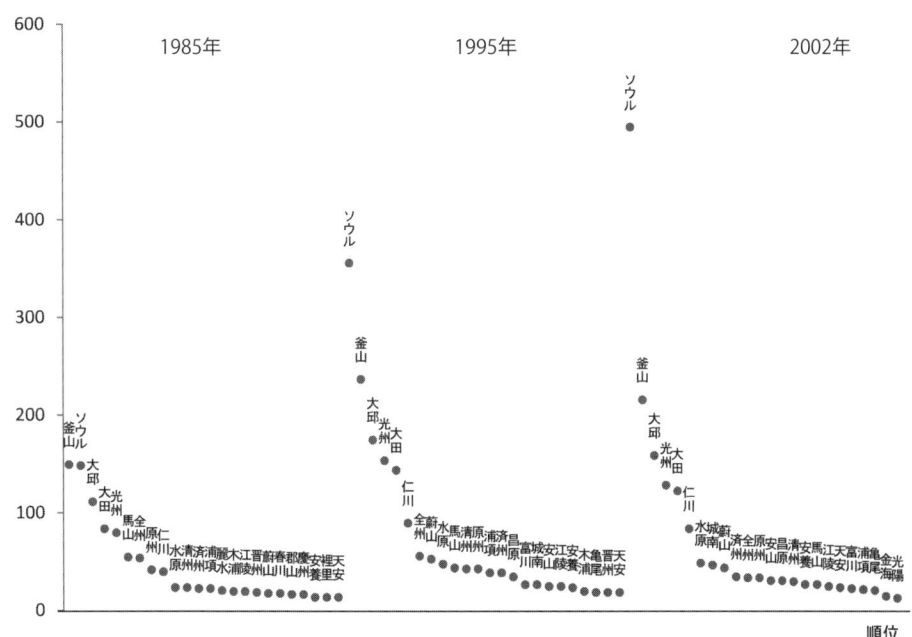

図 1-2　支所数による都市の順位規模曲線

支所数ともソウルの卓越化が進んだことになる。

　全体として、ソウルを除く各都市の支所数は 1985 〜 1995 年にかけて増加したが、1995 〜 2002 年にかけては減少した。その中で馬山と群山はこの 18 年間支所数が減少し続けた。この 2 都市は工業都市である。一般に工業機能に特化した都市は、こういう都市機能は多くはない。支所数が減少しているということは、工業活動そのものが低下しているのかも知れない。

　図 1-2 は支所数を指標とした都市の順位規模曲線である。3 年次のグラフから読み取れることは、①支所数からみたソウルの地位の卓越化、②釜山以下の主要都市の停滞、③上位都市のなかから、馬山、全州、原州が脱落し、④釜山、大邱、光州、大田がソウルに次ぐ第 2 グループとして位置づけられるようになったこと、つまり、支所数からみて釜山の対ソウルの地位が著しく低下したこと、⑤大田と水原の間で仁川が特異な地位にあること、といった諸点が指摘できよう。

4　支所配置からみた都市間結合

　企業の支所配置を分析することによって、韓国の都市システムを検討しよう。表1-6・7・8は1985・1995・2002年の本社多数都市から支所多数都市への支所配置の状況を示したものである。

　1985〜1995年にかけては各都市への配置支所数は増加したが、1995〜

表1-6　本社多数都市から主要都市への支所配置の状況（1985年）

from \ to		ソウル	釜山	大邱	大田	光州	馬山	全州	原州	仁川
		148	149	111	83	79	54	53	41	39
		[44.6]	[83.2]	[86.5]	[86.7]	[89.9]	[85.2]	[88.7]	[90.2]	[92.3]
ソウル	247	66 (26.7)	124 (50.2)	96 (38.9)	72 (29.1)	71 (28.7)	46 (18.6)	47 (19.0)	37 (15.0)	36 (14.6)
釜山	26	25 (96.2)		4 (15.4)	4 (15.4)	3 (11.5)		1 (3.8)		
仁川	11	10 (90.9)	2 (18.2)							

[　]は各都市の支所数に占めるソウル本社企業の比率
（　）は縦列の各都市に本社をおく企業が横列の各都市に支所を出している比率
本社数10以上の都市

表1-7　本社多数都市から主要都市への支所配置の状況（1995年）

from \ to		ソウル	釜山	大邱	光州	大田	仁川	全州	蔚山	水原	馬山	原州	清州
		355	236	174	153	143	89	55	52	47	43	42	42
		[85.5]	[74.2]	[74.1]	[75.2]	[71.3]	[84.3]	[81.8]	[80.8]	[76.6]	[95.3]	[76.2]	[83.3]
ソウル	415	117 (28.2)	175 (42.2)	129 (31.1)	115 (27.7)	102 (24.6)	75 (18.1)	45 (10.8)	42 (10.1)	36 (8.7)	41 (9.9)	32 (7.7)	35 (8.4)
釜山	42	35 (83.3)		6 (14.3)	4 (9.5)	3 (7.1)	3 (7.1)	2 (4.8)	1 (2.4)	3 (7.1)	1 (2.4)	2 (4.8)	1 (2.4)
安山	31	23 (74.2)	2 (6.5)	1 (3.2)	1 (3.2)	2 (6.5)							
仁川	29	19 (65.5)	6 (20.7)	7 (24.1)	7 (24.1)	6 (20.7)	1 (3.4)	1 (3.4)	1 (3.4)	3 (10.3)	1 (3.4)	2 (6.9)	1 (3.4)
大邱	44	16 (36.4)	3 (6.8)	3 (6.8)									
安養	12	10 (83.3)	5 (41.7)	2 (16.7)	1 (8.3)	3 (25.0)	2 (16.7)	1 (8.3)	1 (8.3)				
蔚山	10	10 (100.0)	3 (30.0)			1 (10.0)							
大田	7	5 (71.4)	1 (14.3)	1 (14.3)									

[　]は各都市の支所数に占めるソウル本社企業の比率
（　）は縦列の各都市に本社をおく企業が横列の各都市に支所を出している比率
本社数7以上の都市

表 1-8　本社多数都市から主要都市への支所配置の状況（2002 年）

from \ to		ソウル	釜山	大邱	光州	大田	仁川	水原	蔚山	原州
		494 [32.0]	215 [67.9]	158 [66.5]	128 [72.7]	122 [82.0]	83 [75.9]	48 [81.3]	43 [81.4]	33 [69.7]
ソウル	889		158 (17.8)	146 (16.4)	105 (11.8)	93 (10.5)	100 (11.2)	63 (7.1)	39 (4.4)	35 (3.9)	23 (2.6)
釜山	80	41 (51.3)		6 (7.5)	7 (8.8)	4 (5.0)	4 (5.0)	3 (3.8)		2 (2.5)	
安山	80	31 (38.8)	4 (5.0)	5 (6.3)	5 (6.3)	2 (2.5)			1 (1.3)		
仁川	65	18 (27.7)	5 (7.7)	8 (12.3)	2 (3.1)	2 (3.1)	2 (3.1)				1 (1.5)
大邱	44	19 (43.2)	3 (6.8)	7 (15.9)	1 (2.3)	2 (4.5)	1 (2.3)				
城南	34	9 (26.5)	3 (8.8)	1 (2.9)	1 (2.9)	3 (8.8)	1 (2.9)				
天安	31	7 (22.6)	2 (6.5)	2 (6.5)	1 (3.2)	1 (3.2)	2 (6.5)	1 (3.2)	2 (6.5)		
安養	28	6 (21.4)	2 (7.1)	4 (14.3)	1 (3.6)	2 (7.1)	1 (3.6)				
大田	25	14 (56.0)	2 (8.0)	2 (8.0)	2 (8.0)	1 (4.0)			1 (4.0)		

[ ] は各都市の支所数に占めるソウル本社企業の比率
( ) は縦列の各都市に本社をおく企業が横列の各都市に支所を出している比率
本社数 25 以上の都市

2002 年にかけては減少した。支所配置率は 1985 ～ 2002 年にかけて低下傾向である。釜山や大邱、大田からソウルへの支所配置数はこの間増加したが、これらの都市の本社数が増加したこともあって、支所配置率は低下した。その他の都市からもソウルへの支所数は増えているものの配置率は低下している。

　図 1-3-1・2・3、図 1-4-1・2・3、図 1-5-1・2・3 は表 1-6・7・8 を図化したものである。韓国の都市システムはソウルが圧倒的に高い地位にあること、しかも次第にそれは強くなっていること、ソウルを除くと韓国の都市間結合は極めて希薄であることが理解されよう。しかし、ソウルを除いた主要都市間の相互支所配置数が増えてもいる。これらのことは韓国においてソウルの地位が圧倒的であることに変わりはないものの、ソウル以外の都市に本社を置いている企業の支所配置も発展してきたことを示している。

12　　　　　　　　　　　　　　　　世界の都市体系研究

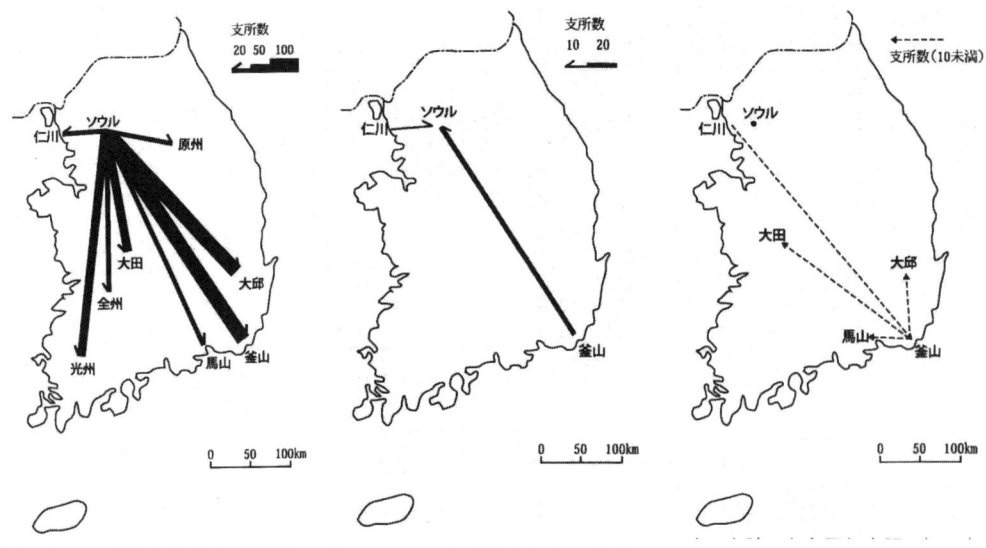

図 1-3-1　ソウルから主要都市への支所配置（1985年）

図 1-3-2　主要都市からソウルへの支所配置（1985年）

図 1-3-3　ソウルを除いた主要都市間の相互支所配置（1985年）

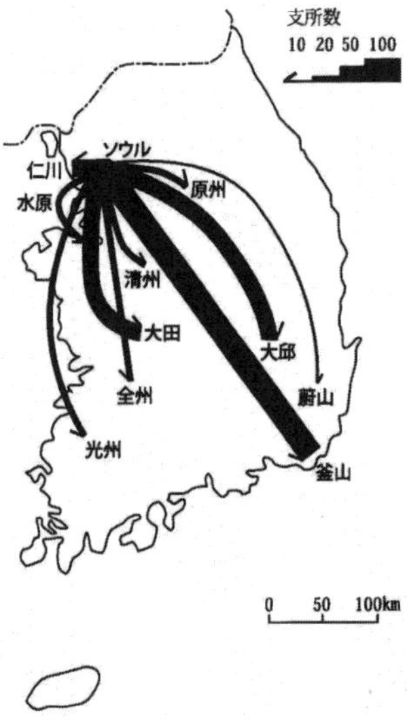

図 1-4-1　ソウルから主要都市への支所配置（1995年）

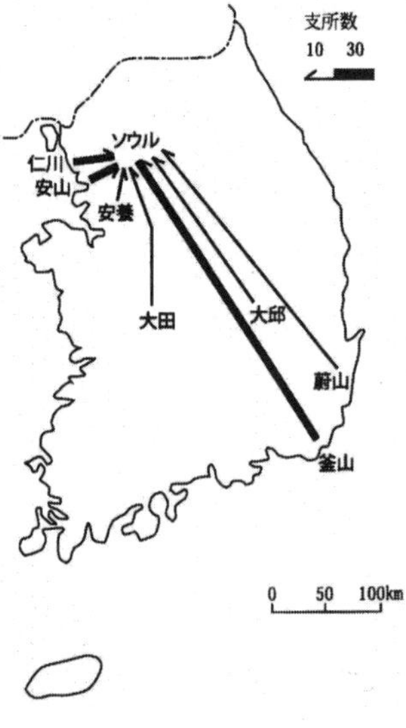

図 1-4-2　主要都市からソウルへの支所配置（1995年）

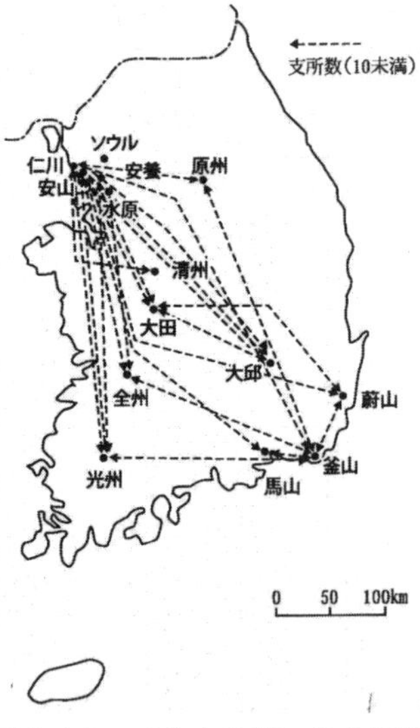

図 1-4-3　ソウルを除いた主要都市間の相互支所配置（1995年）

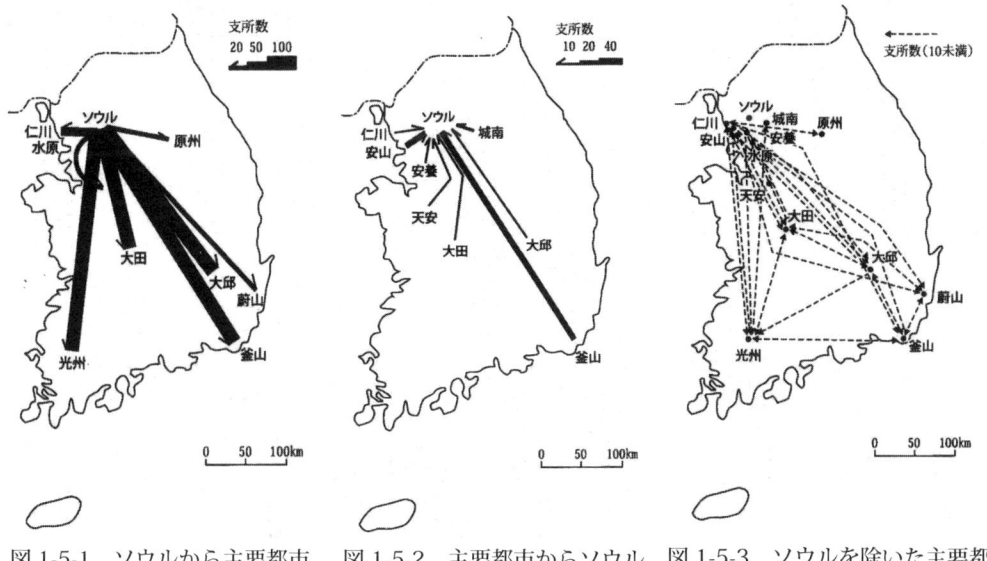

図1-5-1 ソウルから主要都市への支所配置（2002年）

図1-5-2 主要都市からソウルへの支所配置（2002年）

図1-5-3 ソウルを除いた主要都市間の相互支所配置（2002年）

5 おわりに

　以上、経済的中枢管理機能を指標として、1985・1995・2002年の3年次について韓国の主要都市を検討してきた。1990年代後半から韓国の経済状況は厳しいものとなったが、大企業の数は増加し、業種的にはこの間「サービス」の増加が著しかった。

　本社からみると、ソウルの占める地位は圧倒的に高いものであるが、次第に、その比率は低下している。ソウルを含む京畿道としてみても、本社数比率は1985～2002年に86.6%から75.1%へと低下した。

　支所数からみると、この間ソウルと他都市との差は大きく拡大した。釜山以下の諸都市は支所の絶対数が減少もしくは停滞という状況であったために、支所数の増加したソウルとの差がより大きくなったのである。ソウルから主要都市に対してさえも支所配置数は減少していた。

支所配置からみた都市システムは圧倒的にソウルを中心とするものであることに変わりはなかった。韓国の都市システムは圧倒的なソウルの存在を頂点としたものであり、ソウルを除くと都市間結合は弱いものであった。しかし、ソウルを除いた主要都市間の支所配置数は相互にかなり増加してきた。このことは韓国においては、ソウル以外の主要都市、釜山、大邱、光州、大田の企業の成長を意味している。

注
1) ただし、上場法人と登録法人の合計では、支所数はソウルの方が多い（阿部1996）。

文献
阿部和俊 1996『先進国の都市体系研究』のⅡ章　地人書房 55~72
阿部和俊 1999「経済的中枢管理機能からみた韓国の都市体系」『地理学報告』（愛知教育大学地理学会）vol.88, 18~28
阿部和俊・山﨑朗 2004『変貌する日本のすがた―地域構造と地域政策―』のⅢ章　古今書院

第 2 章
フランスの都市と都市システム

1 はじめに

　経済的中枢管理機能を指標として 1980 年・1984 年・2003 年のフランスの主要都市と都市システムを分析する。パリをはじめとする主要都市を対象とするが、日本の市町村に対応する組織はフランスではコミューンである。コミューンの数は 2004 年現在でも 36,500 余を数え、日本の市町村、とりわけ近年の合併によって生まれた新市に比べると、その面積は一般に狭く人口もはるかに少ないものが多い。ここでは経済的中枢管理機能を指標とした分析を行うので、対象となるコミューンはパリをはじめとする上位コミューンである。なお、ラ　デファンスというのは地区の呼称であって、コミューンの名前ではない。ここでは、ピュトーとクルブヴァという 2 つのコミューンを合わせてラ　デファンスとすることにした。

(1) 先行研究

　経済的中枢管理機能からフランスの主要都市を分析した研究は多くはないが、関連するいくつかの研究を紹介しておこう。Rochefort（1972）は INSEE（国立統計経済研究所）の調査をもとにパリにおける企業本社の動向を分析した。この研究は、都市を面としてとらえてパリとその周辺をフィールドに企業本社の立地を分析したものである。生産現場と離れている本社、離れていない本社、いずれもパリへの大きな集中は明らかであるが、とくに、8 区・16 区に代表されるパリの西部に企業本社が多いことを具体的な数字を挙げて指摘した。本社の移転の意向についても、郵送アンケート・面接アンケート両方からの調査に基づいて業種別に検討している。業種によって多少の違いはあるもの

の、パリから出て行った企業は、その理由として、市内ではオフィス面積が狭く、拡張の余地が小さいことを挙げていることを明らかにした。

都市システム研究は都市を点としてとらえる立場であるが、早くからこの立場でフランスの都市システムを分析したものに Labasse の研究(1955)がある。Labasse は全業種ではなく、銀行を指標として、その本支店の関係からリヨンとその周辺地域を主たるフィールドとして、都市間の結びつきを分析した。その後、Labasse の関心は世界に向けられ、同様の観点からスイスやベルギーの都市間結合を研究している（1974）。

Beaujeu-Garnier（1974）はフランス全体の地域構造を論じるなかで、指標の1つとして企業本社の売上高の都市別比率や企業集積に言及し、パリの卓越状況を指摘している。この論文は、フランス国土を北西から南東を結ぶ直線で二分し、いくつかの指標を用いて活発な東部と停滞的な西部の対比を描くこと、そのような国土構造の中で卓越したパリの状況を描くことが主眼である。フランスの都市の中で圧倒的な地位にあるパリを示すための指標の1つとして、フランスの主要企業の全売上高が取り上げられ、その 83％がパリの企業によるものであり、第2位のリヨンですら 2.9％にすぎないことなどが述べられているが、論旨全体に占める企業本社や企業活動に関する記述のウエイトは低い。

Aydalot（1980）は都市における企業活動を分析しているが、そこには都市システムという観点は見られない。Donnay（1985）はオフィス研究の総括をしているが、その内容は Daniels や Goddard を中心とする英語圏での研究のレヴューが中心である。これらの論文からもイギリスに比べてフランスでは、オフィス機能研究もしくはオフィス機能からみた都市研究には関心が薄かったことがわかる。

以上、紹介した研究は比較的古いものであるが、管見する限り近年でもフランスの主要都市を対象に筆者のような観点からの研究は見当たらない。

(2) 資料と分析の手順

経済的中枢管理機能とは民間大企業の本社と支所のことである。1980年については、資本金 1,000万フラン以上で、従業者数 300人以上の株式会社（外資系企業を含む）を、1984年と 2003年については、企業情報誌『L' expansion』に掲載されている企業（外資系企業を含む）をフランスの大企業として取り上げることにする。その数は1980年においては1,695社、1984年においては1,373社、2003年においては1,503社である。対象企業の選定基準が異なるのは資料の性格によっている。

　フランスにおいて経済的中枢管理機能の状況を把握できる資料としては、『France 10000』(Dan et Bradstreet 社刊)、『Kompass』(Kompass France 社刊)、『Bottin』（Didot-Bottin 社刊）がある。後者2つは刊行の歴史が長く、本社機能についての時系列的な分析を行うには好都合であるが、ともに支所についての記載が粗いという欠点がある。『France 10000』は1980年版が第1回であるため長期にわたる時系列的な分析にはむかない、しかし、銀行・証券・保険を除けば、『Kompass』と『Bottin』に比べると本社所在地はもとより、やや問題があるとはいえ支所所在地・資本金・業種・従業者数などが記載されていて、有用な資料であった。『France　10000』の10000というのはフランスの大企業10000社という意味である。この資料は現在でも『France 30000』として刊行されているが、初期のものとは異なり、最近のものは支所の所在地が全く記載されておらず、『Kompass』や『Bottin』と同様、筆者の意図する分析にはむかないものとなっている。

　1980年については、主資料として『France 10000』を使用した。しかし、この資料は上述した点以外でもやや問題があるので、そのことについて指摘しておきたい。それは本社以外の諸施設が establissements secondaires という表現で一括されていることである。etablissemenets secondaires というのは二次的な施設という意味であり、この中には経済的中枢管理機能としての支所と生産機能としての工場、流通機能としての倉庫などが区別することなく含まれている。

　『Bottin』は二次的な施設の掲載は不十分であるが、掲載されている企業の場合は支所と工場や倉庫などは区別されている。そこで、『France 10000』と『Bottin』の記載を照合すると、前者の etablissements secondaires のうち、ある1企業の各都市の1施設のみが支所ではなく、工場であることがわかった。しかし、『Bottin』に二次的な施設が掲載されているのは対象とする1,695社の115社でしかないため、単純にいえば、『France 10000』の etablissements secondaires に基づく主要都市の支所数には 115 分の 1 の確率で工場など非経済的中枢管理機能が含まれている可能性があるということになる。したがって、1980 年の各都市の支所数は、完全に工場や倉庫を排除しえたものとは言い切れないが、これらを含んでいる可能性は非常に低いものと推定される。

　もう 1 つの問題は、『France 10000』には、銀行・証券・保険に属する企業が含まれていないことである。したがって、銀行については『The Bankers' Almanac』（Reed Information Service 刊）を資料として使用した。しかし、証券会社と保険会社については十分な資料を入手できなかったので、1980 年については分析から除外している。

　1984 年と 2003 年の主要企業の決定に使用した『L'expansion』は、工業・商業・サービス業・保険業・金融業の 5 大業種別に年間売上高の順に企業が掲載されている（ただし、各業種の掲載最下位の企業の売上高は同じではない）。工業とは entreprises industrielles としてまとめられているジャンルであるが、この中には日本の分類でいえば、製造業、運輸・通信、電力・ガス、不動産業も含まれている。日本の分類と比べるとより細かい業種もわかるが、日本の分類では一般に「その他製造業」としてまとめられる、たとえば、皮革工業や家具工業も含まれている。2003 年の各企業の本社と支所を都市別に確認するにあたっては『L'expansion』掲載企業のホームページを利用した。そこに掲載されている企業情報をもとにフランスの電話帳で本社と支所の存在を都市別に確認していった。

　以下、対象企業の業種について概説し、続いて経済的中枢管理機能からみた主要都市について述べ、そして、この機能からフランスの都市システムを提示する。都市システムについては 1980 年と 2003 年について分析し、本社移転については 1984 年と 2003 年について分析する。

(3) 対象企業の業種

　表 2-1・2-2・2-3 はこの 3 年次の対象企業の業種構成を『会社年鑑』（日本経済新聞社刊）と『会社職員録』（ダイヤモンド社刊）の分類に基づいて示したものである。1980 年において、多い業種は「鉄鋼諸機械」（34.1％）と「化学・ゴム・窯業」（14.7％）であり、この 2 業種で 48.8％（同年の日本は 42.2％）

第2章　フランスの都市と都市システム

表2-1　主要企業の業種構成（1980年）

業種	数	比率
鉱	36	2.1
建設	96	5.7
食料品	150	8.9
繊維	72	4.2
パルプ・紙	50	2.9
化学・ゴム・窯業	250	14.8
鉄鋼諸機械	463	27.4
商	171	10.1
運輸・通信・倉庫	42	2.5
金融	93	5.5
サービス	98	5.8
電力・ガス	11	0.6
その他	160	9.5
計	1,692	100.0

表2-2　主要企業の業種構成（1984年）

業種	数	比率
水産・農林	5	0.4
鉱	4	0.3
建設	82	6.0
食料品	222	16.2
繊維	58	4.2
パルプ・紙	46	3.4
化学・ゴム窯業	186	13.5
鉄鋼諸機械	337	24.5
その他製造業	124	9.0
商	101	7.4
運輸・通信	3	0.2
金融	63	4.6
保険	31	2.2
不動産	0	0
サービス	101	7.4
電力・ガス	4	0.3
その他	6	0.3
計	1,373	100.0

表2-3　主要企業の業種構成（2003年）

業種	数	比率
水産・農林	3	0.2
鉱	14	0.9
建設	74	4.9
食料品	184	12.2
繊維	25	1.7
パルプ・紙	33	2.2
化学・ゴム・窯業	197	13.1
鉄鋼諸機械	297	19.8
その他製造業	64	4.3
商	59	3.9
運輸・通信	103	6.9
金融	174	11.6
保険	29	1.9
不動産	15	1.0
サービス	215	14.3
電力・ガス	14	0.9
その他	3	0.2
計	1,503	100.0

である。「食料品」（5.7％）「繊維」（5.0％）「パルプ・紙」（1.9％）を製造業とすると、合計61.4％である（同年の日本は58.3％）。

2003年においては、最多業種は「鉄鋼諸機械」（19.8％）であり、サービス業がこれに続く。1980年と比べると、「鉄鋼諸機械」の比率は大きく低下した。ただし、3年次の企業の採用基準が異なるのでこれ以上の言及は避けたい。

2　人口からみた主要都市

　経済的中枢管理機能からの都市分析に入る前に人口からフランスの主要都市についてみておこう。表2-4は1982年と2006年の人口上の上位30都市の人口とパリの人口を100.0とした値を示したものである。経済的中枢管理機能からの分析年次と同一年次のデータはないので近いものを採用している。フランスの都市の中でのパリの卓越性については論をまたないが、人口においてもそれは明白である。第2位のマルセイユでも両年次ともパリの40％前後である。第30位の都市の比率は5.4％でしかない。マルセイユ、リヨン、ツールーズ、ニースの順位は両年次いずれも同じであるが、後者2都市の対パリ人口比はやや上昇した。それはこれらの都市人口が増加したことと、反対にパリの

表2-4　人口上位30都市（1982年）

順位	都市	人口（千人）	パリの人口を100.0
1	パリ	2,189	100.0
2	マルセイユ	879	40.2
3	リヨン	418	19.1
4	ツールーズ	354	16.2
5	ニース	338	15.4
6	ストラスブール	252	11.5
7	ナント	247	11.3
8	ボルドー	211	9.6
9	サンテチェンヌ	207	9.5
10	モンペリエ	201	9.2
11	ル　アーブル	200	9.1
12	レンヌ	200	9.1
13	ランス	182	8.3
14	ツーロン	181	8.3
15	リール	174	7.9
16	ブレスト	160	7.3
17	グルノーブル	160	7.3
18	クレルモン　フェラン	151	6.9
19	ル　マン	150	6.9
20	ディジョン	146	6.7
21	リモージュ	144	6.6
22	アンジェ	141	6.4
23	ツールーズ	136	6.2
24	アミアン	136	6.2
25	ニーム	130	5.9
26	アクサンプロヴァンス	125	5.7
27	ブザンソン	120	5.5
28	メッツ	119	5.4
29	ヴィルバンヌ	118	5.4
30	カーン	117	5.3

資　料：Recensement général de la population de 1982: métropole(INSEE)

人口上位30都市（2006年）

順位	都市	人口（千人）	パリの人口を100.0
1	パリ	2,181	100.0
2	マルセイユ	839	38.5
3	リヨン	472	21.6
4	ツールーズ	438	20.1
5	ニース	347	15.9
6	ナント	283	13.0
7	ストラスブール	273	12.5
8	モンペリエ	252	11.6
9	ボルドー	232	10.6
10	リール	226	10.4
11	レンヌ	210	9.6
12	ランス	184	8.4
13	ル　アーブル	183	8.4
14	サンテチェンヌ	177	8.1
15	ツーロン	167	7.7
16	グルノーブル	156	7.2
17	アンジェ	152	7.0
18	ディジョン	152	7.0
19	ブレスト	145	6.6
20	ニーム	144	6.6
21	ル　マン	144	6.6
22	アクサンプロヴァンス	143	6.6
23	クレルモン　フェラン	139	6.4
24	サン　ドニ	138	6.3
25	ツールーズ	137	6.3
26	リモージュ	137	6.3
27	ヴィルバンヌ	136	6.2
28	アミアン	136	6.2
29	メッツ	124	5.7
30	ブザンソン	117	5.4

資　料：Recensement général de la population de 2006: métropole(INSEE)

人口が微減したことによる。

　多くの都市は都市圏を構成する。この間、パリの人口が微減したとはいえ、パリ都市圏の人口は増加した。パリは市域面積（約105.4km^2）があまり広くないこともあって、人口の郊外分散が著しい。INSEEは1982年のパリ都市圏の人口を8,797千人、以下リヨン1,221千人（パリの14.0％）、マルセイユ1,111千人（同12.8％）、リール936千人（同10.7％）としている。

　イル　ド　フランス地域（図2-1）をもってパリの都市圏とすると[1]、その人口は11,491千人である。今、マルセイユの都市圏人口を最大限その所属県（ブーシュ　デュ　ローヌ県）としても1,906千人（パリの16.6％）、リヨン

第2章　フランスの都市と都市システム

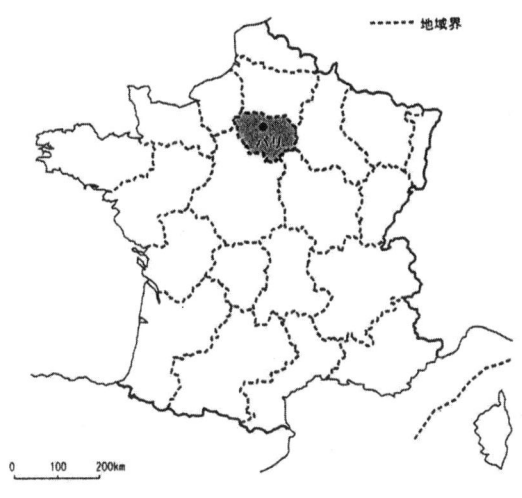

図2-1　イル　ド　フランス　地域

のそれは（ローヌ県）1,654千人（同14.4％）、ツールーズのそれは（オート　ガロンヌ県）1,156千人（同10.1％）、ニースのそれは（アルプ　マリティーム県）1,064千人（同9.3％）である。パリとの差はきわめて大きなものであることがわかる。

3　経済的中枢管理機能からみた主要都市

　上記の資料を用いてこの3年次の本社と支所の状況から主要都市を検討していく。図2-2はここで対象とする都市を示したものである。支所は企業によっては1つの都市に複数の支所を配置している場合があるが、ここでの集計の原則は1企業1都市1支所である。なお、図2-3に示したように、パリを取り囲むオー　ド　セーヌ、ヴァル　ド　マルヌ、セーヌ　サンドゥニの3県を含む範囲をパリ都市圏、さらに、その外側のヴァル　ド　ワーズ、イヴリーヌ、エソンヌ、セーヌ　エ　マルヌの4県を含む範囲をパリ大都市圏としている。それはまた、イル　ド　フランス地域の範囲でもある。

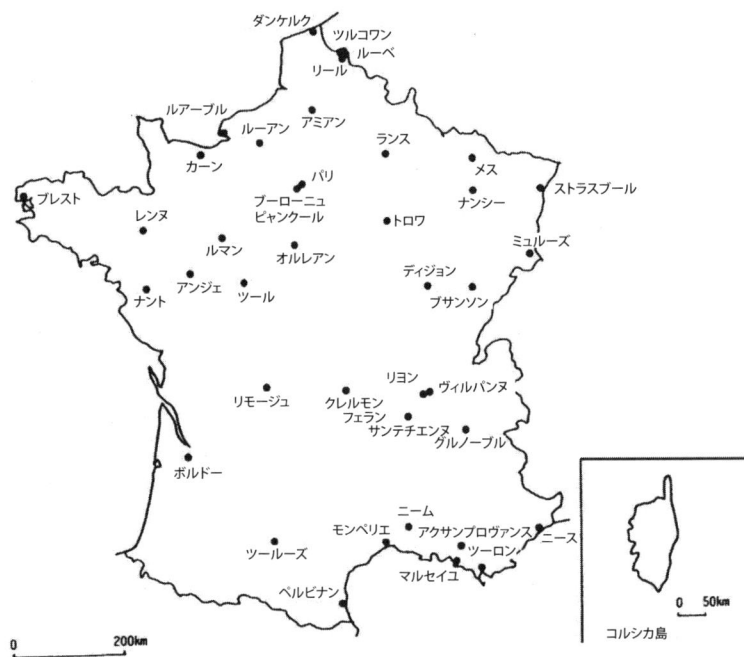

図2-2　研究対象都市

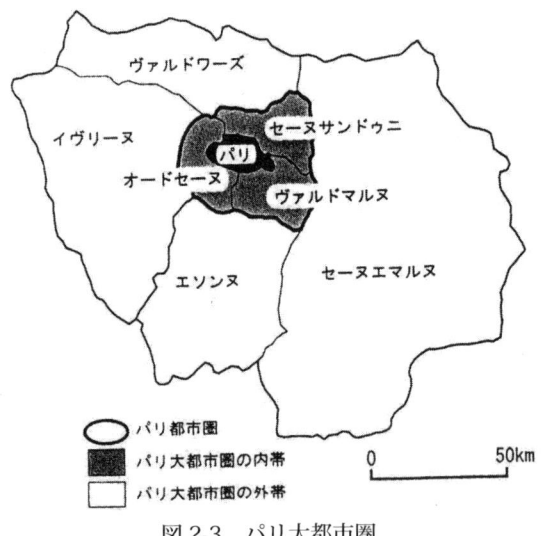

図2-3　パリ大都市圏

第2章 フランスの都市と都市システム

表2-5 フランスの主要都市における本社数と支所数（1980年）

		本社数 ( )は1,692社に占める比率		支所数 ( )はパリ都市圏の支所数を100.0	
1	パリ都市圏	944	(55.8)	663	(100.0)
2	リヨン都市圏	42	(2.5)	217	(32.7)
3	マルセイユ	21	(1.2)	193	(29.1)
4	リール都市圏	28	(1.6)	165	(24.9)
5	ボルドー	5	(0.3)	152	(22.9)
6	ツールーズ	7	(0.4)	127	(19.2)
7	ナント	14	(0.8)	110	(16.6)
8	ストラスブール	20	(1.2)	83	(12.5)
9	ナンシー	6	(0.4)	78	(11.8)
10	ルーアン	5	(0.3)	59	(8.9)
11	レンヌ	3	(0.2)	54	(8.1)
	ディジョン	2	(0.1)	54	(8.1)
13	ルアーブル	7	(0.4)	51	(7.7)
14	ニース	2	(0.1)	46	(6.9)
15	ランス	11	(0.6)	41	(6.2)
16	メス	0	(0)	39	(5.9)
17	グルノーブル	12	(0.7)	37	(5.6)
18	モンペリエ	0	(0)	33	(5.0)
19	カーン	2	(0.1)	32	(4.8)
20	サンテチェンヌ	6	(0.4)	31	(4.7)
21	ツール	4	(0.2)	31	(4.7)
22	ルーベ	20	(1.2)	29	(4.4)
23	リモージュ	4	(0.2)	28	(4.2)
24	オルレアン	3	(0.2)	27	(4.1)
25	クレルモンフェラン	5	(0.3)	26	(3.9)
26	アンジェ	5	(0.3)	26	(3.9)
27	ミュールーズ	5	(0.3)	25	(3.8)
28	ルマン	5	(0.3)	23	(3.5)
29	ブザンソン	3	(0.2)	23	(3.5)
30	ダンケルク	0	(0)	22	(3.3)
31	アミアン	1	(0.1)	21	(3.2)
32	トロワ	5	(0.3)	20	(3.0)
33	ツーロン	0	(0)	18	(2.7)
	アクサンプロヴァンス	0	(0)	18	(2.7)
	ブレスト	0	(0)	18	(2.7)
	ニーム	0	(0)	18	(2.7)
37	ツルコワン	7	(0.4)	17	(2.6)
38	ヴィルバンヌ	8	(0.5)	11	(1.7)
39	ブーローニュビヤンクール	19	(1.1)	10	(1.5)
40	ペルピナン	1	(0.1)	7	(1.1)
パリ都市圏の内訳	パリ	554		271	
	オードセーヌ県	283		221	
	セーヌサンドゥニ県	53		157	
	ヴァルドマルヌ県	54		122	
	その他	467	(27.2)		
	合計	1,692	(100.0)		

・オードセーヌ県の本社数と支所数にはブーローニュビヤンクールのものが含まれている。
・パリ都市圏の支所数はオードセーヌ県他2県の支所とダブルカウントを除いたものである。
・リヨン都市圏の本社数と支所数はヴィルバンヌ、ヴェニシュー、サンプリエストのものを含み、支所数については ダブルカウントを除いている。
・リール都市圏の本社数と支所数はルーベとツルコワンのものを含み、支所数については ダブルカウントを除いている。
（資料）『France10000』『The Bankers' Almanac』 都市の順位は支所の多い順

(1) 1980年
1) 本社からみた主要都市

　表2-5は都市別の本社数と支所数を示したものである。日本企業の場合、複数本社制を採用している企業が数多く存在するが、1980年においては、そのような事例は1企業のみであった。どちらが第2本社であるかは不明のため、この企業の本社はどの都市にもカウントしていない。

　フランスの本社分布の特徴はパリ及びパリ都市圏に本社がきわめて多いのに対して、第2位以下の都市に本社が少ないことである。最も本社の多い都市はパリで554本社、全体の32.7％である。パリ都市圏では944本社で全体の55.8％となる。さらに、もう一回り外側の4県には105の本社が立地している。したがって、パリ大都市圏には1,049社、率にして62.0％の集中率となる。

　2番目に本社の多い都市はリヨンだが、28社にすぎない（全体の1.7％）。リヨン都市圏としても42社（全体の2.5％）にすぎない。以下、マルセイユ、ストラスブールと続くが、それぞれ21社、20社である。リールは8社だが、リール都市圏では28社となるものの、それでもリヨンの本社数に並ぶにすぎない。

　1980年の日本の場合も、東京23区への本社集中率は45.7％、横浜と川崎を含めると49.0％にもなる[2]。また、1985年の韓国ではソウルに59.2％、ソウルを含む京畿道では77.0％の集中率であった（第1章参照）。パリ都市圏への本社集中率はソウルほどではないが、東京を上回るものである。

　しかし、なによりも特徴的なことは、日本では第2位の大阪、韓国でも第2位の釜山や第3位の仁川に相当数の本社がみられるのに対して、フランスでは第2位の都市でも本社数が少なく、首位都市パリ（都市圏・大都市圏）との差がきわめて大きいということである。

　本社数20以上の都市（圏）とパリ都市圏を構成する3県について、本社の業種構成を示したものが表2-6である。パリ及びパリ都市圏の本社の業種はヴァラエティに富んでいるが、その他の都市や都市圏には全くない業種もあり、パリ及びパリ都市圏とは対照的である。わずかにリヨン都市圏に「鉄鋼諸機械」の多いことと、リール都市圏に「繊維」の多いことが特徴として挙げられよう。

　パリとパリ都市圏を比べてみれば、多くの業種でパリの方が本社数が多い中

表 2-6　上位都市の本社の業種構成（1980 年）

都市圏＼業種	業種	鉱	建設	食料品	繊維	パルプ製紙	化学ゴム	窯業	鉄鋼諸機械	商	倉庫通信運輸	金融	サービス	電力ガス	その他
パリ都市圏	944	25	60	60	17	19	150		253	87	28	71	73	9	92
｛パリ	554	15	29	35	16	10	80		121	52	21	70	50	8	47
｛オード　セーヌ県	283	5	21	18	1	3	54		96	20	7	1	19	1	37
｛セーヌ　サンドゥニ県	53		1	2		3	7		27	8			2		3
｛ヴァル　ド　マルヌ県	54	5	9	5		3	9		9	7			2		5
リヨン都市圏	42		1	2	6		8		13	5		3	3		1
｛リヨン	28			1	4		5		8	5		3	2		
｛ヴィルバンヌ															
｛ヴェニシュー	14		1	1	2		3		5				1		1
｛サンプリエスト															
マルセイユ	21		3	3			6		1	2	2	2	2		
リール都市圏	28			3	13		1		1	3	1	2	1		3
｛リール	8			2	2				1			2			1
｛ルーベ	20			1	11		1			3	1		1		2
｛ツルコワン															
ストラスブール	20	1	1	1			1		5	5		3	1		2
その他	637	10	31	81	36	31	84		190	69	11	12	18	2	62
合計	1,692	36	96	150	72	50	250		463	171	42	93	98	11	160

注）｛　｝で囲まれた都市と県の本社数は合計に含まれない。

で、「鉄鋼諸機械」のみ周辺県の方に多くの本社がみられる。この業種には大資本の企業が多く、それらがラ　デファンス地区などに本社を立地させているからである。

　このようにパリ都市圏には多くの本社がみられるが、なかでも集中度が高いのは、「鉱」（69.4％）、「建設」（62.5％）、「運輸・通信・倉庫」（66.7％）、「金融」（76.3％）、「サービス」（74.5％）、「電力・ガス」（81.8％）である。そして、さらにパリ市内への集中率が高いのは、「運輸・通信・倉庫」、「金融」「サービス」の3業種である。とくに「金融」は全93社のうちパリ市内に70社という多さである。ラ　デファンスをはじめとして、周辺に多くの本社が立地しているパリではあるが、「金融」だけはパリ市内に多く立地している。反対にパリ及びパリ都市圏への集中度が低いのは、「繊維」であり、パリ都市圏にはわずか17社で繊維全体の23.6％でしかない。

2）支所からみた主要都市

　次に支所の状況を検討する。集計の原則は1企業1都市1支所である。し

表2-7　上位都市（圏）の人口と支所数の順位の対応

	（人口）	（支所数）
1	パリ都市圏	パリ都市圏
2	マルセイユ	リヨン都市圏
3	リヨン都市圏	マルセイユ
4	リール都市圏	リール都市圏
5	ツールーズ	ボルドー
6	ニース	ツールーズ
7	ストラスブール	ナント
8	ナント	ストラスブール
9	ボルドー	ナンシー
10	サンテチエンヌ	ルーアン
11	モンペリエ	レンヌ
12	ルアーブル	ディジョン
13	レンヌ	ルアーブル
14	ランス	ニース
15	ツーロン	ランス
16	ブレスト	メス
17	グルノーブル	グルノーブル
18	クレルモンフェラン	モンペリエ
19	ルマン	カーン
20	ディジョン	サンテチエンヌ
	…	
34	ルーアン	
	…	
37	ナンシー	

たがって、パリ都市圏の支所数663というのは、対象企業1,692社のうち663社がパリ都市圏に支所を置いていることを意味している。表2-5に示したように支所数が1番多いのも本社同様パリである。しかし、パリ自体はとびぬけて支所数が多いということはなく、パリ都市圏に広く支所は立地していることがわかる。パリと周辺3県の支所数を合計すると781（ブーローニュビヤンクールはオー　ド　セーヌ県の都市なので、この支所数も加えている）であるが、この場合たとえば、パリとオー　ド　セーヌ県内の都市の両方に支所を設置している企業があるので、パリ都市圏とするには、このダブルカウントを避けなくてはならない。その結果、パリ都市圏の支所数は663となる。リヨンとリール都市圏についても同様の処置を行っている。

　パリ都市圏に次ぐのはリヨン都市圏で217支所を数えるが、パリ都市圏の32.7％でしかない。リールは137支所であるが、都市圏では165支所となり、パリ都市圏の24.9％となる。第10位のルーアンはパリ都市圏の8.9％、第20位のサンテチェンヌは同4.7％でしかない。

続いて都市人口と支所数の順位の対応関係をみてみよう（表2-7）。パリ都市圏、リヨン都市圏、マルセイユ、リール都市圏の上位4つはリヨン都市圏とマルセイユが入れ替わる。冒頭で述べたように、マルセイユは1市として、リヨンは都市圏として分析したことがやや影響して両市が入れ替わったのかもしれない。

人口より支所数での順位が大きく上昇するのはナンシーとルーアンであることがわかる。ナンシーの人口は99千人で人口上の順位は37位にすぎない。それにもかかわらず多くの支所数を数えるのは、位置にめぐまれた都市であるからと推測される。東フランスの有力都市ストラスブールは人口、支所数ともに多い都市であるが、ボージュ山脈の東側に位置し、ドイツとの国境に近いこともあってか、後述するように、この都市の支所は広いテリトリーを持っていない。

もう1つの近隣都市メスは人口119千人であり、ナンシーより多いものの、その支所数がナンシーに及ばないのはルクセンブルグとドイツに近く、ストラスブール同様、国土の周辺部に位置するためであると思われる。ナンシーはロレーヌ地方のほぼ中心に立地していることで大きな有利さを得ているのである。

反対に人口の順位が高い割に支所数上の順位が低い都市として、ニース、サンテチェンヌ、モンペリエ、ツーロン、ブレストがあげられる。ニースは地中海に面した観光都市である。観光都市には通常この種の都市機能は少なく、経済的中枢管理機能は同じプロヴァンス地方の中心都市マルセイユに集中しているからである。このことは同じく地中海に面する港湾都市ツーロン、大学都市モンペリエにもあてはまる。ブリュターヌ半島西端に位置するブレストもナントあるいはレンヌとの関係において同様である。サンテチェンヌは近くにリヨンがあるため、やはり経済的中枢管理機能の集積は多くない。大都市の近くに位置する都市は工業が活発であったり人口が多いときでも、このような都市機能が少ないことは日本でもよく見られることである。

図2-4は支所数と人口による都市の順位規模曲線である。いずれもパリ都市圏の卓越が明らかである。人口については、マルセイユ、リヨン都市圏、リール都市圏の順に急激に減少し、以下緩やかに減少している[3]。

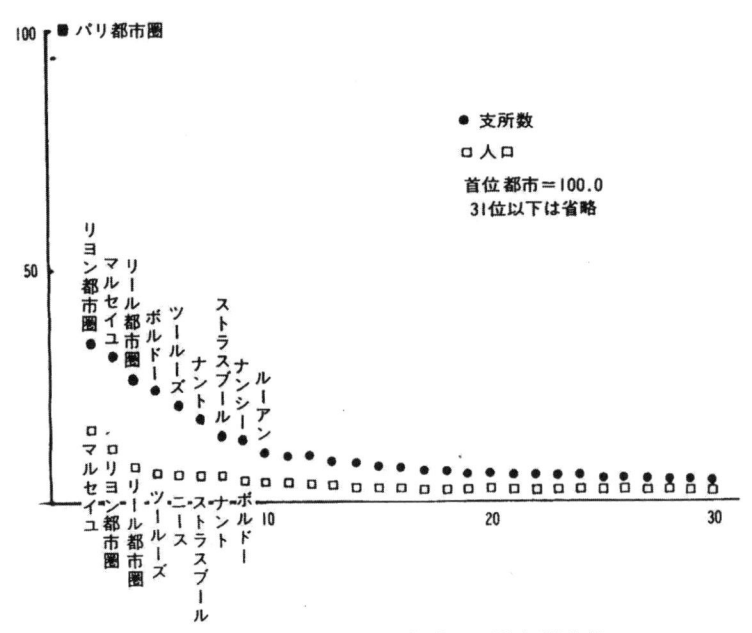

図 2-4 支所数と人口による都市の順位規模曲線

　支所数については、第 2 のリヨン都市圏から第 9 位のナンシーまで直線的に減少し、第 10 位のルーアン以下は漸減的なグラフとなる。リヨン都市圏からナンシーまでを 1 つのグループとして抽出することはできようが、そこに階層的といえるような明確な区分は不可能であることもわかる。

　パリ都市圏に対する各都市の支所数比は第 9 位のナンシーまで人口比をかなり上回る。そこにリヨンからナンシーまでの 8 都市の都市機能上の重要性が認められる。リヨンからナンシーまでの都市は均衡メトロポールと呼ばれ、フランスの都市の中で重要な位置を占めている。フランスの都市や地域開発を論ずるときには必ずといってよいほど、これら均衡メトロポールの評価が問題となる（Gravier 1964　阿部 1988）。

　フランスは歴史的にパリへの一極集中が著しい国であるが、そのことは同時にパリ（とその周辺）以外の都市や地域の活力低下の主因であった。バランスのとれた国土づくりという観点からパリの諸機能の地方分散の受け皿として、あるいは各地方の発展の中核として均衡メトロポールが評価されるからである。

表 2-8 上位都市の支所の業種構成（1980 年）

都市圏＼業種	支所数	鉱	建設	食料品	繊維	パルプ・紙	窯業・ゴム・化学	鉄鋼諸機械	商	倉庫通信運輸	金融	サービス	ガス電力	その他
パリ都市圏	663	10	27	41	28	18	96	224	67	12	40	41	9	50
リヨン都市圏	217	6	15	16	4	4	25	51	36	7	27	15	2	9
マルセイユ	193	3	14	15	1	2	28	45	26	8	23	19	1	8
リール都市圏	165	2	10	11	11		16	42	27	6	23	11	1	5
ボルドー	152	2	8	11	3	1	23	34	23	6	17	12	3	9
ツールーズ	127	2	8	7		3	10	41	19	4	16	9		8
ナント	110	4	9	8	2	2	10	29	19	3	14	7	1	4
ストラスブール	83	1	3	8			5	21	14	1	15	7		6
ナンシー	78	3	5	6			5	22	17		9	8	2	1

　人口よりも支所数において 8 均衡メトロポールがパリ都市圏に続く都市群であることはまちがいないが、しかし、この 8 都市が同じレベルであるとは言い難い。リヨン都市圏やマルセイユとストラスブールやナンシーとの間には大きな差があり、ナンシーとルーアンとの間にはそれほど大きな隔たりはないからである。

　しかし、均衡メトロポールは図 2-2 からもわかるように、フランスの国土の中で適当な距離を隔てて立地しており、そのことは後述するように、これらの支所が広域のテリトリーを所有することにつながる。そこに支所数では単純にはかれない、この 8 都市の重要性をみいだすことができる。

　次に支所の業種構成について述べる。表 2-8 はパリ都市圏と均衡メトロポールの支所の業種構成を示したものである。いずれも最多業種は「鉄鋼諸機械」であるが、これは「鉄鋼諸機械」が対象企業中の最多業種であることにもよる。パリ都市圏にとくにこの支所が多いのは、この業種は本社が地方都市にある企業も多く、それらがパリ都市圏に支所を出しているからである。同様のことは地方都市本社率の高い「食料品」と「繊維」についても指摘できる。支所数が少なくなれば、業種の欠落する都市も出てくるが、パリ都市圏、リヨン都市圏、マルセイユ、ボルドーにおいては、この分類による限りすべての業種がみられた。

　「食料品」「繊維」「パルプ・紙」「化学・ゴム・窯業」「鉄鋼諸機械」をまとめて製造業とすると、いずれもその比率は高く、均衡メトロポールはすべて 40％台である。パリ都市圏はひときわ高くて製造業の支所は全支所数の 61.4％にもなる。均衡メトロポール 8 都市に続く支所数をもっているルーア

ン（製造業の支所率28.8％）、レンヌ（同50.0％）、ディジョン（同46.3％）、ル　アーブル（同27.5％）、ニース（同23.9％）のうち、レンヌとディジョンを除くと製造業の支所率はいずれも20％台にすぎないこととは対照的である。レンヌとディジョンに製造業の支所が比較的多いのは、前者にはナントの代わりに支所を置いてブリュターヌ地方を、後者はパリとリヨンの中間に位置することから支所を置いてブリュゴーヌ地方をテリトリーとさせている企業がいくつかみられると推測されるからである。

3）主要都市のテリトリー

　前項で断片的にふれた都市のテリトリーについて詳しく検討する。『Bottin』の1984年版において、わずか16社18部門であるが、県単位で支所の管轄担当範囲が掲載されているので、テリトリーについて調べることができる。企業数の少ないことに不満はあるが、他にこの点について調査可能な資料はないので、この資料にもとづいて支所の管轄担当範囲から主要都市のテリトリーを設定する。

　16社18部門中半数以上の支所が管轄している時に、その県をその都市のテリトリーとする。3分の1以上2分の1未満の場合を準テリトリーとする。以上のような基準でテリトリーを設定すると、複数の県にまたがるテリトリー・準テリトリーをもつ都市は、パリ都市圏、リール都市圏、ナント、ボルドー、ツールーズ、マルセイユ、リヨン都市圏、ナンシー、ルーアンの9都市である。パリとルーアンを除くといずれも均衡メトロポールであり、また均衡メトロポールの1つであるストラスブールは該当しない。

　図2-5はこれらの都市をテリトリー・準テリトリーとともに示したものである。実線で囲まれた範囲がテリトリーを示し、破線で囲まれた範囲が準テリトリーを示している[4]。テリトリーをわかりやすくするために、図では一番外側を実線で囲んでいる。重要な点は以下のように整理される。

① パリ都市圏のテリトリーはそれほど広い範囲ではない。しかし、この地域は人口も多く、経済活動も活発であり、あらゆる意味においてフランスの心臓部である。
② ナント、ボルドー、ツールーズ、マルセイユ、リヨン都市圏、ナンシー、リー

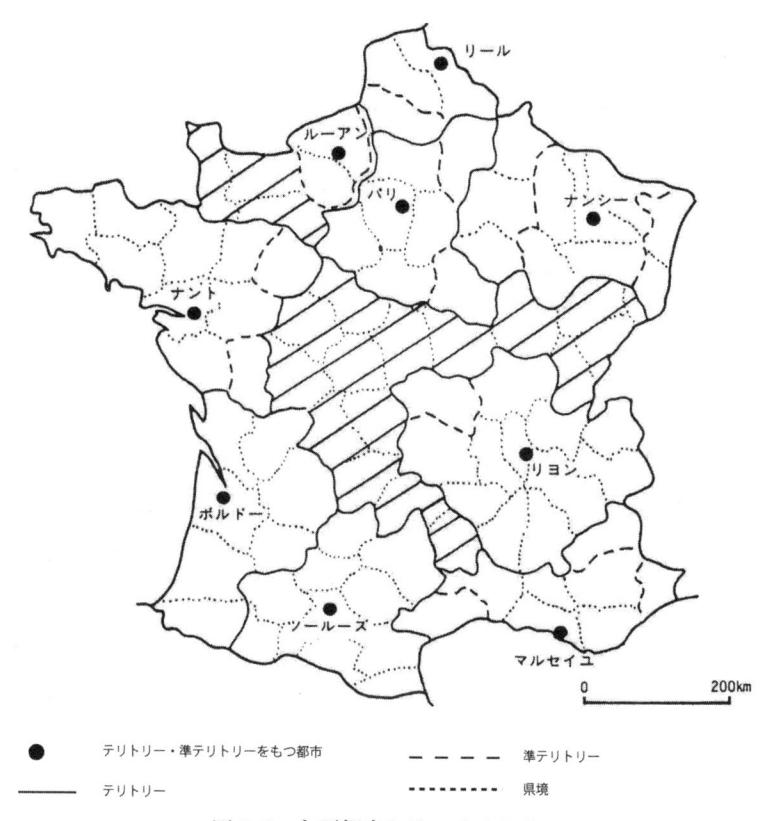

第2章　フランスの都市と都市システム　　31

図2-5　主要都市とそのテリトリー

　ル都市圏のテリトリーは準テリトリーをもつ都市も含めて明確である。これらはいずれも均衡メトロポールであり、中核都市である。とくに、ボルドーとツールーズのテリトリーが明確なのは近くに両都市に対抗しうる都市がないことによる。
③ マルセイユ、リヨン都市圏、ナント、ナンシー、リール都市圏がそのテリトリー内に準テリトリーを含んでいるのは、モンペリエ・ニース・エクサンプロヴァンス（マルセイユ）、クレルモン　フェラン（リヨン都市圏）、アンジェ・ツール（ナント）、ランス・ストラスブール（ナンシー）、ルーアン（リール都市圏）の存在による。これらの都市はストラスブールを除くと均衡メトロポールほどではないが、ある程度の支所数をもち（表2-5）、周辺に影響

④ そのストラスブールはナンシーより人口も支所数も多いにもかかわらず、今回の調査に見る限り広域のテリトリーは認められなかった。ナンシーの方が広域のテリトリーは明確である。この理由については既述したように都市の位置が関係していると考えられる。

⑤ リール都市圏のテリトリーは狭いが、これはベルギーとの国境に近いうえパリ都市圏の影響が近くまで及んでいることと、ルーアンがある程度の支所数をもった都市であることによっている。

⑥ ルーアンは主要都市の勢力の間隙をぬうようにして、その支所は周辺の県を準テリトリーとしている。

⑦ 中央部は広く空白地域となっている。ここは、パリ都市圏、ナント、ツールーズ、リヨン都市圏の各支所が管轄している事例がみられるが、またリモージュ、ポワチエ、ツールに多くはないが支所がある程度あって、それらがこの地域を管轄していたりするからである。この地域はいずれの主要都市にも明確に属さない地域である。

パリ都市圏とストラスブールを除く均衡メトロポールのテリトリーの明確さが指摘されたが、これらは製造業の支所が多い都市でもある。日本でも広域中心都市にはこの部門の支所が多く、それが広いテリトリーをもっていることと深い関係があった（阿部1991）。フランスも同様のことがいえる。

4) 支所配置からみた都市間結合

続いて支所配置の状況から主要都市間の結合関係を分析する。既述したようにフランスの都市はパリ（都市圏）を除くと本社を多くもつ都市はなく、20以上の本社があるのはパリ都市圏のほかはリヨン都市圏、リール都市圏、マルセイユ・ストラスブールだけであった。これら5都市（圏）とその他の均衡メトロポールをとりあげ、それぞれに本社を置く企業が支所数50以上の都市に支所を配置している数と比率を求めたものが表2-9である。

パリ都市圏企業の支所配置率は最高のリヨン都市圏でも16.5％であり、マルセイユ、リール都市圏、ボルドーに対して10％をこえるにすぎない。一方、パリ都市圏へは328支所、率にして34.7％もの企業が支所を出している。そ

表 2-9　本社多数都市（圏）から主要都市への支所配置の状況（1980 年）

from＼to		パリ都市圏	リヨン都市圏	マルセイユ	リール都市圏	ボルドー	ツールーズ	ナント	ストラスブール	ナンシー	ルーアン	レンヌ	ディジョン	ルアーブル
		663	217	193	165	152	127	110	83	78	59	54	54	51
パリ都市圏	944	328	156	143	122	104	75	65	48	56	42	30	37	27
	(100.0)	(34.7)	(16.5)	(15.1)	(12.9)	(11.0)	(7.9)	(6.9)	(5.1)	(5.9)	(4.4)	(3.2)	(3.9)	(2.9)
リヨン都市圏	42	19	11	5	6	4	2	2	3	1	2	1	3	2
	(100.0)	(45.2)	(26.2)	(11.9)	(14.3)	(9.5)	(4.8)	(4.8)	(7.1)	(2.4)	(4.8)	(2.4)	(7.1)	(4.8)
リール都市圏	28	14	4	3	9	3	3	3	3		1		1	1
	(100.0)	(50.0)	(14.3)	(10.7)	(32.1)	(10.7)	(10.7)	(10.7)	(10.7)		(3.6)		(3.6)	(3.6)
マルセイユ	21	6	4	7	2	2	2	1		2				1
	(100.0)	(28.6)	(19.0)	(33.3)	(9.5)	(9.5)	(9.5)	(4.8)		(9.5)				(4.8)
ストラスブール	20	8	1	1		2			3					
	(100.0)	(40.0)	(5.0)	(5.0)		(10.0)			(15.0)					
ナント	14	4	1				1	2		1		1		2
	(100.0)	(28.6)	(7.1)				(7.1)	(14.3)		(7.1)		(7.1)		(14.3)
ツールーズ	7	2				1	1							
	(100.0)	(28.6)				(14.3)	(14.3)							
ナンシー	6	3	2							1				1
	(100.0)	(50.0)	(33.3)							(16.7)				(16.7)
ボルドー	5	1				1	1			1				
	(100.0)	(20.0)				(20.0)	(20.0)			(20.0)				

（　）は縦列の都市（圏）に本社を置く企業が横列の各都市に支所を出している比率

　の他の都市の場合は、いずれもパリ都市圏への支所配置率が高いが、もともと各都市の本社数が多くないので、高率であってもその数は少ない。パリ都市圏の支所の約半分（49.5％）はパリ都市圏に本社を置く企業のものなのである。ルーアン、レンヌ、ディジョンへの支所配置率が低いのは、これらがパリ都市圏に近いことと均衡メトロポールほどの重要な都市ではないからである。マルセイユ企業のパリ都市圏への支所配置率は28.6％であるが、リヨン都市圏、リール都市圏、ストラスブールからはいずれももっと高率である。

　また、いずれも自都市（圏）への支所配置率が高い。この場合すぐに考えられる理由は、多くの支所をもつ銀行が含まれるためではないかということであるが、実際には銀行の支所は多くはなく、リヨン都市圏で3、リール都市圏で2、マルセイユでは1にすぎない。

　リヨン都市圏からの支所配置率が10％をこえるのはパリ都市圏、リール都市圏、マルセイユの3つであるが、リール都市圏からの支所配置率が10％を

こえるのは自都市圏を除いても7つを数える。しかし、本社の絶対数が少ないので、この比率を過大に評価することはできないと考える。

日本の場合は、1985年時点で東京本社企業は大阪に72.3％、名古屋に65.4％の支所配置率であったし、広域中心都市についても最低の広島に対してですら45.3％の支所配置率であった。大阪本社企業は東京に84.4％、名古屋に64.8％、広域中心都市中最低の札幌に対してでも43.4％であった（阿部1991）。資料の不備に対する懸念があるとはいえ、フランスの都市間支所配置率は大変低いものであるといえよう。

パリ都市圏企業の支所数が個々の都市の支所数中どのくらいの比率をもつのかを示したものが表2-10である。最も低いツールーズとナントでも59.1％であり、マルセイユにおいては74.1％にもなる。この比率は東京本社企業の支所が日本の主要都市の支所数に占める比率より15～20ポイントも高く、パリ都市圏の存在の大きさを示している。

図2-6はパリ都市圏企業から主要都市への支所配置数を示したものである。均衡メトロポール諸都市、とくにリヨン都市圏、マルセイユ、リール都市圏、ボルドー、ツールーズに対して多いことがよくわかる。

図2-7は本社数20以上の都市（圏）に本社を置く企業が支所数50以上の

表2-10　パリ都市圏企業の支所数が各都市の支所数に占める比率

パリ都市圏	51.8％
リヨン都市圏	67.0％
マルセイユ	74.1％
リール都市圏	68.2％
ボルドー	68.4％
ツールーズ	59.1％
ナント	59.1％
ストラスブール	57.8％
ナンシー	71.8％
ルーアン	71.2％
レンヌ	55.6％
ディジョン	68.5％

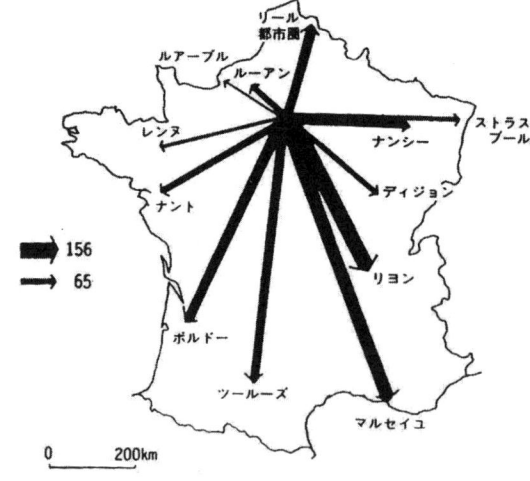

図2-6　パリ都市圏企業の主要都市への支所配置

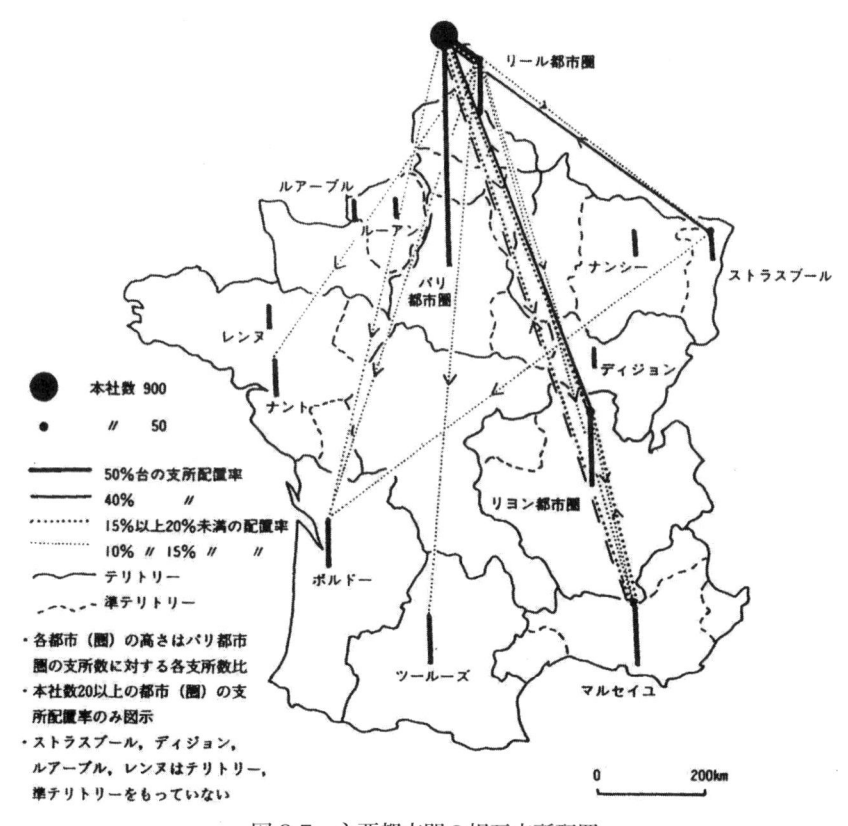

図2-7 主要都市間の相互支所配置

都市（圏）に対して10％以上の比率で支所を配置しているケースを図示したものである。この図には都市のテリトリー・準テリトリーも書き加えた。各都市（圏）の高さはパリ都市圏の支所数に対する、それぞれの支所数の比率である。黒丸は本社数を示すものである。パリ都市圏とその他との本社数の差は支所数以上に大きいので、経済的中枢管理機能全体としてはパリ都市圏とその他との差は図2-7に示された以上に大きいと考えるべきである。

表2-9、図2-6・7より1980年のフランスの都市システムは圧倒的にパリ都市圏を中心とした性格が強く、パリ都市圏を除くと相互の結びつきは極めて弱いことが指摘できる。

(2) 2003年
1）本社からみた主要都市

表2-11は主要都市の本社数と支所数を支所数の多い順に示したものである。パリの本社数は328で全体の21.8%を占める。第2位はブーローニュ　ビヤンクールで35本社（2.3%）、クルブヴァ、ピュトー、ルーエイル　マルメゾンが30本社で続く。さらに、ルヴァルワ　ペレ（25本社）、ナンテール（24本社）が続くが、これらの都市はいずれもパリ都市圏内の都市である。これら以外ではヌイー　シュー　セーヌも21本社である。パリ都市圏内以外の都市で20本社をこえるのはリヨンだけである（23本社）。

表2-11　フランスの主要都市・都市圏における本社数と支所数（2003年）

	本社数		支所数			
	（　）は1,503社に占める比率		（　）はパリの支所数を100.0		（　）はパリ都市圏の支所数を100.0	
パリ	328	(21.8)	571	(100.0)	*693	(100.0)
リヨン	23	(1.5)	317	(55.5)	**357	(51.5)
マルセイユ	16	(1.1)	297	(52.0)	***355	(51.2)
ツールーズ	16	(1.1)	278	(48.7)	278	(40.1)
ストラスブール	19	(1.3)	209	(36.6)	209	(30.2)
ニース	4	(0.3)	200	(35.0)	200	(28.9)
ナント	13	(0.9)	196	(34.3)	196	(28.3)
ボルドー	8	(0.5)	182	(31.9)	182	(26.3)
アクサンプロヴァンス	4	(0.3)	179	(31.3)		
リール	6	(0.4)	176	(30.8)	****214	(25.4)
モンペリエ	5	(0.3)	169	(29.6)	169	(24.4)
ディジョン	3	(0.2)	167	(29.2)	167	(24.1)
レンヌ	7	(0.5)	160	(28.0)	160	(23.1)
トゥール	4	(0.3)	151	(26.4)	151	(21.8)
ルーアン	4	(0.3)	151	(26.4)	151	(21.8)
ナンテール	24	(1.6)	114	(20.0)	114	(16.5)
クルブヴァ	30	(2.0)	109	(19.1)	109	(15.7)
ルヴァルワペレ	25	(1.7)	95	(16.6)	95	(13.7)
ヌイーシューセーヌ	21	(1.4)	94	(16.5)	94	(13.6)
ピュトー	30	(2.0)	86	(15.1)	86	(12.4)
ブーローニュビヤンクール	35	(2.3)	84	(14.7)	84	(12.1)
ルーエイルマルメゾン	30	(2.0)	80	(14.0)	80	(11.5)
イシレムリノ	18	(1.2)	70	(12.3)	70	(10.1)
クリシー	14	(0.9)	60	(10.5)	60	(8.7)
パリ都市圏	702	(46.7)	693			
パリ	328	(21.8)				
オードセーヌ県	291	(19.4)				
セーヌサンドゥニ県	49	(3.3)				
ヴァルドマルヌ県	34	(2.3)				
	1503	(100.0)				

資料：『France30000』、各社のHP
*パリ都市圏　　**リヨン都市圏　　***マルセイユ・アクサンプロヴァンス　　****リール都市圏

表2-12 主要都市の本社数（1980年・1984年・2003年）

1980年	本社数	1984年	本社数	2003年	本社数
1 パリ	554 (32.7)	1 パリ	374 (27.2)	1 パリ	328 (21.8)
2 リヨン	28 (1.7)	2 ヌイーシューセーヌ*	28 (2.0)	2 ブーローニュビヤンクール*	35 (2.3)
3 マルセイユ	21 (1.2)	3 クルブヴァ*	22 (1.6)	3 ピュトー*	30 (2.0)
4 ストラスブール	20 (1.2)	4 ピュトー*	20 (1.5)	4 ルーエイルマルメゾン*	30 (2.0)
5 ルーベ	20 (1.2)	5 マルセイユ	20 (1.5)	5 クルブヴァ*	30 (2.0)
6 ブーローニュビヤンクール*	19 (1.1)	6 リヨン	18 (1.3)	6 ルヴァルワペレ*	25 (1.7)
7 ナント	14 (0.8)	7 ストラスブール	15 (1.1)	7 ナンテール*	24 (1.6)
8 グルノーブル	12 (0.7)	8 ルーエイルマルメゾン*	14 (1.0)	8 リヨン	23 (1.5)
その他	1,004 (59.4)	9 ルヴァルワペレ*	10 (0.7)	9 ヌイーシューセーヌ*	21 (1.4)
計	1,692 (100.0)	その他	837 (61.0)	10 イシレムリノ*	18 (1.2)
		計	1,373 (100.0)	11 ストラスブール	17 (1.1)
				12 マルセイユ	16 (1.1)
				13 ツールーズ	16 (1.1)
				14 クリシー*	14 (0.9)
				15 ナント	13 (0.9)
				16 ヴァリズィヴィラクブレ**	13 (0.9)
				その他	825 (54.9)
				計	1,503 (100.0)

注1）本社数6以上の都市のみ掲載
注2）*オードセーヌ県の都市　　**イヴリーヌ県の都市
注3）デファンスという住所では1984年に18本社、2003年では9本社が確認されているので、クルブヴァ、ピュトーと合計するとデファンス地区の本社数は60である。同じく2003年は69である。
資料：1980年については『France10000』、1984年については『France10000』、『KOMPASS』、『BOTTIN』
　　　2003年については『France30000』、『KOMPASS』、『BOTTIN』、各企業のホームページ

　しかし、既述したように、パリは都市圏として考察される必要がある。表2-12は3年次の本社多数都市を示したものである。パリの本社数は減少し、比率も低下した。その代わりにオー　ド　セーヌ県の多くの都市で本社数が増加した。その結果、2003年にパリ都市圏では702本社（46.7％）となった。さらに、その外側まで含むパリ大都市圏では、835本社（55.6％）に増加した。1984年と2003年についてそれを示したものが表2-13である。

　パリの本社数は減少したが、オー　ド　セーヌ県の本社が大きく増加したことを反映して、パリ都市圏全体では本社数は増加、比率は微増であったこと、パリ大都市圏ではイヴリーヌ県での増加が大きかったこともあって、736本社から835本社に99本社増加した。率にして53.6％→55.6％と2ポイントの増加であった。1980年にはパリ都市圏の本社比率は55.8％であった。既述

表2-13　パリとイルドフランス地方7県の本社数（1984・2003年）

			1984年		2003年	
パリ大都市圏	パリ都市圏	パリ	374	(27.2)	328	(21.8)
		オードセーヌ県	185	(13.5)	291	(19.4)
		セーヌサンドゥニ県	46	(3.4)	49	(3.3)
		ヴァルドマルヌ県	35	(2.5)	34	(2.3)
		(内帯)	266	(19.4)	374	(24.9)
	パリ＋内帯		640	(46.6)	702	(46.7)
	イヴリーヌ県		38	(2.8)	65	(4.3)
	ヴァルドワーズ県		19	(1.4)	20	(1.3)
	エソンヌ県		31	(2.3)	25	(1.7)
	セーヌエマルヌ県		8	(0.6)	23	(1.5)
	(外帯)		96	(7.0)	133	(8.8)
パリ＋内帯＋外帯			736	(53.6)	835	(55.6)
その他			637	(46.4)	668	(44.4)
計			1,373	(100.0)	1,503	(100.0)

したように企業の採用基準が異なるので安易なことは言えないが、本社機能の立地がゆっくりと外延化したことがわかる。次に検討する。

2）パリからの本社移転

1984～2003年にかけて対象企業数が130社増加したにもかかわらず、パリの本社数は46も減少した。このことは多くの企業が本社をパリから移転させたことを示唆している。この問題をあきらかにする前に、パリ市内における両年次の企業本社の状況について、見ておこう。

多くの都市がそうであるように、パリにおいても本社が集中している区は存在する。表2-14は両年次のパリの区別本社数を示したものであり、図2-8はそれを図化したものである。本社数が最も多い区は8区であり、16区と15区が続くが、その差はかなり大きい。1984～2003年の間に15区では15本社増加したが、8区では30本社も減少した。増加した区と減少した区の数はほぼ等しいが、パリ全体としては46本社の減少となったのである。

表2-14　パリ市区別による本社数

	本社数	
	1984年	2003年
パリ1区	22	10
2	13	11
3	9	4
4	3	2
5	3	3
6	11	4
7	8	11
8	131	101
9	30	27
10	11	4
11	5	1
12	10	13
13	8	11
14	3	9
15	24	39
16	49	39
17	23	24
18	4	5
19	5	9
20	1	1
不明	1	0
計	374	328

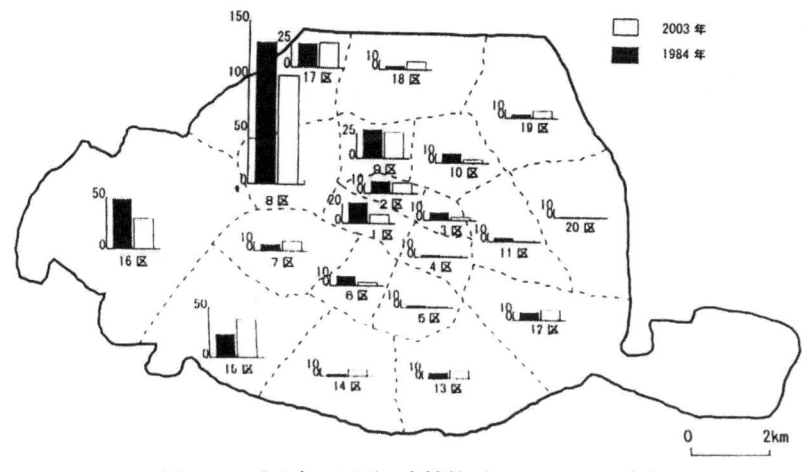

第 2 章　フランスの都市と都市システム

図 2-8　パリ市の区別の本社数（1984・2003 年）

　一方、パリ都市圏内帯の本社数は 266 から 374 へ 108 も増加した。それはオー　ド　セーヌ県で 106 もの増加をみたからである。外帯のイヴリーヌほか 3 県でも本社数は 96 から 133 へ 37 も増加した。この 23 年間にあきらかにパリから郊外への本社の分散傾向がみられた。

　表 2-15 は 1980～2003 年にパリ大都市圏において移転が確認できた 210 本社の状況を示したものである[5]。この表においては、本社移転はパリとオー　ド　セーヌ県のいくつかの都市を除いて、県単位で集計されている。また、同一市内の移転は含まれていない。

　1984～2003 年にパリからの本社移転が確認された企業は 95 社である。もとの立地場所は 8 区が最多で、34 社がここに本社を構えていた。8 区に続いて本社数が多いのは、15、16、17 区であり、10、12、9 の本社がここから移転した。図 2-9 は表 2-15 を図化したものである。表 2-15 と図 2-9 から、パリからの本社移転は多方面にわたるが、オー　ド　セーヌ県への移転が圧倒的に多かったことがわかる。都市としては、パリからの本社移転が最も多かったのはブーローニュ　ビヤンクール（12 本社）である。これに続くのがラデファンス地区（ピュトー・クルブヴァ）で 11 本社である。この 3 都市を含むオー　ド　セーヌ県全体に 61 の本社がパリから移転している。オー　ド

表2-15　パリ市内から移転した本社（1984～2003年）

from \ to	ヌイーシューセーヌ	ルヴァルワペレ	クリシー	ジュヌヴィリエ	クルブヴァ	ピュトー（ラデファンス）	ブーローニュビヤンクール	ナンテール	ルーエイルマルメゾン	その他のオードセーヌ県の都市	セーヌサンドゥニ県	ヴァルドマルヌ県	ヴァルドワーズ県	イヴリーヌ県	エソンヌ県	セーヌエマルヌ県	計
パリ 1区						1						2					3
2										1	1					1	3
3																1	1
4																	0
5												1					1
6			1			1			1								3
7							1							1			2
8	4	6	1		1	2	6	3	2	4	2			1		2	34
9		1				3								1			5
10							1		1		1	2					5
11																	0
12												2					2
13						1						1					2
14													1				1
15						1				3	1	2		3			10
16		1					4		1	3				3			12
17		1			1			2		1		1		1			9
18										1							1
19											1						1
20																	0
パリ計	4	9	2		2	9	12	5	4	14	7	9	4	9	1	4	95
内帯 オードセーヌ県		5	1	3	5		2	2	6	9	1	2	4	9		2	51
セーヌサンドゥニ県										1	3		2			2	8
ヴァルドマルヌ県		1					1			2		2		1			7
外帯 ヴァルドワーズ県								1			1	1					3
イヴリーヌ県					1	1					1	1	1	5			10
エソンヌ県										1		1			7		9
セーヌエマルヌ県																3	3
その他	1	1		1		1		1	3	5	5	3		2		1	24
合計	5	16	3	4	8	11	15	9	13	32	18	18	12	26	8	12	210

資料：表2-12と同じ

　セーヌ県には他県の都市からも22本社が移転してきたが、このうちの8本社がラ　デファンス地区に移転している。

　パリからセーヌ　サンドゥニ県、ヴァル　ド　マルヌ県への移転はそれぞれ7本社、9本社であるから、オー　ド　セーヌ県への61本社と合わせて、内帯に77本社が移転した。そして、外帯の県にはパリから18本社が移転した。

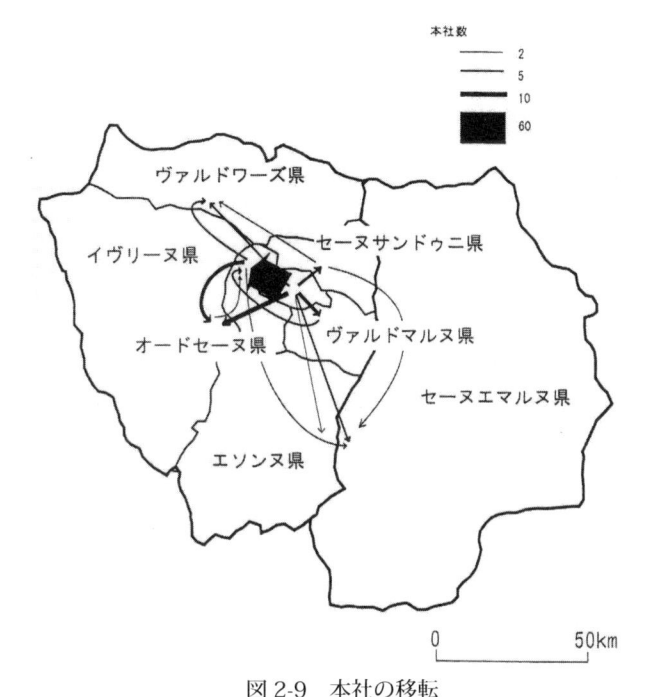

第2章　フランスの都市と都市システム　　41

図2-9　本社の移転
注）矢印の目的地は各県の具体的な場所を示しているわけではない。

　さらに指摘できる点としては、内帯内の県内移転の多さと内帯の県から外帯の県への移転の多さである。とくに、オードセーヌ県の都市間では33本社が移転している。同県からは外帯の県の都市に15本社が移転している。このうち9本社がイヴリーヌ県へ移転した。イヴリーヌ県にはパリからの9本社を含め、全部で26本社が移転してきたことになる。その結果、本社数は1984年では38であったが、2003年では65を数えるにいたった。イヴリーヌ県ではヴァリズィヴィラクブレの13本社（表2-12）を除くと多数の本社をもつ都市があるというわけではないので、イヴリーヌ県全域に分散的に本社が立地しているということになる。
　パリから移転した95本社の業種について述べると、一番多いのは「サービス」で20、これに続くのが「化学」の16と「鉄鋼諸機械」の15、「金融」の9である。製造業と非製造業とに分けると前者が46、後者が49でほぼ等しい。

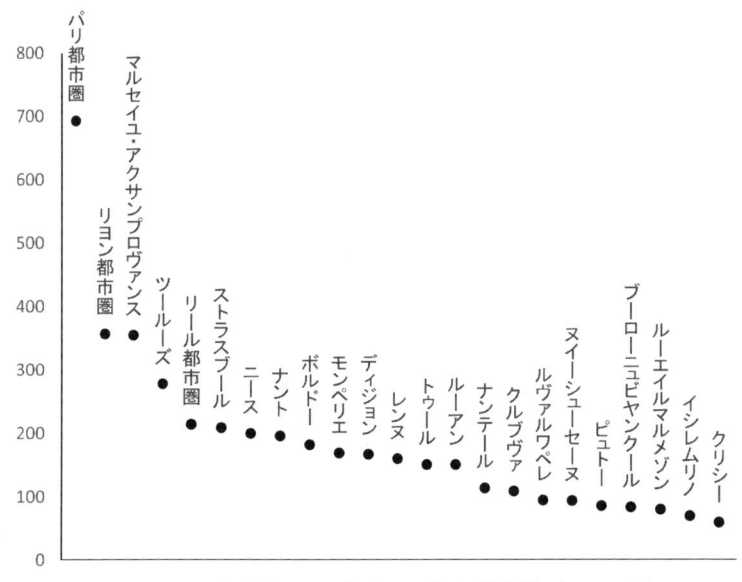

図 2-10　支所数による都市の順位規模曲線（2003 年）

最も本社の多い 8 区からは 34 本社が市外へ移転したが、製造業と非製造業の内訳は前者が 21、後者が 13 で、8 区からは製造業の本社移転の方が多かった[6]。

3）支所からみた主要都市

次に支所数から主要都市をみてみよう。支所の集計の原則は 1 企業 1 都市 1 支所である。パリの 571（都市圏では 693）というのは、対象企業 1,503 社のうち 571（693）社がパリ（都市圏）に支所を置いていることを意味している。本社数ほどではないが、支所数においてもパリ（都市圏）と他都市との差は大きなものがある。

図 2-10 は支所数（2003 年）による都市（圏）の順位規模曲線である。パリ都市圏の卓越性は 1980 年（図 2-4）と同様大きなものであるが、第 2 位のリヨン都市圏との格差はやや小さくなった。ツールーズとストラスブールとの間の差が大きくなったことも指摘できる。このことは均衡メトロポールの変化を示唆しているようにも思える。

表2-16 上位都市の本社の業種構成（2003年）

業種＼都市	パリ大都市圏	リヨン都市圏	リール都市圏	ヴァランス・アクサンプロヴァンス	マルセイユ	ストラスブール	ツールーズ	ナント	ボルドー	レンヌ
	835	51	31	23	21	20	20	12	10	
水産・農林	2									
鉱	6									
建設	49	3	1	1	2		1	1		
食料品	45	3	5	3	3	1	4	1		
繊維	12	1	1							
パルプ・紙	12	1				1				
化学	93	12	1	1	1	1	3			
ゴム・窯業	25	1								
鉄鋼諸機械	149	12	2	1	3	8	3	2	2	
その他製造業	41	3	1		1	1	1	1	1	
商	27	1	8		2	1		1		
運輸・通信	78	1	1	5			1		1	
金融	89	4	7	5	7	2	6	4	3	
保険	22		1		1					
不動産	11		1							
サービス	162	8	2	7		5		1	3	
電力・ガス	10	1			1			1		
その他	2						1			
製造業	377	33	10	5	8	12	11	4	3	
	(45.1)	(64.7)	(32.3)	(21.7)	(38.1)	(60.0)	(55.0)	(33.3)	(30.0)	
非製造業	458	18	21	18	13	8	9	8	7	
	(54.9)	(35.3)	(67.7)	(78.3)	(61.9)	(40.0)	(45.0)	(66.7)	(70.0)	

＊10本社以上の都市のみ掲載

4）本社と支所の業種

　続いて2003年の主要都市の本社と支所の業種構成をみておこう。パリ大都市圏の835本社のうち、最多業種は「サービス」であり、「鉄鋼諸機械」と「化学」がこれに続く。製造業と非製造業とに分けると、前者が377（45.1％）、後者が458（54.9％）。である。他の都市では、リヨン都市圏とツールーズが「鉄鋼諸機械」を筆頭に製造業が多いが、その他は「サービス」「商業」「金融」の本社が多い（表2-16）。

　パリ都市圏の693支所のうち、最多業種は本社同様「サービス」であり、「鉄鋼諸機械」がこれに続く。製造業と非製造業とに分けると、前者が293（42.3％）、後者が400（57.7％）である。他の都市では最多業種は「サービス」であるが、第2位は「金融」が多く、本社の場合とは異なっている。製造業

表2-17 上位都市の支所の業種構成（2003年）

都市 業種	パリ都市圏	リヨン都市圏	マルセイユ・アクサンプロヴァンス	ツールーズ	リール都市圏	ストラスブール	ニース	ナント	ボルドー	モンペリエ	ディジョン	レンヌ	トゥール	ルーアン
	693	357	355	278	214	209	200	196	182	169	167	160	151	151
水産・農林	1	1	1	1				1	1					1
鉱	4	5	3	2					1	2				
建設	47	26	34	28	20	11	17	11	11	14	13	17	11	15
食料品	50	9	11	7	1	7	2	8	4	4	9	4	1	4
繊維	11	6	7	3	7	4	3	2	3	2	2	3	2	3
パルプ・紙	10	2			1		2							
化学	63	27	20	7	3	10	2	6	7	3	2	3	2	4
ゴム・窯業	19	5	4	1	1	1	1	2	2				1	1
鉄鋼諸機械	102	36	35	30	19	10	11	14	9	7	12	8	4	8
その他製造業	38	19	16	10	7	9	3	8	7	3	6	4	5	6
商	30	18	20	15	6	18	17	13	13	13	9	14	12	13
運輸・通信	56	39	39	36	21	25	31	21	25	20	15	17	18	17
金融	83	46	44	39	39	36	38	33	31	29	31	29	29	28
保険	27	22	19	22	19	22	18	18	21	18	20	18	16	16
不動産	9	6	7	8	5	8	8	2	8	4	3	6	4	3
サービス	136	87	89	64	52	47	49	53	36	48	40	35	43	29
電力・ガス	5	1	4	5	1	1		1	3	2	3	2	3	2
その他	2	2	2		2		1							1
製造業	293	104	93	58	39	41	22	42	32	19	33	22	15	26
	(42.3)	(29.1)	(26.2)	(20.9)	(18.2)	(19.6)	(11.0)	(21.4)	(17.6)	(11.2)	(19.8)	(13.8)	(9.9)	(17.2)
非製造業	400	253	262	220	175	168	178	154	150	150	134	138	136	125
	(57.7)	(70.9)	(73.8)	(79.1)	(81.8)	(80.4)	(89.0)	(78.6)	(82.4)	(88.8)	(80.2)	(86.3)	(90.1)	(82.8)

＊パリ・リヨン・リールについては都市圏の支所数

と非製造業とに分けると、パリと同様、いずれの都市も非製造業の方が多い。支所数の少ない都市ほど、その傾向は顕著であり、非製造業支所の多少が支所数による都市の順位を決めているといえよう（表2-17）。

5）支所配置からみた都市間結合

　主要企業の支所配置を指標にして都市システムを検討する。本社数10以上の都市から支所数150以上の都市への支所配置の状況をとりあげる。企業による支所配置は業種によって異なるが、ここではそれは問わずに全体として検討する。パリは本社数は大都市圏で、支所数はパリ都市圏で分析する。

　表2-18は本社数多数都市から支所数多数都市への支所配置数と支所配置率を示したものである。パリ（大都市圏）の本社数が圧倒的に多いため、フラン

表 2-18 本社多数都市（圏）から主要都市への支所配置の状況（2003 年）

from \ to		パリ都市圏	リヨン都市圏	マルセイユ・アクサンプロヴァンス	ツールーズ	リール都市圏	ストラスブール	ニース	ナント	ボルドー	モンペリエ	ディジョン	レンヌ	トゥール	ルーアン
		693	357	355	278	214	209	200	196	182	169	167	160	151	151
パリ大都市圏	835 (100.0)		256 (30.7)	255 (30.5)	201 (24.1)	155 (18.6)	154 (18.4)	144 (17.2)	150 (18.0)	138 (16.5)	104 (12.5)	121 (14.5)	115 (13.8)	112 (13.4)	109 (13.1)
リヨン都市圏	51 (100.0)	25 (49.0)		9 (17.6)	9 (17.6)	4 (7.8)	3 (5.9)	3 (5.9)	4 (7.8)	5 (9.8)		5 (9.8)	2 (3.9)	2 (3.9)	3 (5.9)
マルセイユ・アクサンプロヴァンス	23 (100.0)	10 (43.5)	8 (34.8)			4 (17.4)	4 (17.4)	1 (4.3)	5 (21.7)	2 (8.7)	2 (8.7)	5 (21.7)	4 (17.4)		
リール都市圏	31 (100.0)	19 (61.3)	8 (25.8)	10 (32.3)	8 (25.8)		6 (19.4)	10 (32.3)	3 (9.7)	10 (32.3)		3 (9.7)	4 (12.9)	5 (16.1)	5 (16.1)
ストラスブール	21 (100.0)	5 (23.8)	4 (19.0)	3 (14.3)	4 (19.0)				2 (9.5)	2 (9.5)	1 (4.8)	4 (19.0)	2 (9.5)	2 (9.5)	1 (4.8)
ツールーズ	20 (100.0)	8 (40.0)	4 (20.0)	3 (15.0)		3 (15.0)	3 (15.0)	4 (20.0)	4 (20.0)	4 (20.0)	5 (25.0)	1 (5.0)	2 (10.0)	2 (10.0)	1 (5.0)
ナント	20 (100.0)	11 (55.0)	2 (10.0)	2 (10.0)	2 (10.0)	2 (10.0)	1 (5.0)	2 (10.0)		2 (10.0)	2 (10.0)	2 (10.0)	3 (15.0)	2 (10.0)	3 (15.0)
ボルドー	12 (100.0)	3 (25.0)		1 (8.3)	1 (8.3)										
ルーアン	4 (100.0)	3 (75.0)													
レンヌ	10 (100.0)	1 (10.0)		1 (10.0)											
ニース	4 (100.0)	2 (50.0)		1 (25.0)											

（　）は縦列の都市（圏）に本社を置く企業が横列の各都市に支所を出している比率

スの都市システムはパリを中心としたものになる。パリ大都市圏本社企業からの各都市への支所配置数は 100 を越えている。一方、リヨン都市圏以下の都市の本社数の支所配置はパリ都市圏に対して多いが、他都市に対しては少なく、大きな違いがある。パリ都市圏への支所配置の絶対数ではリヨン都市圏が最多であるが、配置率ではリールの 61.3％が最高である。しかし、パリ大都市圏を除くと他の都市はそもそも本社数が多くないので、そのことを考慮すると、この配置率を過度に評価すべきではないと判断されよう。この機能からみたフランス主要都市の都市間結合は、パリ（大都市圏）を除くと極めて希薄であることがわかる。

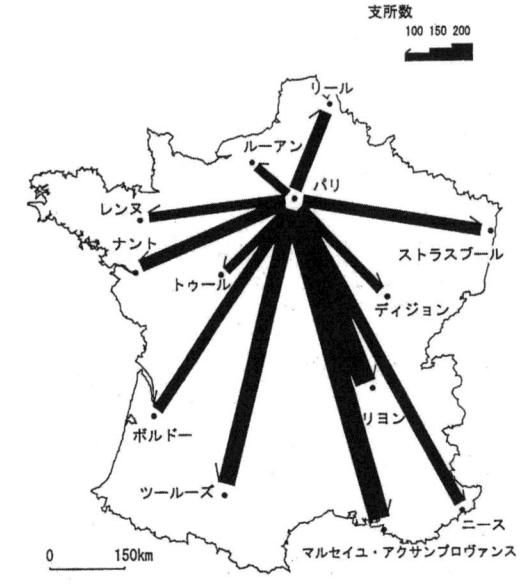

図 2-11　パリ大都市圏から主要都市への支所配置（2003 年）

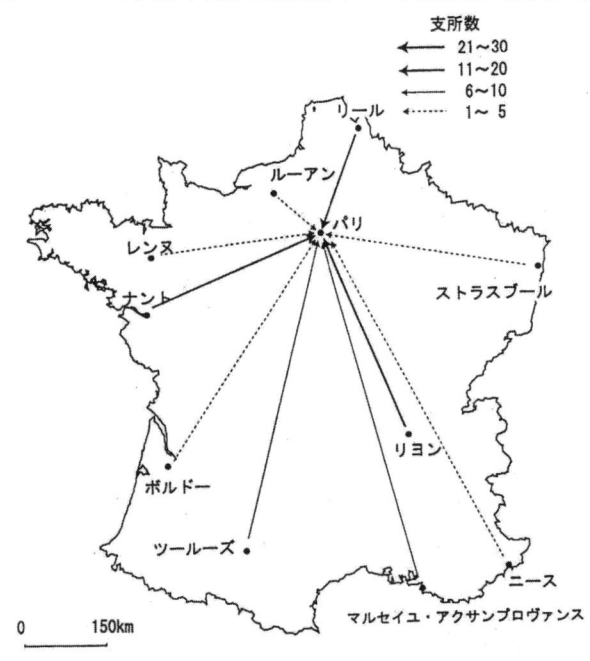

図 2-12　主要都市からパリ都市圏への支所配置（2003 年）

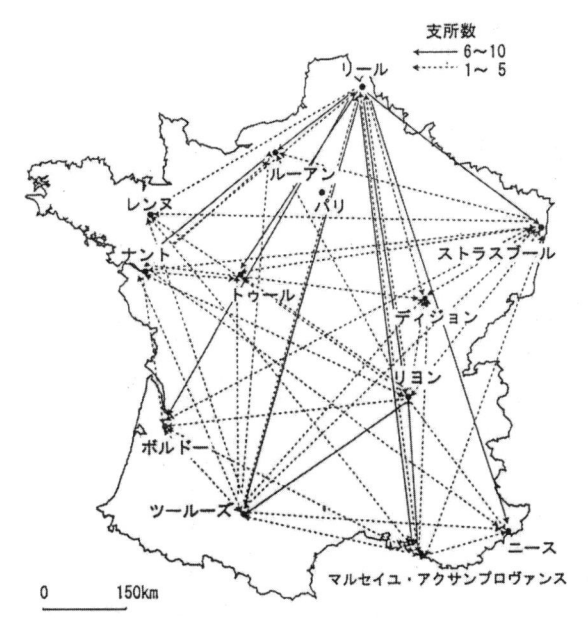

図 2-13　パリ大都市圏を除いた主要都市間の相互支所配置（2003 年）

　表 2-18 の支所配置数をとりあげ、都市間結合の状況を示したものが図 2-11・12・13 である。図 2-11 はパリ大都市圏から主要都市への支所配置数を、図 2-12 は主要都市からパリ都市圏への支所配置数を、図 2-13 はパリ大都市圏を除いた主要都市間の支所配置数を示したものである。フランスの都市間の結びつきはパリを中心としたものであることが明らかであると同時に、パリを除くとフランスの都市間の結びつきは弱いものであることがわかる。

4　おわりに

　1980 年・1984 年・2003 年のフランスの主要都市をとりあげ、経済的中枢管理機能を指標として、都市と都市システムを分析したが、その結果は次のようにまとめられる。
　主要企業本社の半数以上がパリ（都市圏・大都市圏）に本社を置いている。第 2 位の都市との差は極めて大きい。パリ周辺のいくつかの都市には多くの

本社があり、とくにラ デファンス地区に多い。本社数ほどではないが、支所数においてもパリ（都市圏）と他都市との差は大きなものがあり、フランスにおけるパリ（都市圏・大都市圏）の地位の高さがあきらかになった。

業種については、対象企業の採用基準が異なるので、本文中に言及した以上の総括は行わない。

さらに、支所配置から都市システムをみると、フランスの都市システムはパリ（都市圏・大都市圏）を圧倒的な中心としていることがわかった。

パリ大都市圏を、パリ、内帯、外帯に分けて本社機能の動向を分析すると、内帯での本社数が大きく増加した。とくに、ラ デファンス地区などオー ド セーヌ県諸都市での増加が大きかったからである。このうちのかなりの本社はパリからの移転であった。したがって、パリ都市圏としてみると、全体に占める本社比率は1980年では55.8％であったが、1984～2003年の19年間にほとんど変化はなく、46％強であった。

パリ大都市圏としてみると、その本社比率は1980年の53.6％から2003年では55.6％に上昇した。パリからの本社移転の理由としては、パリの狭い面積、高層化が難しい事情、発達した交通網によりパリから離れても利便性は確保されている、といった諸点が挙げられる。

注
1) 高橋伸夫（1998）も同様の区分でパリ大都市圏の分析を行っている。
2) 当然のことながら、横浜・川崎以外の都市にも本社は立地しているので、いわゆる首都圏で考えれば、50％を越える。
3) INSEEによる都市圏人口にもとづいて人口の順位規模曲線を作成しても結果はだいたい同じである。
4) この他では、ディジョンの5支所がコテ ドル、ジュラ、ドゥウの3県をテリトリーとしている。
5) フランスにおいても企業の合併は頻繁である。また、同一の会社であっても会社名が変わっている場合もあり、移転した企業をすべて追跡できた訳ではない。
6) 本社移転とラ デファンス地区の景観の変化については、拙稿（2009）を参照。

文献
阿部和俊　1988　「フランス」、　朝野洋一・寺阪昭信・北村嘉行編著『地域の概念と地域構造』

第2章第3章　67-77　大明堂
阿部和俊　1991　『日本の都市体系研究』　地人書房
阿部和俊　2009　「ゆっくりと変化するパリのすがた」　阿部和俊編『都市の景観地理　大陸ヨーロッパ編』　14-23　古今書院
高橋伸夫・手塚章・ジャン　ロベール　ピット　1998　『パリ大都市圏　その構造変容』　東洋書林
Aydalot,P. 1980 L'entreprise dans l'espace urbain, Economica
Beaujeu-Garnier,J. 1974 Toward a new equilibrium in France? A.A.A.G . 64, 113-125
Donnay,J-P. 1985 Methodologie de la localization des bureau, Ann. de Géog., 522,152-173
Gravier,J-F 1964 L'amenagement du territoire et l'avenir des régions françaises, Flammarion
Labasse,J. 1955 Les capitaux et la région, Armand Colin
Labasse,J. 1974 L'espace financier, Armand Colin
Rochefort,M. 1972 La localization du pouvoir de commandement économique dans une capital: Le sieges sociaux des entreprises dans Paris et la Région Parisienne, Revue de Géographie Alpine, LX-2 : 225-244

第3章
ポーランドの都市と都市システム

1 はじめに

　本章では経済的中枢管理機能を指標としてポーランドの都市と都市システムを分析するが、最初にポーランドの概要について述べておこう。ポーランドは国土面積32.3万km^2、人口は3,817.5万（2000年）、人口密度は118.2人/km^{2}である。

　ポーランドは第二次世界大戦後、統一政府が組織され、1952年に人民共和国憲法を制定した。その後、旧ソ連の影響下で社会主義国としての道を歩んだが、1980年の「連帯」の結成、1981年のヤルゼルスキ将軍による軍政、「連帯」の非合法化、「連帯」の復権などの激動の歴史を経験したことは周知の通りである。1999年にNATOに加盟し、2004年にはEUにも加盟した。

　本論は資料の関係で1990年代半ばを対象とするが、その頃の政治状況を記しておけば、総選挙で共産党系の民主左翼連合が第1党となり（1993年9月）、民主左翼連合のクワシニエフスキが大統領となる（1995年11月）。総選挙で「連帯」を中心とする右派、連帯選挙運動が第1党となる（1997年9月）といった点が挙げられる。政体は共和制である。

　経済的中枢管理機能のような高次都市機能から都市を分析する場合、対象となる都市は自ずと限られてくる。ここでは、表3-3に掲載した15都市（図3-1）を中心に分析するが、最初に人口面から主要都市を概観しておきたい。

2 人口からみた主要都市

　ここでの分析年次は次章に記すように、1995・1996年であるが、人口に

図3-1　研究対象都市

表3-1　主要都市の人口（20万人以上）

		（千人）			（ワルシャワの人口を100.0）		
		1993年	1997年	2000年	1933年	1997年	2000年
1	ワルシャワ	1,643	1,623	1,610	100.0	100.0	100.0
2	ウッジ	836	815	793	50.9	50.2	49.3
3	クラクフ	744	740	742	45.3	45.6	46.1
4	ヴロツワフ	641	641	639	39.0	39.5	39.7
5	ポズナニ	583	580	575	35.5	35.7	35.7
6	グダニスク	462	462	457	28.1	28.5	28.4
7	シュチェチン	417	419	416	25.4	25.8	25.8
8	ビドゴシュチ	384	387	385	23.4	23.8	23.9
9	ルブリン	351	356	356	21.4	21.9	22.1
10	カトヴィチェ	360	350	341	21.9	21.6	21.2
11	ビアリストク	275	281	286	16.7	17.3	17.8
12	チェンストホバ	260	259	256	15.8	16.0	15.9
13	グディーニヤ	250	252	255	15.2	15.5	15.8
14	ソスノビエツ	251	246	241	15.3	15.2	15.0
15	ラドム	231	233	231	14.1	14.4	14.3
16	キエルツェ	214	214	211	13.0	13.2	13.1
17	グリビーツェ	215	213	209	13.1	13.1	13.0
18	トルニ	203	205	204	12.4	12.6	12.7
19	ビドム	229	225	202	13.9	13.9	12.5
20	ザブジエ	204	201		12.4	12.4	

資料：『世界人口統計年鑑』

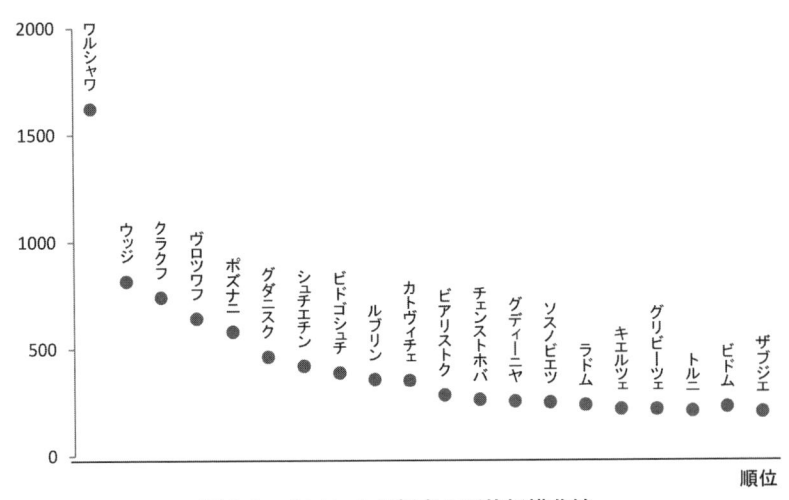

図 3-2　人口による都市の順位規模曲線

ついては『世界人口統計年鑑』により、時系列的に資料を入手できる。表 3-1 は 1993・1997・2000 年において人口の多い順に都市を掲載したものである。

人口から全国および主要都市をみると最初に指摘すべき点は 1990 年代を通じて全国の人口が減少していること[1]、そして、主要都市の多くがその人口を減少させていることである。人口 20 万人以上の都市の数も減少した。全国人口が減少しても、主要都市の人口が増加していれば、たとえば都市人口率は上昇するが、ポーランドではそれも低下している[2]。このような動向の背後に何があったのかは筆者には不明であるが、重要な点なので指摘しておきたい。

ワルシャワの人口を 100.0 とした各都市の人口の比率をみると、この間それほど大きな変化はなかったことがわかる。図 3-2 は 1997 年次の人口による都市の順位規模曲線である。第 2 位都市（ウッジ）はワルシャワの半分前後の人口であり、ワルシャワの卓越度は高いということがわかる。

3　経済的中枢管理機能からみた主要都市

(1) 対象企業

『Major Companies of Central & Eastern Europe and the Commonwealth of

表3-2 対象企業の業種構成（日本とポーランドの比較）

		水産・農林	鉱業	建設	食料品	繊維	パルプ・紙	化学	ゴム・窯業	鉄鋼諸機械	その他製造業	商業	金融	証券	保険	不動産	運輸・通信	電力・ガス	サービス	その他分類不能
日本	2,241	8	11	171	118	100	31	209	78	683	66	314	147	27	14	36	121	19	88	
(1995年)	(100.0)	(0.4)	(0.5)	(7.6)	(5.3)	(4.5)	(1.4)	(9.3)	(3.5)	(30.5)	(2.9)	(14.0)	(6.6)	(1.2)	(0.6)	(1.6)	(5.4)	(0.8)	(3.9)	
ポーランド	1,046	4	14	61	110	56	16	76	52	222	97	188	34	0	6	0	18	8	82	2
	(100.0)	(0.4)	(1.3)	(5.8)	(10.5)	(5.4)	(1.5)	(7.3)	(5.0)	(21.2)	(9.3)	(18.0)	(3.2)	(0)	(0.6)	(0)	(1.7)	(0.8)	(7.8)	(0.2)
ワルシャワ	200	1	1	17	8			6		23	14	75	18		3		5	1	28	
ポズナニ	52			3	9	1	3	6	2	8	6	7	4				1		2	
ウッジ	43			2	13	1	5			6	2	7	3				1		3	
クラクフ	32			4	1			1	1	4	3	2	1						8	
ヴロツワフ	30			1	4	1		6	1	5	2	6	3		1					
カトヴィツェ	30			3	2			1		9	1	11						1	2	

Independent States 1999』に掲載されている企業をポーランドの主要企業とみなして採り上げる。その数は1,046社である。表3-2は1,046社の業種構成を全体と本社数の多い都市別に示したものである。上記の資料には、principal activities として各企業の業務内容が記されている。その内容から筆者がこれまで研究してきた日本の主要企業の業種構成に合わせるように分類したものである。記載内容が製造業と非製造業とにわたっている場合には製造業を軸に分類している。分析に使用した上記資料は1999年発行であるが、記載内容は1995年と1996年が中心である。

表3-2には1995年次の日本の主要企業2,241社の業種構成も併掲している。第二次世界大戦後だけでも両国の歩んだ歴史に共通点は少ないが、参考のために比較してみたい。両国とも最多業種は「鉄鋼諸機械」である。ポーランドには「証券」「不動産」に分類される主要企業が存在しないなど、日本との違いもあるが、「食料品」、「繊維」、「パルプ・紙」、「化学」、「ゴム・窯業」、「鉄鋼諸機械」、「その他製造業」を製造業とすると両国の主要企業の構成にはそれほど大きな差はない。ポーランドの場合、国家体制の変化や資料に問題があって、

主要企業の業種がこのようになっていることについては現在のところ言及することはできない。

また、1,046社のうち外資系企業は151社を数え、全体の14.4%を占める。国別にはドイツ（43社）、オランダ（30社）、アメリカ合衆国（23社）、フランス（10社）が多く、この4ヶ国で106社、70.2%である。

(2) 本社からみた主要都市

表3-3は主要都市の本社数と支所数を支所数の多い順に掲載したものである。集計の原則は1企業1都市1支所である。つまり、ワルシャワの支所数121というのは、対象企業1,046社のうち121社が同市に支所を置いているということを意味している。本社数最多都市はワルシャワで、その数は200社であり、全体の19.1%であるが、19.1%というのは首都が本社数最多の、たとえば、東京・ソウル・パリと比べるとそれほど高い集中率ではない。

因みに1995年次の日本の場合、主要2,241社のうち、東京に本社を置く企業（登記上）は919社（41.0%）であり、第2位の大阪は314社（登記上、14.0%）である。この2都市で本社集中率は55.1%に達する（阿部 2004）。

筆者がこれまで分析してきた各国の中から本社数第1位都市への集中においてポーランドに近い国を探すと、インド（第6章）とイギリス（阿部1996）がやや該当する。筆者のこれまでの研究成果では、大企業本社の都市集中率や支所配置からみた都市間結合の特徴を決定する最大の要因は政治体制、つまり、連邦制か否かということであった。この点から言えば、インドは連邦制であり、イギリスは立憲君主制である。ポーランドは共和制であるが、連邦制ではないし、もちろん立憲君主制でもない。18世紀には、ロシア、プロシア、オーストリアによって国土は分割され消滅している。共和国としての独立は第一次世界大戦後のことであり、1940年代には社会主義国になっている。

経済的中枢管理機能のような高次都市機能から各国の都市をみる場合、重要な観点として政治体制を挙げたが、しかし、言うまでもなく、政治体制が絶対的要因ということではない。この他に経済の発展段階や歴史—とくに被植民地化の歴史—の問題も大きい。ナイジェリアがこれに該当する（第5章）。また、

宗教を含む広く文化的な側面も無視はできない。ポーランドの場合、18世紀の国土消滅はともかくとして、第一次世界大戦後に共和制から社会主義という体制変化を経験している。とくに社会主義という体制が都市や都市システムのあり様にどのような影響を与えてきたのか。次章で分析するロシアも同様の問題を含んでいる。

表3-3 ポーランドの主要都市の本社数と支所数

		本社数		支所数
1	ワルシャワ	200	(19.1)	121
2	ポズナニ	52	(5.1)	103
3	ヴロツワフ	30	(2.9)	90
4	カトヴィチェ	30	(2.9)	90
5	クラクフ	33	(3.2)	85
6	シュチエチン	18	(1.7)	85
7	グダニスク	13	(1.2)	81
8	ウッジ	43	(4.1)	71
9	ルブリン	17	(1.6)	52
10	グディーニヤ	6	(0.6)	40
11	ビドゴシュチ	21	(2.0)	37
12	ジェーシフ	11	(1.0)	35
13	ビアリストク	9	(0.9)	32
14	キエルツェ	6	(0.6)	23
15	トルニ	12	(1.1)	22
	その他	545	(52.0)	
	計	1,046	(100.0)	

表3-2にはワルシャワに本社を置く200社の業種構成も併掲している。最多業種は「商」であり75社、37.5%を占める。「サービス」も28社、14.0%と多い。「金融」も18社、9.0%であるから、この3業種で60.5%になる。対象企業全体では、この3業種は合計29.0%であるから、ワルシャワは第三次産業企業の本社集中率がきわめて高い。この3業種304社のうち121社、率にして39.8%がワルシャワに本社を置いていることになる。

一方、「鉄鋼諸機械」に属する企業は23社（11.5%）であり、全体の比率を大きく下回る。本社数第2位のポズナニでも「鉄鋼諸機械」に属する企業は8社で、それはポズナニの本社数52の15.4%にすぎない。「繊維」「パルプ・紙」「ゴム・窯業」の本社はワルシャワにはない。これらのことから、ポーランドの製造業企業の本社は全国的に分布していることがわかる。

先に、外資系企業は151社含まれると指摘したが、ワルシャワに本社を置く200社のうち、外資系企業は39社にすぎない。このうち、「商」が24社、「サービス」が4社、「金融」が3社である。つまり、79.5%が第三次産業である。このことから、外資系企業はワルシャワ以外の都市に多く、それは製造業が中心であることがわかる。

本社数を人口規模との関係でみれば、完全な順位の対応はありえないが、だいたい人口の多い都市に本社が多いことはみてとれる。やや例外はトルニで、

人口は20万人強で、その都市順位は18位であるにもかかわらず、本社数は12を数える。

ワルシャワ以外の都市の本社の業種構成についても少し言及しておこう。クラクフに「サービス」、カトヴィツエに「商」の本社が多いことが目立つが、製造業の本社は分散傾向にあるため、ワルシャワ以外の都市は「鉄鋼諸機械」をはじめとする製造業の本社がワルシャワに比べて多いといえよう。なかでもポズナニの「食料品」とウッジの「繊維」の本社数が多いことが注目されよう。ポズナニは周辺に広がる平野の農業生産力と、ウッジは歴史的な経緯との関係があるものと推測されるが[3]、今後の課題としたい。

(3) 支所からみた主要都市

支所数第1位都市はワルシャワである。ワルシャワは本社数も第1位であり、首都である。このように首都が本社数、支所数とも第1位という国は多くを数える。本書でも取り上げている韓国（第1章）、フランス（第2章）のほかにも日本（阿部　1991・2004）、イギリス（阿部　1996）・タイ・エジプト・サウジアラビア（阿部　2001）などが該当する。ポーランドをも含めて、こ

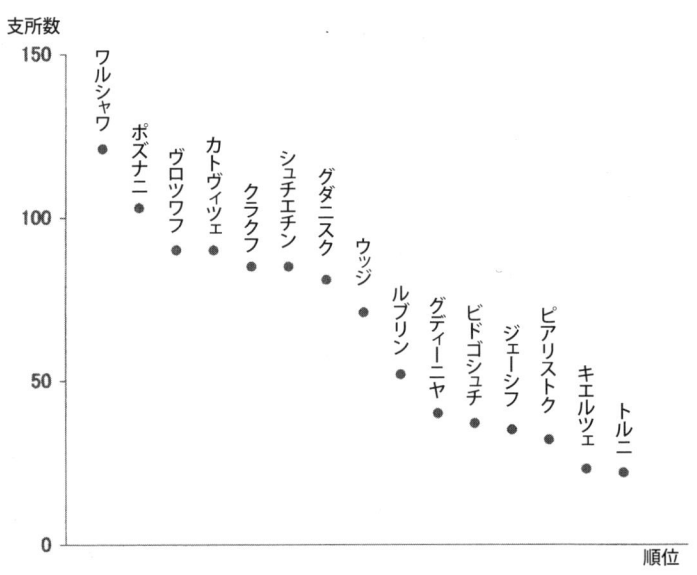

図3-3　支所数による都市の順位規模曲線

表 3-4 主要都市の支所の業種構成

		水産・農林	鉱	建設	食料品	繊維	パルプ・紙	化学	ゴム・窯業	鉄鋼諸機械	その他製造業	商	金融	証券	保険	不動産	運輸・通信	電力・ガス	サービス	その他
ワルシャワ	121	1	3	3	12	1	4	7	1	15	11	30	14		4		5		9	1
ポズナニ	103			5	8	2	3	1		8	5	33	18		4		4	1	11	
ヴロツワフ	90		2	4	2	2	1	1	9	6	28	16		5		2	1	11		
カトヴィチェ	90			3	4			1		17	6	25	15		5		2	1	11	
クラクフ	85			2	6		1	1		13	6	26	9		5		2	1	12	1
シュチエチン	85			2	4	1	2			7	5	31	13		5		4	1	10	
グダニスク	81			3	3	1	1	2	1	10	6	30	9		3		4		8	
ウッジ	71			2	5	1	3		2	5	6	25	9		5		1		7	
ルブリン	52			2	5			2	1		4	4	14	7		5		2	1	5
グディーニヤ	40				6	1		1	2	1	2		12	4		2		1	1	7

　れらの国に共通するのは、その政治体制が連邦制ではないということである。かつては社会主義国であったポーランドが、このグループに入るということは非常に興味深い。

　表3-3は支所数の多い順に主要都市を掲載している。図3-3はこれに基づいて作成した都市の順位規模曲線である。これまで順位規模曲線は都市群の階層的状況を摘出する時にも利用された。このグラフの中のウッジとルブリンの間に確かに格差はある。しかし、そこに線を引いてポーランドの主要都市を二分することや、また、ワルシャワとポズナニとヴロツワフ・カトヴィツェとの間にみられる差を強調して、主要企業の支所数を指標にするとポーランドの上位都市には2～4の階層を認めることができるという指摘はあまり意味をもたない。このグラフの中に何らかの秩序を見出すことは不可能である。

　続いて、支所数多数都市の支所の業種構成（表3-4）についてみてみよう。全体的な傾向として、いずれの都市も「商」の支所が最多であることがわかる。対象企業としては「鉄鋼諸機械」が最多なのだが、その支所は最多のカトヴィツエでも17にすぎない。

　日本の場合、第二次世界大戦後一貫して大企業の最多業種は「鉄鋼諸機械」であった。また、主要都市の支所の最多業種もこの部門である。そして、「化学」部門が第2位というパターンである。換言すれば、「鉄鋼諸機械」と「化学」、つまり、重化学工業部門の支所数の多少によって、支所数による都市順位はほぼ決定されている。

もう少し踏み込んでいえば、広域中心都市（札幌・仙台・広島・福岡）がその工業生産力が低いにもかかわらず、人口が増加する大きな理由は製造業企業の支所の増加によってであった。

日本ほど工業が発達していないポーランドにおいては、「鉄鋼諸機械」に代表される製造業企業の支所の展開は希薄であり、各都市の支所は第三次産業部門が中心である。そのことはまた、この機能からみた主要都市の都市間結合も第三次産業部門の企業の支所配置によって構成されているということである。

4　支所配置からみた都市間結合

主要企業の支所配置から主要都市の都市間結合をみていこう。表3-5は本社数多数都市から支所数多数都市への支所配置の状況である。ここでは業種による差異は捨象して分析する。

ワルシャワの本社数が多いため、各都市の支所の本社所在地は当然のことながらワルシャワが多いものとなる。表3-5の都市ではグディーニャとトルニを

表3-5　本社多数都市から主要都市への支所配置の状況

from \ to		ワルシャワ	ポズナニ	ヴロツワフ	カトヴィツェ	クラクフ	シュチェチン	グダニスク	ウッジ	ルブリン	グディーニャ	ビドゴシュチ	ジェーシフ	ビアリストク	キエルツェ	トルニ
		121	103	90	90	85	85	81	71	52	40	37	35	32	23	22
ワルシャワ	200	20	51	55	49	47	45	39	41	27	16	20	20	19	11	9
	(100.0)	(10.0)	(25.5)	(27.5)	(24.5)	(23.5)	(22.5)	(19.5)	(20.5)	(13.5)	(8.0)	(10.0)	(10.0)	(9.5)	(5.5)	(4.5)
ポズナニ	52	8	7	3	2	3	4	2	4	3	3	1		1		1
	(100.0)	(15.4)	(13.5)	(5.8)	(3.8)	(5.8)	(7.7)	(3.8)	(7.7)	(5.8)	(5.8)	(1.9)		(1.9)		(1.9)
ウッジ	43	7	5	1	3	3	2	3		2		2	1	2	2	
	(100.0)	(16.3)	(11.6)	(2.3)	(7.0)	(7.0)	(4.7)	(7.0)		(4.7)		(4.7)	(2.3)	(4.7)	(4.7)	
クラクフ	33	5	2	2	1	3	2	2	1			2				
	(100.0)	(15.2)	(6.1)	(6.1)	(3.0)	(9.1)	(6.1)	(6.1)	(3.0)			(6.1)				
ヴロツワフ	30	6	2	2	3	3	2	1	1	1		1	2	1	2	1
	(100.0)	(20.0)	(6.7)	(6.7)	(10.0)	(10.0)	(6.7)	(3.3)	(3.3)	(3.3)		(3.3)	(6.7)	(3.3)	(6.7)	(3.3)
カトヴィツェ	30	8	2	2	3	2	4	4	1	2	1		2		1	1
	(100.0)	(26.7)	(6.7)	(6.7)	(10.0)	(6.7)	(13.3)	(13.3)	(3.3)	(6.7)	(3.3)		(6.7)		(3.3)	(3.3)
ビドゴシュチ	21	3	2	1	1	1	2	2								
	(100.0)	(14.3)	(9.5)	(4.8)	(4.8)	(4.8)	(9.5)	(9.5)								

（　）は縦列の各都市に本社をおく企業が横列の各都市に支所を出している比率。
横列上段の数字は各都市の支所数

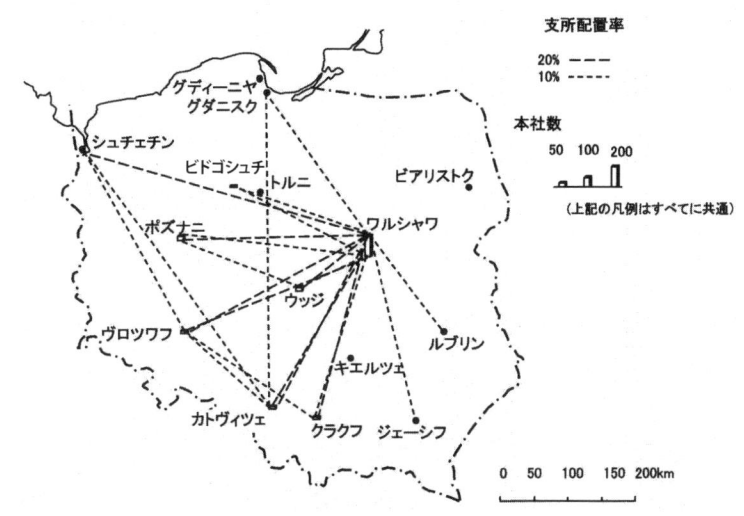

第3章　ポーランドの都市と都市システム

図 3-4　主要都市間の相互支所配置（1995-1996年）

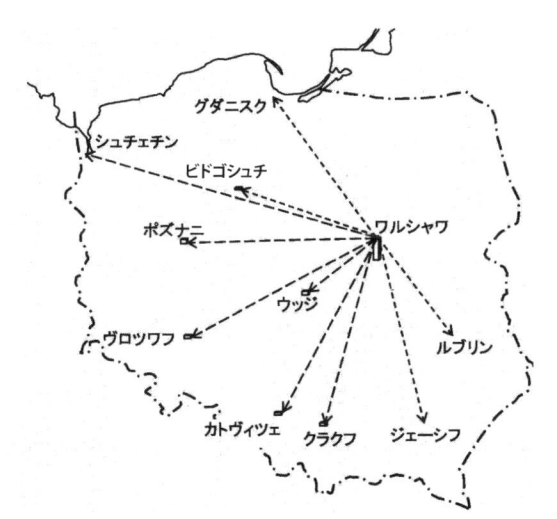

図 3-5　ワルシャワから主要都市への支所配置（1995-1996年）

除いて、各都市の支所の本社はワルシャワがほぼ半数を占める。
　図3-4・5・6は表3-5を図化したものである。ワルシャワの卓越性が強いことは明かである。しかし、その存在は圧倒的というほどのものではない。ワ

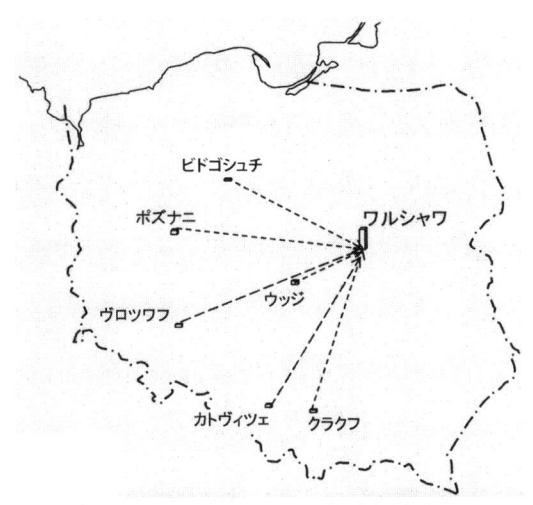

図 3-6　主要都市からワルシャワへの支所配置（1995-1996 年）

ルシャワからの支所配置が最多、最高率を示すのはヴロツワフに対してであるが、それでも 27.5% である。一方、反対に各都市からワルシャワへの支所配置もカトヴィツエの 8 支所、27.5% が最高であって、それほど多いわけでもなく高率ともいえない。

　筆者はこれまで同じような観点から、いくつかの国の都市間結合を検討してきた。その結果、それは大きく 2 つのタイプに分けることができる。1 つは圧倒的な力を示す都市が存在し、その都市を中心に国内の都市システムが形成されているタイプであり、もう 1 つは圧倒的な力をもつ都市がないタイプである。この場合、支所配置率は全体的に高いのではなく、全体的に低いことが特徴である。前者には日本・韓国・フランス・タイなどが含まれ、後者には旧西ドイツ・アメリカ合衆国・インドが該当する。両者を分けるのは政治体制である。

　ワルシャワの卓越度、つまり都市システムの中心としての卓越度は高い方ではない[4]。連邦制ではないにもかかわらず、首都ワルシャワの地位がそれほど高くならない理由としては、ポーランドの経済力が強くないこと、長い間社会主義国であったこと、そういったことも含めて企業間取引や商習慣といったことが挙げられよう。しかし、本社数のところで指摘したように、ワルシャワへの本社集中は圧倒的とはいえないが、他都市を大きく上回るものであることも

重要な点である。

5　おわりに

　以上、経済的中枢管理機能を指標としてポーランドの主要都市を分析してきたが、次の諸点が重要な結果として挙げられる。
1. ポーランドの主要企業の最多業種は「鉄鋼諸機械」であるが、日本と比べるとそれほど高い比率ではなく、「商」「サービス」の比率が高い。
2. この機能から都市をみると、本社、支所ともワルシャワが第1位であり、人口も最多である。ワルシャワは首都であるが、首都が人口、本社数、支所数のいずれにおいても第1位というのは、日本・韓国・フランス・タイなどと同じである。しかし、本社のワルシャワへの集中率は19.1％であり、それは日本などと比べると極めて低い。
3. 支所数から主要都市をみると、都市間に階層性といったような秩序を指摘することはできない。
4. 支所配置から都市間結合をみると、もちろんワルシャワが都市システムの中心であるが、その強さは圧倒的といえるものではない。各都市から首都ワルシャワへの支所配置も多いものではない。ポーランドの都市システムはワルシャワが中心であり、その支所配置は全国的に展開しているが、強い結びつきをもったものではないといえよう。
5. これまで筆者が検討してきた国々の分類の中ではポーランドは首都が1位の国々と同じグループに属する。それらの国の政治体制は非連邦制という共通性をもつ。しかし、長い間社会主義国であったことを考えると考慮すべき点も多く、いずれも今後の課題である。

注
1) 二宮書店の『データブック・オブ・ザ・ワールド』によれば、ポーランドの総人口は3,858.5万人（1995）、3,817.5万人（2000）である。
2) 都市人口率は61.9%（1995）、61.7%（2000）である。注1) と同じ資料による。
3) ウッジの繊維工業については、早くからみられ、綿工業、綿布の生産が中心だったらしい（中村　1975）。

4) 中村泰三は、ワルシャワが首都であるにもかかわらず、国内における地位が、たとえば人口面からみた場合それほど高くないのは、かつての分割時代の名残りである、と指摘している（中村 1975）。

文献
阿部和俊 1996 『先進国の都市体系研究』 地人書房
阿部和俊 2001 『発展途上国の都市体系研究』 地人書房
阿部和俊 2004 「都市の盛衰と都市システムの変容」、阿部和俊・山崎朗『変貌する日本のすがた―地域構造と地域政策』 古今書院 第III章
中村泰三 1975 「ポーランド」 木内信蔵編『世界地誌 8 ヨーロッパ』 朝倉書店

第4章
ロシアの都市と都市システム

1 はじめに

　本章の目的は経済的中枢管理機能を指標としてロシアの都市と都市システムを分析することにあるが、最初にロシアの歴史を概述しておこう。1480年のモスクワ公国の独立を経て18世紀前半にロシア帝国が成立する。20世紀に入りロシア革命がおこり、ロマノフ王朝に代わって臨時政府が成立する。その後レーニンの指導下でソビエト政権が成立し、1922年世界初の社会主義国であるソビエト社会主義共和国連邦が成立する。長らく社会主義国であったが、ゴルバチョフ大統領による1991年8月の共産党解散、同年12月の同大統領の辞任によってソビエト連邦が消滅する。現在の政体は共和制である。本書でとりあげている国々の中ではポーランドとともに社会主義体制の経験をもつ。なお、ここではキエフなど、現在独立している国のいくつかの都市も対象としている。

2 人口からみた主要都市

　ロシアは1995年現在人口1億4,000万人をこえる大国である。都市も多くの人口を抱えている。まず、人口からロシアの主要都市をみてみよう。表4-1は1995年時点での人口10万人以上の都市を示したものであるが、それは166を数える。因みにわが国の場合、1995年の総人口は1億2,500万人であり、10万人以上の人口をもつ都市は221を数えた。人口10万人以上の都市への集中は日本の方が大きい。

　都市人口の第1位はモスクワであり、第2位はサンクトペテルブルグだが、その人口はモスクワの50.6％、約半分である。100万人台の都市は10を数え

表 4-1　主要都市の人口（1995 年）

順位	都市	人口	順位	都市	人口
1	モスクワ	8,368,449	51	カルーガ	345,534
2	サンクトペテルブルク	4,232,105	52	オリョール	343,952
3	ニジニ・ノヴゴロド	1,375,570	53	スタヴロポリ	341,620
4	ノヴォシビルスク	1,367,596	54	マハチカラ	340,154
5	エカテリンブルク	1,276,659	55	ヴラジーミル	336,173
6	サマーラ	1,183,821	56	ソチ	330,512
7	オムスク	1,161,486	57	ベルゴロド	322,188
8	ウファ	1,092,975	58	サランスク	320,149
9	チェリャビンスク	1,084,242	59	チタ	318,414
10	カザン	1,076,004	60	チェレポヴェッツ	319,550
11	ペルミ	1,030,866	61	タンボフ	315,853
12	ロストフナドヌ	1,013,635	62	ヴラジカフカス	311,107
13	ヴォルゴグラード	998,856	63	コムスモリスクナアムーレ	307,970
14	ヴォロネジ	903,334	64	ヴォログダ	296,505
15	サラトフ	891,018	65	タガンログ	290,536
16	クラスノヤルスク	869,743	66	ヴォルシスキー	286,813
17	トリヤッチ	704,668	67	ジェルジンスク	284,607
18	ウリャノフスク	677,397	68	コストロマ	284,507
19	イジェフスク	654,010	69	ペトロザヴォーツク	281,797
20	クラスノダール	645,797	70	オルスク	275,433
21	ウラジオストク	626,315	71	アンガルスク	267,385
22	ヤロスラヴリ	623,798	72	スルグート	266,972
23	ハバロフスク	614,246	73	ステルリタマク	260,140
24	バルナウル	591,640	74	ブラーツク	258,511
25	イルクーツク	581,918	75	ヨシカルオラ	250,736
26	ノヴォクズネック	572,380	76	プロコピエフスク	248,786
27	リャザン	533,261	77	ルイビンスク	248,164
28	ナーベレジヌィエ・チェルヌィ	530,544	78	セヴェロドヴィンスク	245,078
29	オレンブルク	529,481	79	ニジネヴァルトフスク	240,283
30	ペンザ	529,268	80	ナリチク	233,488
31	トゥーラ	526,980	81	ノヴゴロド	231,256
32	ケメロヴォ	499,613	82	スィクトゥイフカル	228,820
33	チュメニ	493,663	83	シャフトゥイ	227,922
34	アストラハン	482,850	84	ビイスク	226,846
35	リペツク	472,259	85	ブラゴヴェシチェンスク	213,361
36	トムスク	470,966	86	ニジネカムスク	212,821
37	イヴァノヴォ	470,402	87	ペトロパヴロフスクカムチャツキー	210,483
38	キーロフ	463,901	88	バラコヴォ	208,225
39	ブリャンスク	458,447	89	プスコフ	206,800
40	トヴェーリ	451,249	90	ノヴォロシースク	203,377
41	チェボクサルィ	451,170	91	ズラトウスト	202,230
42	クルスク	437,816	92	ポドリスク	199,442
43	マグニトゴルスク	424,875	93	スタールイ・オスコル	199,165
44	カリーニングラード	420,013	94	ゼレノグラード	195,180
45	ニジニ・タギル	407,935	95	カメンスクウラリスキー	194,884
46	ムルマンスク	402,100	96	ヤクーツク	192,464
47	アルハンゲリスク	374,159	97	ノヴォチェルカッスク	188,168
48	ウランウデ	366,453	98	エンゲリス	187,604
49	クルガン	361,155	99	ベレズニキ	184,304
50	スモレンスク	352,164	100	ヴォルゴドンスク	183,696

第 4 章　ロシアの都市と都市システム

順位	都市	人口
101	ユジノサハリンスク	177,365
102	スィズラニ	176,853
103	ルプツォフスク	169,407
104	ミアス	166,632
105	リュベルツィ	166,240
106	マイコプ	164,720
107	コヴロフ	162,966
108	アルマヴィル	162,699
109	ノリリスク	162,433
110	ナホトカ	161,960
111	アバカン	160,939
112	ウスリースク	160,678
113	サラヴァート	157,748
114	コロムナ	153,768
115	ムィチシ	153,185
116	エレクトロスタリ	149,642
117	コルピノ	143,747
118	ノヴォモスコフスク	142,727
119	アリメチエフスク	139,703
120	セルプホフ	138,710
121	ペルヴォウラリスク	136,297
122	ヒムキ	135,160
123	ジミトロヴグラード	135,085
124	カリーニングラード（モスクワ州）	134,469
125	バラシハ	134,164
126	ネヴィンノムィススク	131,105
127	カムィシン	128,880
128	オジンツォヴォ	129,810
129	ピャチゴルスク	128,751
130	マガダン	126,192
131	オレホヴォズーエヴォ	125,553
132	ノヴォチェヴォクサルスク	124,359
133	ムーロム	124,262
134	アチンスク	122,183
135	ミチュリンスク	121,093
136	レニンスククズネツキー	119,500
137	チェルケスク	118,701
138	ノギンスク	118,670
139	ネフチェカムスク	118,416
140	エレツ	117,458
141	ヴェリーキエ・ルーキ	115,660
142	ノヴォクイブィシェフスク	115,113
143	キセリョフスク	114,778
144	セルギエフ・ポサド	113,130
145	キスロヴォーツク	112,034
146	アルザマス	111,554
147	ウスチイリムスク	110,871
148	オクチャブリスキー	110,195
149	ノヴォトロイツク	110,155
150	カンスク	109,531
151	サラープル	108,402
152	オブニンスク	108,300
153	ウフタ	107,970
154	ソリカムスク	107,621
155	シチョールコヴォ	107,044
156	グラゾフ	106,773
157	ウソリエシビルスコエ	105,547
158	ノヴォシャフチンスク	105,358
159	メジドゥレチェンスク	104,393
160	ヴォトキンスク	103,854
161	ヴォルクタ	102,770
162	キネシマ	102,114
163	ゼレノドーリスク	101,908
164	クズネツク	100,791
165	ジェレズノダロージヌイ	100,466
166	セーロフ	100,027
167	アンジェロスジェンスク	99,881

戦時下のチェチェン共和国グローズヌイおよび
閉鎖都市のトムクス州セーヴェルスクを除く
資料：『世界人口統計年鑑』

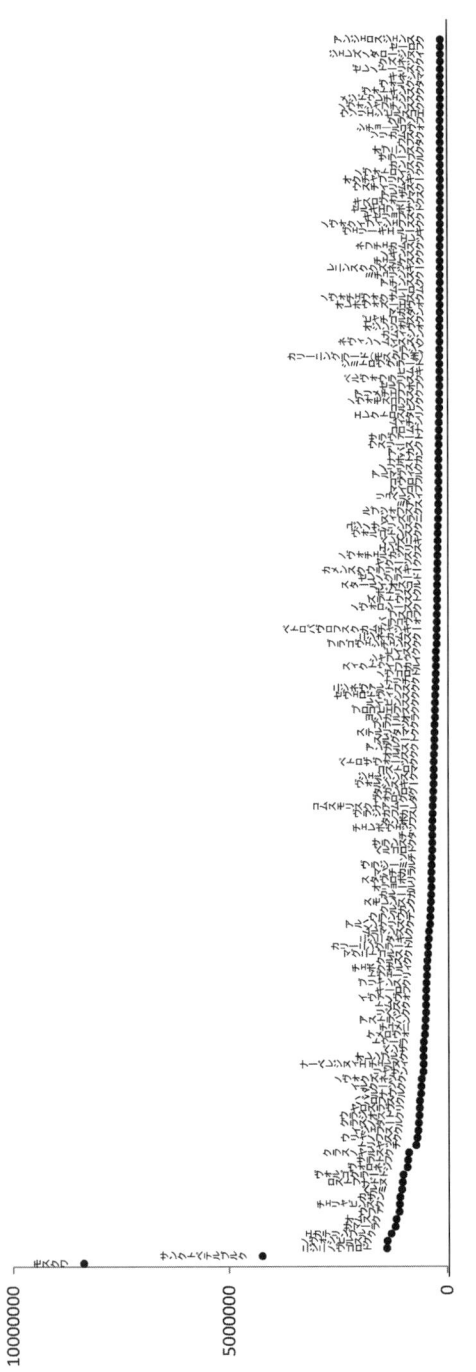

図 4-1 人口による都市の順位規模曲線（1995 年）

る。図 4-1 は表 4-1 を順位規模曲線で示したものであるが、モスクワの卓越性は明かである。諸指標を用いて都市の順位規模曲線を作成する目的の1つは階層性の摘出であるが、図 4-1 からは都市間に階層性を指摘することはむつかしい。

3　経済的中枢管理機能からみた主要都市

(1) 主要企業の属性

『Major Companies of Central & Eastern Europe and the Commonwealth of Independent States 1999』(Dan and Bradstreet 社刊) を用いて、ロシアの主要都市を分析するが、この資料に掲載されている企業をロシアの重要な大企業とみなすと、その数は 2,411 社である。この数は経済的中枢管理機能の担い手としてはやや多すぎるという印象をもつが、ロシアの大企業を認定する資料が他にないこともあるので、これらの企業をロシアの大企業とみなすことにする。この中には外資系の企業も含まれる（表 4-4）。

表 4-2 はこれら 2,411 社の業種構成を示したものである。最多業種は「鉄鋼諸機械」であり、619 社、25.7% である。2 位は「サービス」で 279 社、11.6% であり、3 位は「金融」で 278 社、11.5% である。この3 業種を合計すると、1,176 社、48.8% である。ロシアの大企業の業種面での特徴は「鉱」が多いことである。213 社で 8.9% を占める。また、「証券」が 1 社もないのは、ロシアが長い間社会主義国であったことによると推測される。同様のことは「不動産」についても言えるかもしれない。「鉱」については、ロシアは地下資源が豊富なこともあるが、一般に経済の発展段階の初期には「鉱」の比率は高いものである。因みに日本の場合も、時代を遡るほど「鉱」の比率は高く、大企業の中に占める比率はたとえ

表 4-2　対象企業の業種構成

業種	本社数	
水産・農林	10	(0.4)
鉱	213	(8.8)
建設	69	(2.9)
食料品	118	(4.9)
繊維	117	(4.9)
パルプ・紙	24	(1.0)
化学	164	(6.8)
ゴム・窯業	68	(2.8)
鉄鋼諸機械	619	(25.7)
その他製造業	165	(6.8)
商	135	(5.6)
金融	278	(11.5)
証券	0	(0)
保険	42	(1.7)
不動産	1	(0.0)
運輸・通信	79	(3.3)
電力・ガス	23	(1.0)
サービス	279	(11.6)
その他・分類不能	7	(0.3)
計	2,411	(100.0)

表 4-3　対象企業の業種構成

業種	日本 2000年 企業数	ロシア 企業数	除く外資系企業 企業数	外資系企業 企業数	従業者数記載企業 企業数	従業者数無記載企業 企業数
水産・農林	9 (0.3)	10 (0.4)	10 (0.4)	0 (0)	1 (0.2)	9 (0.5)
鉱	11 (0.4)	213 (8.8)	213 (9.0)	0 (0)	34 (6.4)	179 (9.5)
建設	198 (7.9)	69 (2.9)	68 (2.9)	1 (1.9)	11 (2.1)	58 (3.1)
食料品	125 (5.0)	118 (4.9)	118 (5.0)	0 (0)	15 (2.8)	103 (5.5)
繊維	88 (3.5)	117 (4.9)	117 (5.0)	0 (0)	8 (1.5)	109 (5.8)
パルプ・紙	29 (1.2)	24 (1.0)	24 (1.0)	0 (0)	1 (0.2)	23 (1.2)
化学	223 (8.9)	164 (6.8)	163 (6.9)	1 (1.9)	0 (0)	164 (8.7)
ゴム・窯業	74 (3.0)	68 (2.8)	68 (2.9)	0 (0)	4 (0.8)	64 (3.4)
鉄鋼諸機械	729 (29.2)	619 (25.7)	617 (26.2)	2 (3.8)	83 (15.6)	536 (28.5)
その他製造業	77 (3.1)	165 (6.8)	165 (7.0)	0 (0)	9 (1.7)	156 (8.3)
商	412 (16.5)	135 (5.5)	132 (5.6)	3 (5.6)	54 (10.2)	81 (4.3)
運輸・通信	127 (5.1)	79 (3.3)	77 (3.3)	2 (3.8)	33 (6.2)	46 (2.4)
金融・証券	167 (6.7)	278 (11.5)	242 (10.3)	36 (67.9)	156 (29.4)	122 (6.5)
保険	14 (0.5)	42 (1.7)	42 (1.8)	0 (0)	28 (5.3)	14 (0.8)
不動産	45 (1.8)	1 (0.0)	1 (0.0)	0 (0)	1 (0.2)	0 (0)
サービス	152 (6.1)	279 (11.6)	271 (11.5)	8 (15.1)	81 (15.3)	198 (10.2)
電力・ガス	20 (0.8)	23 (1.0)	23 (1.0)	0 (0)	10 (1.9)	13 (0.7)
その他・分類不能	0 (0)	7 (0.3)	7 (0.3)	0 (0)	1 (0.2)	6 (0.3)
計	2,500 (100.0)	2,411 (100.0)	2,358 (100.0)	53 (100.0)	530 (100.0)	1,881 (100.0)

資料：日本経済新聞社刊『会社年鑑』，ダイアモンド社刊『会社職員録』

ば1950年では5.1%である（阿部1991、阿部・山﨑2004）。

　ロシアの主要企業の業種構成を日本のそれと比較すると、日本の場合も2000年の最多業種は「鉄鋼諸機械」であり、29.2%である。さらに日本の場合、「証券」と「不動産」も数はそれほど多くはないが、それなりの比率は占めている。また、日本の場合、「金融」すなわち銀行は経済活動に占める重要性の割にはその企業数は少ない。その最大の理由は銀行が近代以降現在まで、企業合同を繰り返してきたからである。ロシアの場合、外資系の企業がいくつかみられるが（表4-3）、その多くが金融、すなわち銀行なのである。外資系の企業としては、他に「サービス」が多いことも指摘しておく必要があろう。外資系企業の国籍別の内訳を示したのが表4-4である。とくに多く突出した国はみられない。

　全企業を大きく製造業（食料品・繊維・パルプ・紙・化学・ゴム・窯業・鉄鋼諸機械・その他製造業）と非製造業とに分けると、製造業が1,276社、54.2%である。日本の場合、2000年において製造業は53.8%であるから、ロシアとほぼ等しい。しかし、より細かくみると既述してきたように、その内容は大きく異なる。

表 4-4　外資系企業の本拠地

本拠地	企業数
ドイツ	7
アメリカ	6
イタリア	6
イギリス	6
複数	5
フランス	4
オーストリア	3
オランダ	2
スエーデン	2
スペイン	2
デンマーク	2
ベルギー	2
インド	1
カナダ	1
スイス	1
フィンランド	1
ブラジル	1
ヘルシンキ	1

表 4-5　主要都市の本社数

	都市	本社数	
1	モスクワ	804	(33.3)
2	サンクトペテルブルグ	233	(9.7)
3	カリーニングラード	34	(1.4)
4	ノボシビルスク	23	(1.0)
5	エカテリンブルグ	22	(1.0)
6	ウファ	21	(0.9)
7	サマーラ	19	(0.8)
	カザニ	19	(0.8)
9	イヴァノヴォ	18	(0.7)
	クラスノヤルスク	18	(0.7)
11	ボルゴグラード	16	(0.7)
	ペルミ	16	(0.7)
	ロストフナドヌ	16	(0.7)
14	ヴォロネシ	15	(0.6)
15	チャリャビンスク	14	(0.6)
	トゥーラ	14	(0.6)
17	チュメニ	13	(0.5)
18	イルクーツク	12	(0.5)
	オムスク	12	(0.5)
	ノボクズネツク	12	(0.5)
21	イジェフスク	11	(0.5)
	キーロフ	11	(0.5)
23	ウラン ウデ	10	(0.4)
	オリョール	10	(0.4)
	カルガ	10	(0.4)
	クラスノダール	10	(0.4)
	サラトフ	10	(0.4)
	バルナウル	10	(0.4)
	ペンザ	10	(0.4)
	ムルマンスク	10	(0.4)
31	ウリャノフスク	9	(0.4)
	クルスク	9	(0.4)
	ケメロヴォ	9	(0.4)
	ブリャンスク	9	(0.4)
	ヤロスラヴリ	9	(0.4)
36	オルスク	8	(0.3)
	サランスク	8	(0.3)
	チェボクサルィ	8	(0.3)
	トリヤッチ	8	(0.3)
	リペック	8	(0.3)
	ムイチシチ	8	(0.3)
その他		865	(35.9)
計		2,411	(100.0)

(2) 本社からみた主要都市

表 4-5 は本社数 7 以上の都市を示したものである。本社数最多都市はモスクワであり、804 本社である。それは対象企業 2,411 社の 33.3% にあたる。第 2 位はサンクトペテルブルグで 233 社、全体の 9.7% である。この 2 都市への集中は大きく、両都市を除くと本社数多数都市はない。首都が主要企業の本社数最多都市というのは、日本（阿部　1991・2004）、韓国（第 1 章）、フランス（第 2 章）、タイ（阿部　2001）などと同じであるが、その集中率はこれらの国々と比べると高い方ではない。

表 4-6 は本社数 10 以上の都市の本社の業種構成を示したものである。一般に本社数の多い都市ほど本社の業種はバラエティに富む。ロシアの主要都市もこの傾向をもつが、モスクワとサンクトペテルブルグの本社の業種構成を比較

表 4-6 本社の業種構成

都市	本社数	水産・農林	鉱	建設	食料品	繊維	パルプ・紙	化学	ゴム・窯業	鉄鋼諸機械	その他製造業	商	運輸・通信	金融	保険	不動産	サービス	電力・ガス	その他・分類不能	製造業	非製造業
モスクワ	804	1	26	36	38	29	1	38	11	109	22	99	33	161	25	1	170	3	1	248	556
サンクトペテルブルグ	233		3	11	14	11	2	5	6	60	14	13	25	10	14		43	1	1	112	121
カリーニングラード	34		1		3	1	2			15	3		1	4			2	2		24	10
ノボシビルスク	23	1	1					3	1	9		4		1			3			13	10
エカテリンブルグ	22				1	1		2	1	8	1			6			2			14	8
ウファ	21		3					6	1	5				4			1			12	9
サマーラ	19		1		1					10	1		2	1			2	1		12	7
カザニ	19				1	1		4	1	5	3			1			2	1		15	4
イヴァノヴォ	18			1	1	7				2	2	1		4						12	6
クラスノヤルスク	18		1		1		1	2	2	7	2			1			1			15	3
ボルゴグラード	16		3	1				1		5			2	2			2			6	10
ペルミ	16		2			1		1		5	1			3			2	1		8	8
ロストフナドヌ	16		1	2						5	2		1	4			1			7	9
ヴォロネシ	15			1					2	6	1			4			1			9	6
チェリャビンスク	14		1	1						5	2	1		4						7	7
トゥーラ	14				1					11	1			1						13	1
チュメニ	13		2			1				4	2		1	2			1			7	6
イルクーツク	12		2	1						4			1	2			1	1		4	8
オムスク	12			2				3	1	4				1				1		8	4
ノボクズネック	12		9						1	2										3	9
イジェフスク	11				1					4	2	1					1			8	3
キーロフ	11				1		1	2		5	1			1						10	1
ウラン ウデ	10				1	2				3				1			2			7	3
オリョール	10			1	1	2				4				1						8	2
カルガ	10									10										10	0
クラスノダール	10		1	2	1					2			1	1			2			3	7
サラトフ	10		1					2	1	2				2			1	1		5	5
バルナウル	10		1							5	1	1		1						7	3
ペンザ	10							2		8										10	0
ムルマンスク	10		1	1	1					1			1	1			4			2	8

すると、そこには明確な違いがある。

　モスクワの本社には「金融」と「サービス」の本社が際立って多い。全ロシアの「金融」278社のうち161社（57.9％）が、同じく「サービス」の279社のうち170社（60.9％）がモスクワに本社を置いている。「金融」と「サービス」のように多くはないが、「商」も99本社を数え、これは全ロシアの「商」の135社の73.3％である。「鉄鋼諸機械」も109本社と多いが、これは全体（619社）の17.6％にすぎない。したがって、製造業と非製造業とに分けると、前

者が248社（30.8%）、後者が556社（69.2%）となり、モスクワの本社は非製造業が圧倒的に多いことがわかる。

一方、サンクトペテルブルグの本社のうち、最も多いのは「鉄鋼諸機械」であり、60本社を数える。同市の本社を製造業と非製造業とに分けると、前者が112社（48.1%）、後者が121社（51.9%）であり、ほぼ等しい。

モスクワとサンクトペテルブルグ以外には、それほど本社の多い都市はない。そのために、本社機能からみた特徴もとくに見出せない。全体的に製造業の本社が多い都市の方が多く、非製造業の本社の方が多いのは、ボルゴグラードやムルマンスクなど6都市を数えるだけである。

(3) 支所からみた主要都市

続いて支所からロシアの主要都市をみていこう。表4-7は支所数の多い順に主要都市を掲載したものであり、図4-2は支所数による都市の順位規模曲線である。なお、支所数のカウントの原則は1企業1都市1支所である。

表4-7より、①ロシアにおいてはモスクワの支所数が断然多いこと

表4-7　主要都市の支所数

	都市名	支所数
1	モスクワ	150
2	サンクトペテルブルグ	81
3	エカテリンブルグ	16
4	キエフ（ウクライナ）	14
	ノボシビルスク	14
6	クラスノヤルスク	13
7	サマーラ	12
8	ウラジオストク	10
	クラスノダール	10
10	オクチャブリスキー	9
11	ハバロフスク	8
12	トムスク	7
	トゥーラ	7
	サラトフ	7
14	ウファ（バシコルトスタン）	6
	キーロフ	6
	カリーニングラード	6
	マハチカラ（ダゲスタン）	6
	ロストフナドヌ	6
	オムスク	6
	ソチ	6
	ニジニノヴゴロド	6
22	イジェフスク（ウドムルト）	5
	リガ（ラトビア）	5
	ゼルジンスク	5
	ヤロスラヴリ	5
	イルクーツク	5
	ヴォロネジ	5
	ビボルグ	5
29	ノブゴロド	4
	ミンスク（ベラルーシ）	4
	プシキーノ	4
	エレクトロスタリ	4
	アルハンゲルスク	4
	スタヴロポリ	4
	クラスノアルミーイスィク（ウクライナ）	4
	トロイツク	4
	チュメニ	4
	ユジノサハリンスク	4
	タシケント（ウズベキスタン）	4
	ハリコフ（ウクライナ）	4
	カザン（タタールスタン）	4
	ナホトカ	4
	ジェレズノドロージヌイ	4
	エレバン（アルメニア）	4
	リャザン	4
	ニジニタギル	4

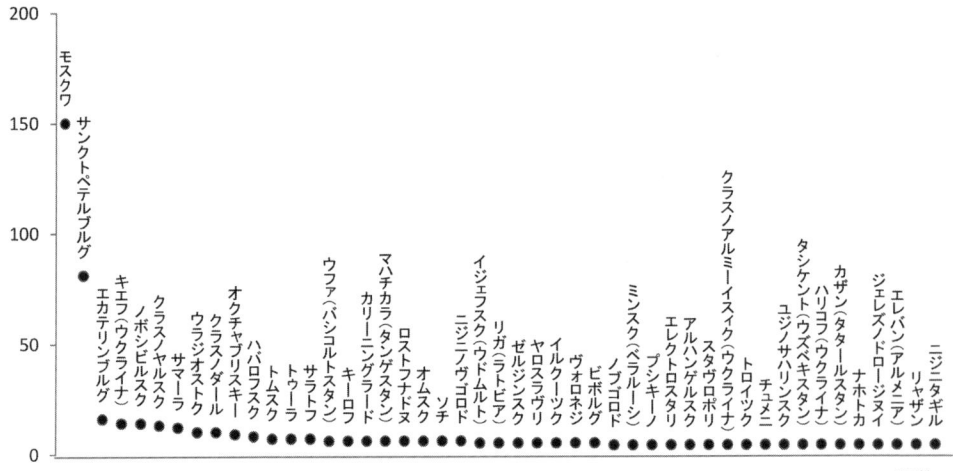

図 4-2　支所数による都市の順位規模曲線

②モスクワに続くのはサンクトペテルブルグであるが、モスクワの支所数とは大きな差があること　③本社数上の順位と支所数上の順位が 1 位、2 位で同じであり、第 1 位都市が首都というのは、日本・韓国・フランスと同じであること　④モスクワとサンクトペテルブルグを除くと他の都市は支所数が少ないこと、がわかる。

　以上の諸点は図 4-2 を見ると明らかである。また、ロシアにおいては主要企業といえどもモスクワとサンクトペテルブルグ以外の都市にはあまり支所を配置していないことを示している。換言すれば、ロシアにおいて経済的中枢管理機能が問題となるのは、この 2 都市のみであるということでもある。

　表 4-8 は主要都市の支所の業種構成を示したものである。モスクワとサンクトペテルブルグ以外の都市の支所の多くは「金融」であることがわかる。「金融」とはすなわち、銀行のことであるが、これを除くと各都市の支所は限られた業種でしかない。

　業種を大きく製造業と非製造業とに分けると、モスクワもサンクトペテルブルグも非製造業の支所の方が多い。モスクワですら「鉄鋼諸機械」の支所は 17 を数えるのみである。日本の主要都市においては製造業企業の支所数の方が多いこととは対照的である。

表4-8 上位都市の支所の業種構成

都市	支所数	水産・農林	鉱	建設	食料品	繊維	パルプ・紙	化学	ゴム・窯業	鉄鋼諸機械	その他製造業	商	運輸・通信	金融	保険	不動産	サービス	電力・ガス	その他・分類不能	製造業	非製造業
モスクワ	150	13	1	1				12	2	17	6	5	4	65	4		19	1		38	112
サンクトペテルブルグ	81		1		2		2	2		9	4	10	2	27	3		21			17	64
エカテリンブルグ	16									1		2	1	12						1	15
キエフ（ウクライナ）	14							1		3	3			2			5			7	7
ノボシビルスク	14							1		1	1	1	1	6			3			3	11
クラスノヤルスク	13	1									1	1		7			3			1	12
サマーラ	12									1			1	7			3			1	11
ウラジオストク	10									1	5			2			2			1	9
クラスノダール	10				1					1				7			1			2	8
オクチャブリスキー	9													9						0	9
ハバロフスク	8										2			5			1			0	8
トムスク	7													4			2		1	0	7
トゥーラ	7				1									5			1			1	6
サラトフ	7				1									4			2			1	6
ウファ（バシコルトスタン）	6									1				2			3			1	5
キーロフ	6											1		5						0	6
カリーニングラード	6												1	4			1			0	6
マハチカラ（ダンゲスタン）	6													6						0	6
ロストフナドヌ	6													6						0	6
オムスク	6									1	1			4						1	5
ソチ	6									1				3			2			1	5
ニジニノヴゴロド	6													5			1			0	6
イジェフスク（ウドムルト）	5													5						0	5
リガ（ラトビア）	5						1			2		2								3	2
ゼルジンスク	5									1				4						1	4
ヤロスラヴリ	5									1				1			3			1	4
イルクーツク	5									1	1			2			1			1	4
ヴォロネジ	5													4			1			0	5
ビボルグ	5												2	1	1		1			0	5
ノブゴロド	4							1			1	1		1						2	2
ミンスク（ベラルーシ）	4							1		1	1						1			3	1
プシキーノ	4									1				3						1	3
エレクトロスタリ	4													4						0	4
アルハンゲルスク	4			1								1		1			1			1	3
スタヴロポリ	4													4						0	4
クラスノアルミーイスィク（ウクライナ）	4													4						0	4
トロイツク	4													4						0	4
チュメニ	4													4						0	4
ユジノサハリンスク	4									1	1			1			1			1	3
タシケント（ウズベキスタン）	4				1					1	1						1			2	2
ハリコフ（ウクライナ）	4								1		1				2					1	3
カザン（タタールスタン）	4													2		2				0	4
ナホトカ	4													4						0	4
ジェレズノドロージヌイ	4													3	1					0	4
エレバン	4									1				1			2			1	3
リャザン	4													3			1			0	4
ニジニタギル	4													3			1			0	4

表 4-9　本社多数都市から主要都市への支所配置の状況

from \ to		モスクワ	サンクトペテルブルグ	カリーニングラード	エカテリンブルグ	キエフ	ノボシビルスク	クラスノヤルスク	サマーラ	ウラジオストク	クラスノダール	オクチャブリスキー	ハバロフスク	トムスク	トゥーラ	サラトフ	ウファ	キーロフ	カリーニングラード	マハチカラ	ロストフナドヌ	オムスク	ソチ	ニジニノヴゴロド
		150	81	16	14	14	13	12	10	10	9	8	7	7	7	6	6	6	6	6	6	6	6	6
モスクワ	804 (100.0)	78 (9.7)	50 (6.2)	11 (1.4)	11 (1.4)	8 (1.0)	8 (1.0)	8 (1.0)	8 (1.0)	6 (0.7)		4 (0.5)	5 (0.6)	6 (0.7)	5 (0.6)	3 (0.4)	5 (0.6)	5 (0.6)	5 (0.6)	6 (0.7)	4 (0.5)	5 (0.6)
サンクトペテルブルグ	233 (100.0)	6 (2.6)	15 (6.4)		2 (0.9)	2 (0.9)		2 (0.9)		1 (0.4)		1 (0.4)			1 (0.4)			1 (0.4)					
カリーニングラード	34 (100.0)		1 (2.9)																				
ノボシビルスク	23 (100.0)		1 (4.3)																				
エカテリンブルグ	22 (100.0)	3 (13.6)	1 (4.5)		1 (4.5)																		
ウファ	21 (100.0)	2 (9.5)	1 (4.8)		1 (4.8)				1 (4.8)														
サマーラ	19 (100.0)	1 (5.3)				2 (10.5)																	
カザニ	19 (100.0)	1 (5.3)	1 (5.3)													1 (5.3)							
クラスノヤルスク	18 (100.0)	1 (5.6)							1 (5.6)		1 (5.6)												
ペルミ	16 (100.0)	1 (6.3)	1 (6.3)	1 (6.3)		1 (6.3)				2 (12.5)													

（　）は縦列の各都市に本社をおく企業が横列の各都市に支所を出している比率

4　支所配置からみた都市間結合

　表4-9は本社多数都市から支所多数都市への支所配置の状況を示したものである。既述してきたように、ロシアにおいてはモスクワとサンクトペテルブルグの2都市の本社数が多いために、都市間結合もこの2都市が中心となる。

　表4-9をみると、モスクワ本社企業804社のうち50社がサンクトペテルブルグに支所を配置させているのに対して、サンクトペテルブルグの233社のわずかに6社のみがモスクワに支所を置いているにすぎない。サンクトペテルブルグの本社数はモスクワの本社数の30％弱であるが、その支所配置は

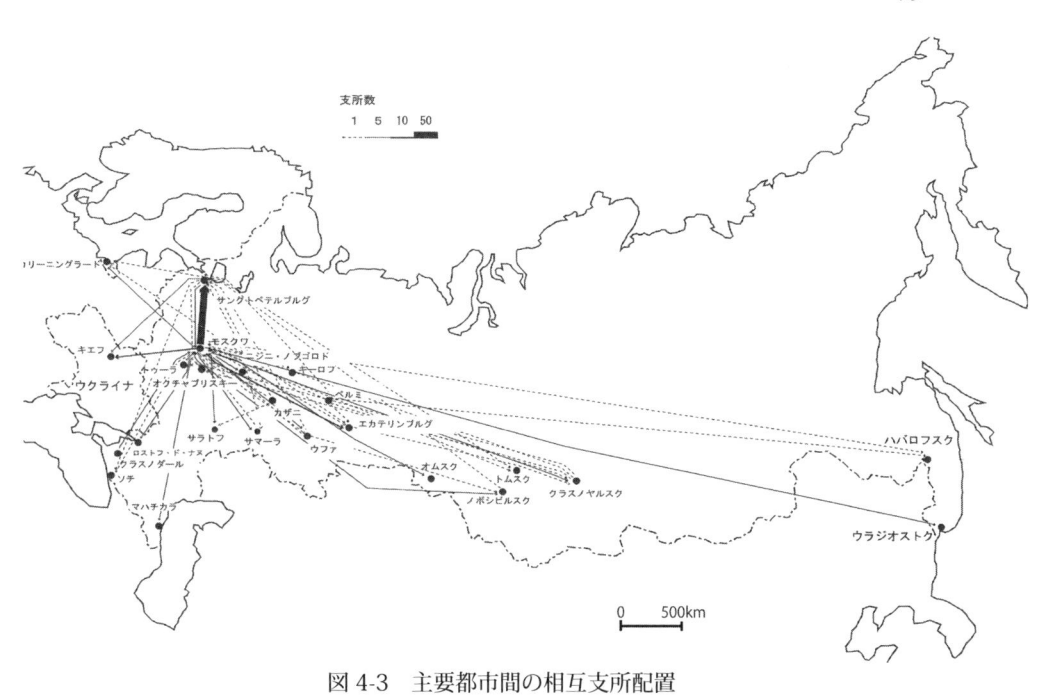

図4-3 主要都市間の相互支所配置

それをはるかに下回るものである。

この2都市以外の支所配置は極めて希薄である。筆者によるこれまでの世界各国の都市システムのタイプ分けでいくと、ロシアは日本・韓国・フランス・タイなどに近いタイプである。しかし、このタイプにおいても、日本のように首都すなわち東京以外の都市からの支所配置がある程度みられる国とそうではない国とに二分されるが、ロシアは後者のタイプである。図4-3は表4-9を図化したものであるが、上述の状況がよく理解されよう。

5 おわりに

以上、経済的中枢管理機能を指標としてロシアの主要都市と都市システムを検討してきたが、結果は以下のようにまとめられる。

本社数・支所数からみると、モスクワとサンクトペテルブルグが圧倒的に多

く、他の都市の追随を許さない。この2都市は人口においても他都市とは比べものにならないくらい多い、まさにロシアの2大都市である。人口、本社数、支所数いずれも最も多いのは首都モスクワである。首都がこのように3指標において第1位というのは、他に日本・韓国・フランス・イギリス・タイなどがある。反対に、首都が3指標のすべてにおいて1位ではない国は、ドイツ・アメリカ合衆国・インド・ブラジルであるが、これらはいずれも連邦制国家であるが、前者はそうではない。旧ソ連はソビエト社会主義共和国連邦であった。ロシアは共和制であり、連邦制である。社会主義国の都市システムについては十分な研究業績がないため評価は難しい。社会主義体制は強い首都をつくりだすと考えられるが、連邦制においては首都の地位は低いのが通例である。もはや社会主義国ではないが、連邦制のロシアにおいて首都モスクワの地位が圧倒的に強いことについては、なお詳細な研究が必要である。

　支所配置からみたロシアの都市システムは弱いものである。首都のモスクワだけが各都市に多くの支所を配置している構造はソウルやパリと同じであるが、ロシアのそれは弱いものである。このことは社会主義の影響を残しているのかもしれないし、ロシア固有の性質なのかもしれない。今後の検討課題である。

文献
阿部和俊　1991　『日本の都市体系研究』　地人書房
阿部和俊・山崎　朗　2004『変貌する日本のすがた―地域構造と地域政策―』古今書院
阿部和俊　2001　『発展途上国の都市体系研究』　地人書房

第5章
ナイジェリアの都市と都市システム

1 はじめに

　本章では1995年と2005年におけるナイジェリアの主要都市における経済的中枢管理機能の諸状況を提示し、この機能からみたナイジェリアの主要都市の位置づけを行い、都市間比較、都市間結合を分析することによってナイジェリアの都市システムを検討する。
　この2年次のナイジェリアの主要企業の状況を掲載した資料としては管見する限り、『NIGERIA'S TOP 500 COMPANIES』(Goldstar Publications 刊)が最適である。しかし、この資料は金融関係については掲載が不十分な場合があるので、『The Bankers' Almanac』(Reed Information Service 刊) によって補足している。
　筆者がこれまで行ってきた研究と同様、主要企業の本社と支所を経済的中枢管理機能とみなす。ここでは上記の『NIGERIA'S TOP 500 COMPANIES』掲載の全企業のそれをこれに該当するものとみなす。
　ナイジェリアの地名はカタカナ表記が難しいものがあるので、ここでは州名はアルファベットで、都市名はカタカナで記している。

2 人口からみた主要都市

　具体的な分析に入る前に人口面からナイジェリアの地域と都市について検討しておこう。経済的中枢管理機能のデータと人口のデータの年次は一致しないが、近い年次のデータで検討する。
　ナイジェリアの政体は連邦共和制であり、2006年で36の州がある。1995

表 5-1　州別人口（1991 年）

	州	人口（千人）	比率
1	Lagos	5,686	(6.4)
2	Kano	5,632	(6.4)
3	Sokoto	4,392	(5.0)
4	Bauchi	4,294	(4.9)
5	Rivers	3,984	(4.5)
6	Kaduna	3,969	(4.5)
7	Ondo	3,884	(4.4)
8	Katsina	3,878	(4.4)
9	Oyo	3,489	(3.9)
10	Plateau	3,284	(3.7)
11	Enugu	3,161	(3.6)
12	Jigawa	2,830	(3.2)
13	Benue	2,780	(3.1)
14	Anambra	2,768	(3.1)
15	Borno	2,597	(2.9)
16	Delta	2,570	(2.9)
17	Imo	2,485	(2.8)
18	Niger	2,482	(2.8)
19	Akwa Ibom	2,360	(2.7)
20	Ogun	2,339	(2.6)
21	Abia	2,298	(2.6)
22	Osun	2,203	(2.5)
23	Edo	2,160	(2.4)
24	Adamawa	2,124	(2.4)
25	Kogi	2,099	(2.4)
26	Kebbi	2,062	(2.3)
27	Dross River	1,866	(2.1)
28	Kwara	1,566	(1.8)
29	Taraba	1,481	(1.7)
30	Yobe	1,411	(1.6)
31	Abuja	379	(0.4)
全国		88,513	(100.0)

資　料：Annual Abstract of Statistics（1996 Edition）

表 5-2　州別人口（2006 年）

	州	人口（千人）	比率
1	Kano	9,384	(6.6)
2	Lagos	9,014	(6.3)
3	Sokoto	6,697	(4.7)
4	Kaduna	6,067	(4.2)
5	Katsuina	5,793	(4.1)
6	Oyo	5,592	(3.9)
7	Rivers	5,185	(3.6)
8	Bauchi	4,676	(3.3)
9	Jigawa	4,349	(3.0)
10	Benue	4,219	(3.0)
11	Anambra	4,182	(2.9)
12	Borno	4,151	(2.9)
13	Delta	4,098	(2.9)
14	niger	3,950	(2.8)
15	Imo	3,935	(2.8)
16	Akwa Ibom	3,920	(2.7)
17	Ogun	3,728	(2.6)
18	Ondo	3,441	(2.4)
19	Osun	3,424	(2.4)
20	Kogi	3,278	(2.3)
21	Zamfara	3,260	(2.3)
22	Enugu	3,257	(2.3)
23	Kebbi	3,239	(2.3)
24	Edo	3,218	(2.3)
25	Ekiti	3,179	(2.2)
26	Adamawa	3,168	(2.2)
27	Cross River	2,889	(2.0)
28	Abia	2,834	(2.0)
29	Kward	2,384	(1.7)
30	Gombe	2,371	(1.7)
31	kwada	2,354	(1.6)
32	Yobe	2,322	(1.6)
33	Taraba	2,301	(1.6)
34	Ebonyi	2,174	(1.5)
35	Nassarawa	1,863	(1.3)
36	Bayaelsa	1,703	(1.2)
37	Abuja	1,405	(1.0)
全国		143,004	(100.0)

資料：Africa South of the Sahara 2008

年では 30 州であった。首都の Abuja は特別地区である。表 5-1、5-2 は両年の州別人口である。ナイジェリアの総人口は 1995 年の 8,800 万人強から 2006 年には 14,300 万人強に増加した。最も人口の多い州は 1991 年では Lagos だったが、2006 年では Kano で 9,384 千人であり、総人口の 6.6％ である。最少は両年次とも Abuja であるが、この 11 年で 100 万人強増え、2006 年には 140 万人強となり、全国人口に占める比率も 0.4％ から 1.0％ に上昇した。

表 5-3 主要都市と主要 LGA の人口（1995 年）

都市名	人口（千人）	ラゴスの人口を 100.0 とする
ラゴス	5,261	(100.0)
イバダン	1,223	(23.2)
オレド	781	(14.8)
マイズグリ	629	(12.0)
ジョス	623	(11.8)
イロリン	572	(10.9)
ダラ	496	(9.4)
アバ	494	(9.4)
エヌーグー	465	(8.8)
ナッサワラ	464	(8.8)
ポートハーコート	440	(8.4)
カノ	404	(7.7)
イデミリ	401	(7.6)
アブジャ	379	(7.2)
アベオクタ	375	(7.1)
ツドゥンワダ・マケラ	374	(7.1)
イカラ	344	(6.5)
バウチ	342	(6.5)
ラフィア	341	(6.5)
ダウラ	340	(6.5)
カドゥナ	338	(6.4)
オビオマ-ングワ	325	(6.2)
カラバルミュニシパッティ	321	(6.1)
アクレ	317	(6.0)
マルムファシ	313	(5.9)
バリ	313	(5.9)
オケネ	309	(5.9)
カッシナ	306	(5.8)

アブジャの人口は Abuja F.C.T(Federal Capital Territory)
ラゴス市の人口は Agege, Mainland, Shomolu, Msuhin, Etiosa, Ikeja, Ojo, LGA(Local; Gavernment Area) 人口の合計
イバダン市の人口は Ibadan 北西・同北東・同南東・同南西・同北 LGA 人口の合計
資料：『Annual Abstaract of Atatistics（1996 Edition）』(Federal Office of Statistics 発行）

表 5-4 主要都市の人口（2005 年）

都市名	人口（千人）	ラゴスの人口を 100.0 とする
ラゴス	10,866	(100.0)
カノ	2,993	(27.5)
イバダン	2,437	(22.4)
ザリア	1,405	(12.9)
アブジャ	1,375	(12.7)
カドゥナ	1,055	(9.7)
ベニンシティ	972	(8.9)
ポートハーコート	941	(8.7)
オグボモショ	854	(7.9)
マイズグリ	847	(7.8)

資料：『Africa South of the Sahara 2008 (36th Edition)』

図 5-1 研究対象都市
アルファベットは州名、カタカナは都市名

Abuja は特別区（首都）なので、州としては 1995 年では Yobe，2006 年では Bayelsa が最少人口であるが、州別の人口分布は比較的均等である。

表 5-3、5-4 は両年次の主要都市の人口を示したものである。両年次とも最も人口の多い都市はラゴスである。統計の単位が同じではないため安易な比較はできないが、ラゴスをはじめとして上位都市の人口増加は大変に大きい。州別の人口は比較的均等に分布しているが、都市単位でみると差は極めて大きい

といえよう。図 5-1 は本論で取り上げる都市を示したものである。

3 経済的中枢管理機能からみた主要都市

(1) 対象企業の概要

最初に対象企業 500 社の業種構成についてふれておこう。この資料では掲載企業はアルファベット順に記載されており、業種は Business としてその内容が記述されている。

表 5-5 は、筆者がこれまでの研究において用いた分類を基準に、対象企業の業種構成を示したものである[1]。対象企業中最も多い業種は両年次とも「金融」すなわち銀行である。1995 年では 85 社（17.0%）であったが、2005 年では 76 社（15.2%）である。1995年では「鉄鋼諸機械」がこれに続き 48 社（9.6%）であった。3 番目は「化学」と「保険」が 43 社（8.6%）であった。2005 年でも「金融」（76 社 15.2%）が最も多いものの、「サービス」が急増し 73 社、14.6% である。「保険」は

表 5-5　対象企業の業種構成

	1995		2005	
水産・農林	6	(1.2)	3	(0.6)
鉱	12	(2.4)	20	(4.0)
建設	27	(5.4)	30	(6.0)
食料品	30	(6.0)	28	(5.6)
繊維	21	(4.2)	9	(1.8)
パルプ・紙	9	(1.8)	6	(1.2)
化学	43	(8.6)	23	(4.6)
ゴム・窯業	13	(2.6)	8	(1.6)
鉄鋼諸機械	48	(9.6)	34	(6.8)
その他製造業	35	(7.0)	34	(6.8)
商	19	(3.8)	35	(7.0)
金融	85	(17.0)	76	(15.2)
証券	5	(1.0)	0	(0.0)
保険	43	(8.6)	40	(8.0)
不動産	1	(0.2)	5	(1.0)
運輸・情報・通信	17	(3.4)	31	(6.2)
電力・ガス	1	(0.2)	2	(0.4)
サービス	32	(6.4)	73	(14.6)
その他・分類不能	8	(1.6)	9	(1.8)
ホールディング	44	(8.8)	32	(6.4)
不明	1	(0.2)	2	(0.4)
計	500	(100.0)	500	(100.0)

資料：『NIGERIA'S TOP 500 COMPANIES』

少し減少し、40 社（8.0%）である。「食料品」「繊維」「化学」「ゴム・窯業」「鉄鋼諸機械」「その他製造業」を製造業として合計すると、1995 年では 199 社（39.8%）であったが、2005 年では、それは 142 社（28.4%）である。非製造業（「その他・分類不能」「ホールディング」「不明」を除く）は 1995 年では 248 社（49.6%），2005 年では 315 社（63.0%）である。主要企業の第三次産業化が進んだといえよう。

表 5-6　主要都市の本社数と支所数（1995 年）

	都市	本社	支所	ラゴスの支所数を100.0とする
1	ラゴス	379	173	100.0
2	ポートハーコート	7	112	64.7
3	カノ	12	106	61.3
4	カドゥナ	13	82	47.4
5	アブジャ	7	70	40.5
6	イバダン	14	66	38.2
7	ワリ	2	54	31.2
8	ジョス	5	44	25.4
9	アバ	4	40	23.1
10	オニチャ	4	34	19.7
	エヌーグー	5	34	19.7
	ベニンシティ	3	34	19.7
13	イロリン	1	22	12.7
14	マイズグリ	0	21	12.1
	オウエリ	5	21	12.1
16	ソコト	2	18	10.4
	アクレ	0	18	10.4
18	カラバル	1	17	9.8
19	ウヨ	1	10	5.8
20	バウチ	3	9	5.2
	ザリア	0	9	5.2
	オタ	5	9	5.2

表 5-7　主要都市の本社数と支所数（2005 年）

	都市	本社	支所	アブジャの支所数を100.0とする
1	アブジャ	27	207	100.0
2	ラゴス	390	187	90.3
3	ポートハーコート	13	169	81.6
4	カノ	12	119	57.5
5	カドゥナ	11	93	44.9
6	イバダン	13	72	34.8
7	ワリ	2	70	33.8
8	オニチャ	1	45	21.7
	エヌーグー	2	45	21.7
10	ジョス	2	44	21.3
11	ベニンシティ	2	41	19.8
12	アバ	3	40	19.3
13	マイズグリ	0	35	16.9
14	オウエリ	1	26	12.6
	カラバル	1	26	12.6

(2) 本社からみた主要都市

表 5-6、5-7 は両年次の主要都市の本社数と支所数を示したものである。両年次とも本社数最多都市はラゴスであり、1995 年では 379（75.8％）、2005 年では 390（78.0％）である。本社数の多いラゴスは業種も豊富であるが、とくに「金融」「サービス」の本社が多い。製造業と非製造業とに分けると、1995 年では、前者が 130（26.0％）、後者が 331（66.2％）、2005 年では、前者が 102（20.4％）、後者が 366（73.2％）である。いずれも全体より非製造業企業の率が高い（表 5-8、5-9）。

ラゴスは人口のみならず大企業本社数においてもナイジェリア 1 の都市である。ラゴスはナイジェリアの南西部、ギニア湾に面した歴史の古い都市である[2]。1991 年 12 月にアブジャが首都になるまで同国の首都であった。ラゴス島の南部が業務中心地区ならびに官庁街区となっているが、先の 390 社が必ずしもこの地区に集中しているというわけではない。ラゴス・ラグーンをこ

表5-8　主要都市の本社数とその業種構成（1995年）

	ラゴス	イバダン	カドゥナ	カノ	アブジャ	ポートハーコート	エヌーグー	ジョス	オウエリ	オタ	オニチャ	アバ	その他
水産・農林	3												3
鉱	10						1						1
建設	24				1	1							1
食料品	19	1		3		1		1		1	1		3
繊維	16		2								1	1	1
パルプ・紙	6											1	2
化学	33	2	1			1				1			5
ゴム・窯業	4					1	1						7
鉄鋼諸機械	29	3	2	1		1	1	1	1				9
その他製造業	23	4	1	1	1				1	2		1	1
商	18								1				
金融	68	2	3	3		1	1	1	1				5
証券	5												
保険	37	1	1	1		1		1	1				
不動産	1												
運輸・情報・通信	14				2								1
電力・ガス	1												
サービス	29		1		1	1							
その他・分類不能	5	1	1		1								
ホールディング	33		1	3				1	1	1	2	1	1
不明	1												
計	379	14	13	12	7	7	5	5	5	5	4	4	40

えて広がった工業地区や空港の周辺にも多数の本社が立地している。しかし、ここでは本社機能の都市内立地は検討しない。

　都市別本社の数では、この10年間に大きな変化があった。それはアブジャの本社数の増加である。カノ、カドゥナ、イバダンなどの本社数があまり変化のないことと比べるとアブジャの本社数の増加は著しい。業種では、「建設」「金融」「運輸・情報・通信」で増加した。上述のようにアブジャは1991年から首都となるが、このことが関係しているものと推測される。それは次に検討する支所の状況において、より顕著である。

(3) 支所からみた主要都市

　続いて支所の状況をみていこう（表5-6、5-7）。1企業1都市1支所が集計の原則である。1995年のラゴスの173というのは，この年の対象企業500社のうち173社がラゴスに支所を置いているということを意味している。

表5-9 主要都市の本社数とその業種構成（2005年）

	ラゴス	アブジャ	ポートハーコート	イバダン	カノ	カドゥナ	その他
水産・農林	1						2
鉱	12	1	4			1	2
建設	19	8	2	1			
食料品	20			1	3		4
繊維	5				2	1	1
パルプ・紙	4						2
化学	19		1		1		2
ゴム・窯業	4		1				3
鉄鋼諸機械	28		1			1	4
その他製造業	22	1	1	6	2		2
商	32	1				1	1
金融	63	5		1		4	3
証券							
保険	35	2		1	1		
不動産	5						
運輸・情報・通信	23	5	1			1	1
電力・ガス	1	1					
サービス	65	3	2		1	1	1
その他・分類不能	6						3
ホールディング	25			3	2		2
不明	1						1
計	390	27	13	13	12	11	34

　全体的に主要都市の支所数は増加しており、全体として企業活動は活発になったと評価できる。そのことは支所数第1位の都市に対する各都市の支所数比の上昇によっても明らかである。

　そして、何よりもアブジャの支所数の増加が著しい。アブジャの支所数は1995年では70であったが、2005年では207になり、第1位の都市になった。

　アブジャは首都である。ラゴスはアブジャに首都が移るまでの首都であり、植民地時代から今日に至るまでの経済活動の中心である。カノとカドゥナは北部の都市である（図5-1）。

　『NIGERIA'S TOP 500 COMPANIES』の2005年版では支所のレベル、つまり格付けが明示されている企業がある。それによって一般的な支所と地域レベルともいえる上位支所とを区分できる。上位支所を多く配置されている都市は上位都市として評価されていることになる。

　今、その状況を述べると、ラゴスとアブジャの上位支所が31と30で断然

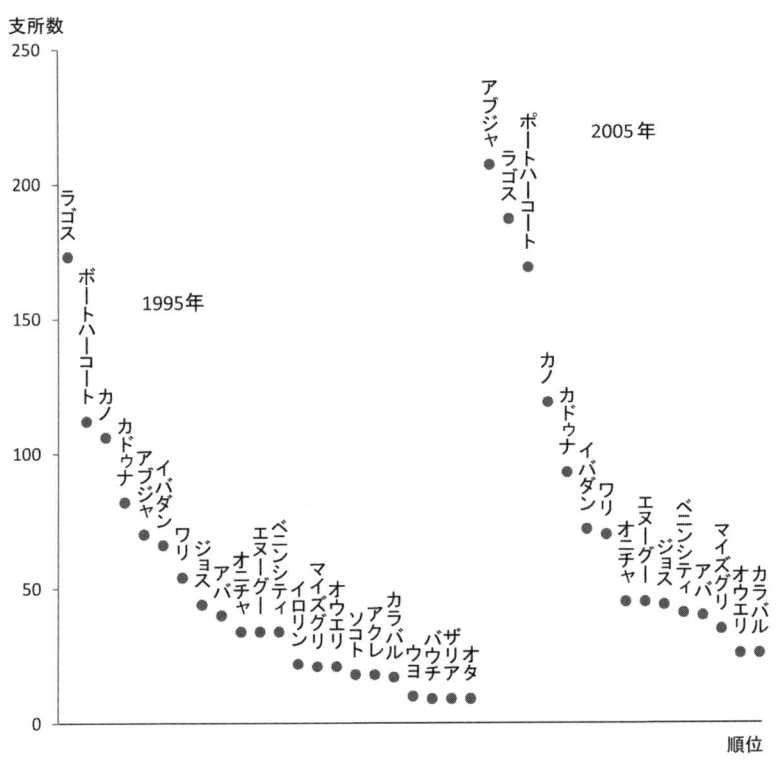

図 5-2 支所数による都市の順位規模曲線（1995・2005 年）

多い。ポートハーコートは支所数第 3 位であるが、このレベルの支所は 7 しかなく、9 のカノよりも少ない。この上位レベルの支所が多いのは上位 6 都市であるが、大企業によってラゴスとアブジャが他の 4 都市より重要視されていることは明らかである。

　図 5-2 は両年次の支所数による都市の順位規模曲線である。1995 年と比べると 2005 年では都市間に階層性を指摘できそうでもあるが、その評価は難しい。2005 年のグラフをみるとワリとオニチャ以下の都市には格差があり、支所数からみると、ワリより上の上位都市とオニチャより下の下位都市とに二分することもできる。これは 1995 年より上位都市と下位都市が明確に分けられるようになったとも評価できる。

表5-10 主要都市の支所数とその業種構成（1995年）

	ラゴス	ポートハーコート	カノ	カドゥナ	アブジャ	イバダン	ワリ	ジョス	アバ	オニチャ	エヌーグー	ベニンシティ
水産・農林	2		1									
鉱	2	6			2		4					1
建設	6	9	4	5	7	3	6				3	1
食料品	14	3	3	4		4		3	6	2	1	4
繊維	4		2			1				1		
パルプ・紙	3		3	1		2				2	1	
化学	17	6	13	8	4	11	4	7	7	2	4	4
ゴム・窯業	6		3	2	2			1	1	2	1	1
鉄鋼諸機械	18	6	5	8	7	3	1	1	4	1	2	
その他製造業	12	3	7	4	3	5	1	9	3	3	1	5
商	7	7	6	4	2	4	3	2	1	15	1	3
金融	35	25	27	19	23	15	8	9	12		8	6
証券										5		
保険	19	20	16	15	11	13	10	9	4		9	6
不動産		1	1	1	1							
運輸・情報・通信	8	7	3	3	3		5				1	
電力・ガス												
サービス	5	12	3	4	1	2	8	2		2	2	1
その他・分類不能	13	5	7	4	5	3	3	1			1	2
不明	2	2	2			1						
計	173	112	106	82	70	66	54	44	40	34	34	34
製造業	74	18	36	27	16	26	6	21	23	12	9	14
製造業支所率	42.8	16.1	34.0	32.9	22.9	39.4	11.1	47.7	57.5	35.3	26.5	41.2

　次に支所数上位都市の支所の業種構成についてみてみよう（表5-10・11）。支所数の多い都市ほど業種は豊富であるが、いずれの都市においても「金融」「保険」が上位業種である。それは対象企業中、この2業種が多いことと、元来、「金融」「保険」は広く支所を配置する業種であることにもよる。
　大きく製造業と非製造業とに分けてみると都市間の差異は大きい。1995年のラゴスでは製造業が支所数全体の42.8%であるのに対して、ポートハーコートのそれは16.1%でしかない。ポートハーコートは「建設」と「サービス」の支所が多く、製造業の比率はきわめて低い。
　ラゴス以外ではイバダン、ジョス、アバ、ベニンシティにおいて製造業の比率が高い。しかし、あまり支所数の多くない都市について比率の大小で論じることは問題があると思われるので、これ以上の言及はしない。
　2005年について、大きく製造業と非製造業とに分けて、アブジャからワリ

表 5-11 主要都市の支所数とその業種構成（2005 年）

	アブジャ	ラゴス	ポートハーコート	カノ	カドゥナ	イバダン	ワリ	オニチャ	エヌーグー	ジョズ	ベニンシティ	アバ	マイズグリ	オウェリ	カラバル
水産・農林		1									1				
鉱	10	11	11	4	4	1	4	1	2	2	2		1		
建設	9	8	8	1	4	3	5		4		2		1		1
食料品	4	14	3	3	3	4	2	2	1	4	2	6	2		1
繊維	1	3	1	3				1							
パルプ・紙		2		1	1	1								1	
化学		3		4		1		1			1				
ゴム・窯業	4	3		2	2					1		1			
鉄鋼諸機械	14	11	12	6	8	4	4	2	4	2	2	4	1	1	1
その他製造業	13	14	2	4	6	4	3	4	3	6	5	4	2	6	
商	21	15	19	17	6	3	3	4		1	2	1	2		
金融	39	31	33	27	22	17	13	20	10	9	7	15	13	10	11
証券															
保険	30	21	27	19	16	18	12	5	6	9	9	1	4	3	2
不動産	5	2	5	5	5	4	1	1	1	2	1		1		2
運輸・情報・通信	13	13	13	5	5	3	5		5		1		2	1	
電力・ガス	1	1	1	1	1	1			1	1	1				
サービス	33	18	29	11	7	3	17	2	5	3	3	1	4	2	5
その他・分類不能	2	4	1	2	1	1		1	1		1	1			
ホールディング	8	12	4	4	2	4	1	1	2	4	2	3	2	1	1
不明															
計	207	187	169	119	93	72	70	45	45	44	41	40	35	26	26
製造業	36	50	18	23	20	14	9	10	8	13	9	18	6	8	2
製造業支所率	17.4	26.7	10.7	19.3	21.5	19.4	12.9	22.2	17.8	29.5	22.0	45.0	17.1	30.8	7.7

　までの 7 都市の支所をみると、アブジャの製造業支所数比は 17.4% しかないが、ラゴスは 1995 年に比べて低下したとはいえ、その比率は 26.7% である。カノが最も高く 38.7% である。カドゥナも 21.5% であり、北部の 2 都市は製造業支所の比率が高くなっている。オニチャ以下の都市ではカラバルを除いて、製造業支所比率の高い都市が多いが、あまり支所数の多くない都市について比率を過度に評価することも適切なことではない。

4　支所配置からみた都市間結合

　続いて支所配置からみた都市間結合を検討してみよう。表 5-12 は 1995 年の本社数 5 以上の都市に本社を置く企業が各都市に支所を配置している状況

表5-12 本社多数都市から主要都市への支所配置の状況（1995年）

from \ to	計	ラゴス	ポートハーコート	カノ	カドゥナ	アブジャ	イバダン	ワリ	ジョス	アバ	オニチャ	エヌーグー	ベニンシティ
ラゴス	379 (100.0)		83 (21.9)	101 (26.6)	87 (23.0)	67 (17.7)	56 (14.8)	59 (15.6)	52 (13.7)	33 (8.7)	35 (9.2)	25 (6.6)	28 (7.4)	28 (7.4)
イバダン	14 (100.0)	11 (78.6)	1	2	2			2				1	3 (21.4)
カドゥナ	13 (100.0)	10 (76.9)	1	2	3 (23.1)	3 (23.1)	1		1				1
カノ	12 (100.0)	8 (66.7)	3 (25.0)		1	1	2		1	1	1		
アブジャ	7 (100.0)	5 (71.4)	1	1	1		1						
ポートハーコート	7 (100.0)	5 (71.4)		1	1	2	1				1		
エヌーグー	5 (100.0)	4 (80.0)	1								1		
ジョス	5 (100.0)	5 (100.0)	1										
オウエリ	5 (100.0)	4 (80.0)						2					
オタ	5 (100.0)	3 (60.0)					1	1	1				1

（　）の数字は各都市の本社数を100.0としている。
配置支所数2以下については比率を記入していない。

を示したものである。ナイジェリアではラゴスへの本社集中が著しいため、支所配置からみた都市間結合といっても、それは圧倒的にラゴスを中心としたものである。

　上位都市の支所の本社所在地を見ると、ラゴス本社企業の支所比率はワリの96.3%（54支所中52支所）を最高に、最低のジョスでも75.0%（44支所中33支所）である（表5-12には、この比率は掲載していない）。各都市の支所の本社所在地は圧倒的にラゴスである。これは全業種の場合であるが、「金融」の支所を除いた場合も、比率はほとんど変らない。また、上位12都市中4都市（カノ、カドゥナ、アブジャ、ジョス）が北部の都市であるが、ジョス以外はその比率は80%をこえており、ラゴス本社企業の支所配置にはとくに地域差もみられない。

一方、首都アブジャに対して支所を配置している企業をもつ都市は多くはない。例えばイバダン本社企業はアブジャに1つも支所を置いていない。

　ラゴス企業の支所配置はポートハーコートが最多であり、以下、各都市の支所数はラゴス企業の支所の多少に大体対応している。ラゴスには「金融」「保険」の本社が多いため、各都市への支所配置もこの両業種が多いものとなっている。ポートハーコートには「金融」の支所が19、「保険」の支所が18であり、以下同じく、カノには23、14、カドゥナには14、13、アブジャには18、9、イバダンには13、13、ワリには7、10、ジョスには6、8、アバには10、3、オニチャには12、4、エヌーグーには7、8、ベニンシティには5、5である。しかし、反対に支所数の多い都市ほど、この2業種以外の業種が多いこともわかる。

　イバダン以下の都市の企業はラゴスへの支所配置だけは高率である。表5-12の支所配置の状況は全業種を一括したものなので、業種について少し言及しておくと、イバダン本社企業の支所配置のうち、ラゴス、ポートハーコート、カノ、カドゥナ、ベニンシティに対しては「保険」の支所が1つずつ配置されている。

　カドゥナとカノ本社企業の場合は、前者のポートハーコート、カドゥナ、イバダン、ワリ、ジョス、エヌーグー、ベニンシティの支所はすべて「金融」であり、後者のカノ、カドゥナ、アブジャ、ジョス、アバ、エヌーグーの支所もすべて「金融」である。

　ジョス本社企業もカノ、ジョス、オニチャの支所は「金融」であり、オウエリ本社企業のポートハーコート、カノ、カドゥナ、アバ、オニチャの支所は「保険」である。

　以上のことから、ラゴス以外の都市に本社を置く企業の支所配置は「金融」と「保険」によるところが大きいことがわかる。

　ラゴスからの支所配置率は対ポートハーコートが最高であるが、それでも101（26.6％）でしかない。「金融」と「保険」を除くとラゴス本社企業は274であるが、その場合の各都市への支所配置率をみるとポートハーコート（23.4％）、カノ（18.2％）、カドゥナ（14.6％）、アブジャ（10.6％）というように全業種の場合より3～4ポイント低下する。

ラゴス以外の都市に本社をおく企業の支所配置は部分的に言及したように、ラゴスには支所を置くが、その他の都市に対しては少なく、それも業種的には「金融」と「保険」に限られている。

　一方、ラゴスの173支所のうちラゴス本社の支所は83を数え、比率にすれば48.0%である。つまり、半分近くがラゴス本社企業の支所である。ラゴス以外の都市に本社を置く企業（121社）は90社がラゴス支所をもっている。ラゴス本社企業379社のうち296社がラゴスには支所をもたず、ラゴス以外の都市に本社を置く企業（121社）のうち、31社のみがラゴスに支所をもっていないことになる。

　図5-3と図5-4は1995年のラゴス本社企業の主要都市への支所配置と主要都市本社企業のラゴスへの支所配置を示したものである。また、図5-5は1995年のラゴスを除く都市間の配置を示したものである。上述のように業種によって支所配置には差異があるが、これらの図はそれを捨象し一括して示している。ラゴス企業の支所配置が主要都市に広く展開されていることと同時に、ラゴスを除いた、いわば横の都市間結合は弱いことがわかる。

　同じく2005年の都市間結合を検討しよう。表5-13は本社数11以上の都市に本社を置く企業が支所数多数都市（26以上）に支所を配置している状況を示したものである。ナイジェリアではラゴスへの本社集中が著しいため、支所配置からみた都市間結合といっても、それは圧倒的にラゴスを中心としたものである。

　オニチャ以下カラバルまでの8都市の支所に占めるラゴス本社企業の比率は、オニチャ82.2%、エヌーグー66.7%、ジョス75.0%、ベニンシティ70.7%、アバ85.0%、マイズグリ74.3%、オウエリ80.8%、カラバル84.6%である。一方、それはアブジャでは81.2%、ポートハーコートでは88.8%、カノでは79.8%、カドゥナでも71.0%を占める。ポートハーコート、イバダン、カノ、カドゥナ本社企業はアブジャよりもラゴスの方への支所配置が多い。「金融」「保険」「サービス」はいずれも多くの支所を配置する業種であるが、これら4都市はこの3業種の本社が多くはない（表5-9）。表5-13の支所配置は多くの業種の支所というわけではないが、「金融」「保険」「サービス」のいわば第三次産業の業種によっているというわけでもないのである。これら4都

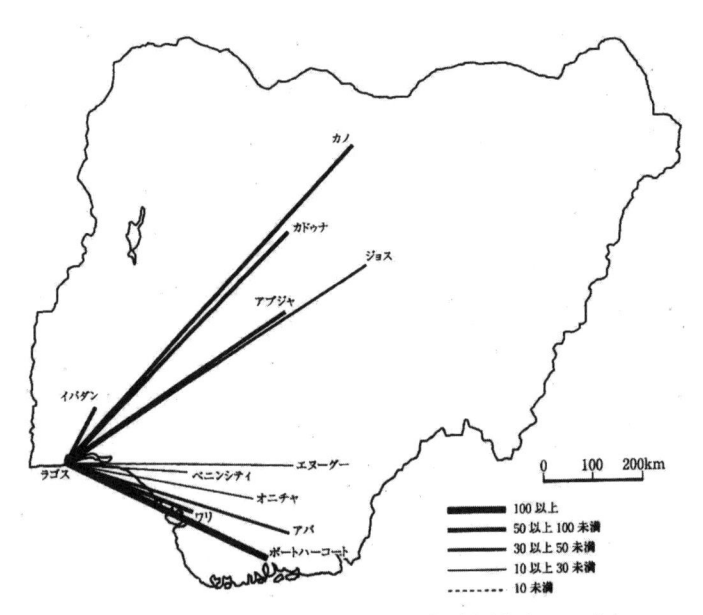

図 5-3　ラゴスから主要都市への支所配置（1995 年）

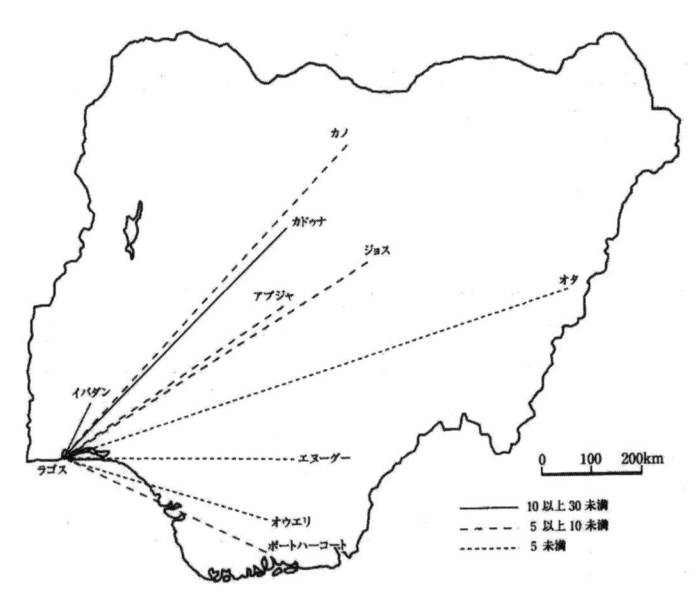

図 5-4　主要都市からラゴスへの支所配置（1995 年）

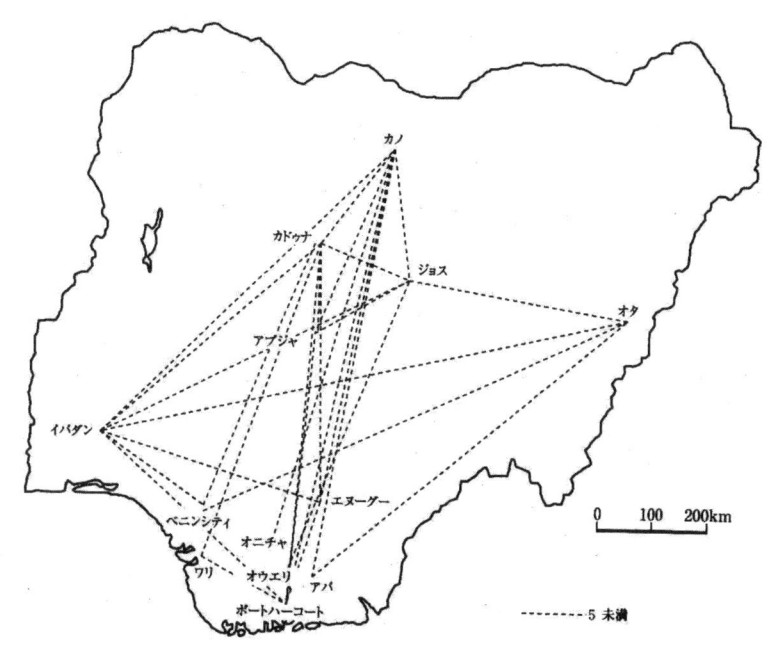

第5章　ナイジェリアの都市と都市システム　　91

図5-5　ラゴスを除いた主要都市間の相互支所配置（1995年）

表5-13　本社多数都市から主要都市への支所配置の状況（2005年）

from \ to		アブジャ	ラゴス	ポートハーコート	カノ	カドゥナ	イバダン	ワリ	オニチャ	エヌーグー	ジョス	ベニンシティ	アバ	マイズグリ	オウエリ	カラバル
ラゴス	390 (100.0)	168 (43.1)		106 (27.2)	150 (38.5)	95 (24.4)	66 (16.9)	58 (14.9)	60 (15.4)	37 (9.5)	30 (7.7)	33 (8.5)	29 (7.4)	34 (8.7)	26 (6.7)	21 (5.4)	22 (5.6)
アブジャ	27 (100.0)	7 (25.9)	21 (77.8)	7 (25.9)	7 (25.9)	9 (33.3)	6 (22.2)	3 (11.1)	1	6 (22.2)	3 (11.1)	5 (18.5)		4 (14.8)		1
ポートハーコート	13 (100.0)	5 (38.5)	10 (76.9)		2	2	2	1	4 (30.8)	2	2	2			1	1	1
イバダン	13 (100.0)	7 (53.8)	10 (76.9)	2	2	3 (23.1)	1		1	1	2	2	5 (38.5)	1		3 (23.1)	1
カノ	12 (100.0)	2	8 (66.7)	1										1			
カドゥナ	11 (100.0)	6 (54.5)	7 (63.6)	4 (36.4)	6 (54.5)	5 (45.5)	3 (27.3)	1		1	2	2		2			1

（　）の数字は各都市の本社数を100.0としている。
配置支所数2以下については比率を記入していない。

92　世界の都市体系研究

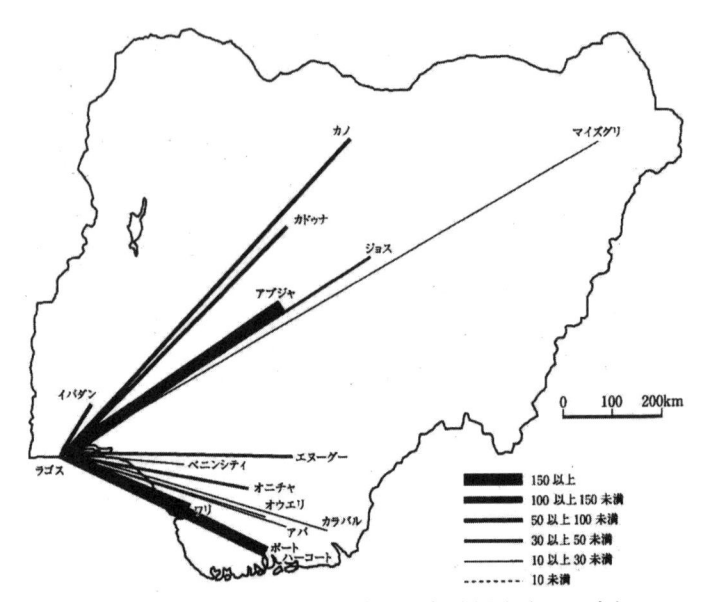

図 5-6　ラゴスから主要都市への支所配置（2005 年）

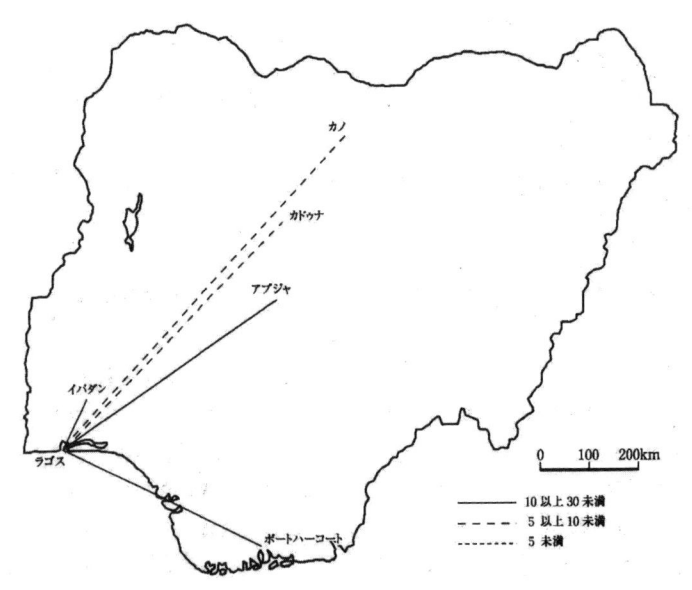

図 5-7　主要都市からラゴスへの支所配置（2005 年）

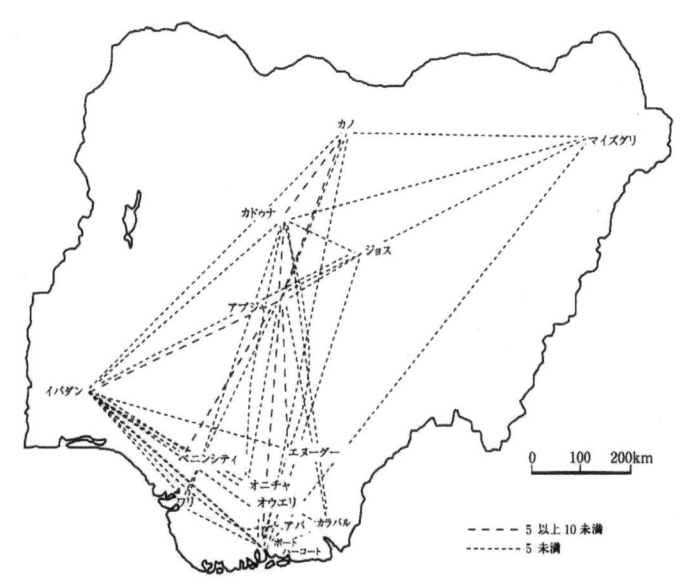

図5-8 ラゴスを除いた主要都市間の相互支所配置（2005年）

市の本社企業は，ポートハーコート→ワリ（4支所）、イバダン→ベニンシティ（5支所）、カドゥナ→カノ（5支所）の支所配置を除くと相互の支所配置はきわめて少ない。

ラゴス本社企業はアブジャに168支所、43.1％の高率で支所を配置している。ポートハーコートにも150支所（38.5％）、カノには95支所（24.4％）の配置である。アブジャ本社企業はラゴスに21支所、77.8％の支所配置である。

図5-6と図5-7は2005年のラゴス本社企業の主要都市への支所配置と主要都市本社企業のラゴスへの支所配置を示したものである。図5-8は2005年のラゴスを除く支所配置からみた都市間の結合を示したものである。業種によって支所配置には差異があるが、これらの図はそのことは捨象している。ラゴス企業の支所配置が主要都市に広く展開されていることと同時に、ラゴスを除いた、いわば横の都市間結合は弱いことがわかる。しかし一方、アブジャの本社数の増加により、1995年次に比べて少し変化がみられるようになった。

5 おわりに

以上、経済的中枢管理機能を指標として 1995 年と 2005 年のナイジェリアの主要都市と都市システムを分析した。重要な点を要約しておこう。

対象として取り上げた 500 社のうち、1995 年では 379 社 75.8% が、2005 年では 390 社 78.0% がラゴスに本社を置いていた。2005 年では 2 番目に本社が多い都市はアブジャであり、ラゴスとの差は 27 社である。ラゴスとの差は大きいが、1995 年に比べると大きな増加であった。

1995 年では支所数においてもラゴスが最多都市であった。第 2 位のポートハーコートの支所数とも大きな差があった。しかし、2005 年では支所数ではアブジャがラゴスを追いこし、最多である。ポートハーコートがこの 2 都市に続き上位グループを構成している。カノ、カドゥナ、イバダン、ワリの 4 都市が中位グループを構成している。アブジャの支所数の急増は注目に値する。アブジャは 1991 年以来首都となった。1995 年では顕著ではなかった首都の重要性が大きくなったのかもしれない。

支所配置の状況から都市間結合をみると、各都市の支所数の多少はラゴス本社企業の支所数によっていること、ラゴス以外の都市に本社を置く企業の支所配置は、支所数最多都市のアブジャよりもラゴスの方が多いことを指摘できた。この機能からみたナイジェリアの都市システムは圧倒的にラゴスを中心としたものであり、ラゴスを除く、いわば横の都市間結合は弱いものであることを指摘できた。しかし、アブジャの本社数の増加が 1995 年とはやや異なる都市システムの出現の原因になっていることにも注目しておく必要があると考えられる。

注
1) 日本経済新聞社刊の『会社年鑑』に用いられている分類が基準であるが、これには「鉄鋼諸機械」という分類はない。筆者がつくったものである。
2) 端信行（1976）「ラゴス」, 藤岡謙二郎・谷岡武雄編『地図にみる世界の百万都市』132 - 139, 朝倉書店. 端信行（1988）「西部アフリカ」『アフリカⅡ』242-253, 朝倉書店.

第6章
インドの都市と都市システム

1　はじめに

　本章は1995年と2005年のインドの主要都市における経済的中枢管理機能の諸相を提示し、この機能からみたインドの主要都市の位置づけを行うこと、そして、この機能からとらえた都市間結合を分析することによってインドの都市システムを検討することを目的とする。10年間の変化を見ることによって、短い期間ではあるが、インドの主要都市の位置づけと都市システムの変化にも言及したい。

　経済的中枢管理機能としては従来の研究と同様、主要企業の本社と支所をとりあげる。インドにおいては民間企業と同様あるいはそれ以上に公営企業と外資系企業が重要な役割を果たしている。資料上の問題もあり、ここではその両者を採り上げている。

　資料としては、『Major Companies of South West Asia』（Graham & Whiteside 刊）と『The Bankers' Almanac』（Reed Information Service 刊）を使用する。1995年については、年間売上高10万ルピー、もしくは従業者数200人以上の企業を、2005年については従業者数200人以上の企業を経済的中枢管理機能の担い手としてふさわしいものとしてみなし、採り上げることにした[1]。このようにして採り上げた企業は1995年については627社、2005年については1,173社である。

　まず、人口を指標としてインドの主要都市について概観し、続いて経済的中枢管理機能からインドの主要都市を分析していく。図6-1は研究対象の都市を示したものである。

図6-1　研究対象都市

2　人口からみた主要都市

　経済的中枢管理機能からの都市分析に入る前に人口を指標として主要都市をみてみよう。

　インドは総人口において2000年で10億人をこえ中国に次ぐ第2位の人口大国であるが、2050年では中国を抜いて第1位になるとも予想されている。人口50万人以上の都市が2010年で88を数えるとはいえ、その大部分は農

第6章 インドの都市と都市システム

表 6-1 主要都市の人口

	1991年			2001年			2010年	
1	ムンバイ	9,928,891	1	ムンバイ	11,978,450	1	ムンバイ	13,830,884
2	デリー	7,206,704	2	デリー	9,879,172	2	デリー	12,565,901
3	コルカタ	4,399,819	3	コルカタ	4,572,876	3	バンガロール	5,438,065
4	マドラス	3,857,529	4	マドラス	4,343,645	4	コルカタ	5,138,208
5	ハイデラバード	3,059,262	5	バンガロール	4,301,326	5	マドラス	4,616,639
6	アーメダバード	2,966,312	6	ハイデラバード	3,637,483	6	ハイデラバード	4,068,611
7	バンガロール	2,908,018	7	アーメダバード	3,520,085	7	アーメダバード	3,959,432
8	カーンプル	1,879,420	8	カーンプル	2,551,337	8	プネー	3,446,330
9	プネー	1,702,376	9	プネー	2,537,473	9	スーラト	3,344,135
10	ナーグプル	1,624,752	10	スーラト	2,433,853	10	カーンプル	3,221,435
11	ラクナウ	1,619,115	11	ジャイプール	2,322,575	11	ジャイプール	3,210,570
12	ジャイプール	1,518,235	12	ラクナウ	2,185,927	12	ラクナウ	2,750,447
13	スーラト	1,498,817	13	ナーグプル	2,052,066	13	ナーグプル	2,447,063
14	インドール	1,097,674	14	インドール	1,474,968	14	バトナ	1,875,572
15	ボーパール	1,062,771	15	ボーパール	1,437,354	15	インドール	1,857,930
16	ヴァドーダラー	1,046,009	16	ルディヤーナー	1,398,467	16	ターネー	1,807,616
17	ルディヤーナー	1,042,740	17	バトナ	1,306,444	17	ボーパール	1,792,203
18	ハウラー	950,435	18	ヴァドーダラー	1,306,227	18	ルディヤーナー	1,740,247
19	マドゥライ	940,959	19	アーグラ	1,275,134	19	アーグラ	1,686,946
20	ワーラーナシー	940,778	20	ターネー	1,262,551	20	ピンプリ	1,637,905
21	バトナ	917,243	21	カリヤーン	1,193,512	21	ナーシク	1,575,444
22	アーグラ	891,790	22	ワーラーナシー	1,091,918	22	ヴァドーダラー	1,539,428
23	ヴィシャーカパトナム	875,175	23	ナーシク	1,077,236	23	ファリーダーバード	1,521,605
24	コーチンブッドゥール	816,321	24	メラート	1,068,772	24	ガーズィヤーバード	1,505,958
25	ターネー	903,389	25	ファリーダーバード	1,055,938	25	ラージコート	1,456,181
26	アラハバード	792,858	26	ピンプリ	1,012,472	26	メラート	1,404,723
27	ジャバルプル	764,586	27	ハウラー	1,007,532	27	カリヤーン	1,342,842
28	メーラト	753,775	28	ヴィシャーカパトナム	982,904	28	ナビムシバイ	1,268,784
29	シュリーナガル	702,478	29	アラハバード	975,393	29	アムリトサル	1,224,616
30	ヴィジャヤワーダ	701,827	30	ガーズィヤーバード	968,256	30	ワーラーナシー	1,211,891
31	グワーリヤル	690,765	31	ラージコート	967,476	31	アウランガバード	1,208,285
32	ジョードプル	666,279	32	ミラーバヤンダル	966,862	32	ソーラープル	1,163,734
33	ティルッチラッパッリ	660,405	33	コーチンブットゥール	930,882	33	アラハバード	1,142,722
34	ナーシク	656,925	34	マドゥライ	928,869	34	ジャバルプル	1,082,794
35	フッバッリ	648,298	35	シュリーナガル	898,440	35	シュリーナガル	1,081,562
36	ティルヴァナンタプラム	636,928	36	アウランガバード	873,311	36	ラーンチー	1,073,466
37	ラーンチー	626,262	37	ソーラープル	872,478	37	ヴィシャーカパトナム	1,065,395
38	ソーラープル	604,215	38	ヴィジャヤワーダ	851,282	38	チャンティーガル	1,064,711
39	グワーハーティー	590,114	39	ジョードプル	847,093	39	マイソール	1,042,354
40	バレーリー	587,056	40	ラーンチー	827,026	40	ハウラー	1,037,982
41	アウランガバード	573,272	41	グワーリヤル	809,895	41	ジョードプル	1,026,140
42	チャンティーガル	569,374	42	グワーハーティー	808,515	42	グワーハーティー	1,022,606
43	コーチ	564,589	43	チャンティーガル	786,195	43	コーチンブットゥール	1,016,348
44	ラージコート	559,407	44	フッパッリ	755,379	44	ヴィジャヤワーダ	985,733
45	ガーズィヤーバード	542,992	45	マイソール	752,066	45	ミーラーバヤンダル	985,072
46	コーター	537,371	46	ティルッチラッパッリ	744,983	46	グワーリヤル	943,725
47	ピンプリ	517,083	47	ティルヴァナンタプラム	718,391	47	フッパック	904,916
48	ジャーランダル	509,510	48	バレーリー	706,043	48	ブヴァネーシュヴァル	904,225
49	ゴーラクプル	505,566	49	ジャーランダル	604,002	49	ジャーランダル	903,491
			50	ナビムンバイ	696,760	50	セーラム	895,388

資料：『2001 Census』（インド政府）

51	セーラム	694,316		51	マドゥライ	889,052
52	コーター	669,087		52	アリーガル	869,941
53	アリーガル	648,032		53	ビワンディー	865,399
54	ブヴァネーシュヴァル	641,583		54	コーター	844,387
55	ムラーダーバード	622,701		55	バレーリー	837,564
56	ゴーラクプル	605,747		56	ティルヴァナンタプラム	830,943
57	ラーイブル	598,741		57	ムラーダーバード	823,506
58	ビワンディー	598,741		58	ティルッチラッパッリ	819,833
59	ジャムシェドプール	573,096		59	ラーイブル	779,742
60	ビライ	556,366		60	ゴーラクプル	730,486
61	アムラーワティー	549,510		61	ビライ	725,171
62	カタカー	534,654		62	ジャムシェドプール	677,942
63	ワランガル	530,636		63	アムラーワティー	674,673
64	ビカネール	529,690		64	カタカー	663,075
65	ミーラーバヤンダル	520,388		65	ラジプール	642,457
66	グントゥール	514,461		66	ビカネール	636,423
67	バーヴナガル	511,085		67	バーヴナガル	611,801
				68	ワランガル	595,276
				69	シリグリ	579,821
				70	ウールハースナガル	575,007
				71	コールハープル	570,102
				72	デラドゥーン	567,906
				73	ジャム	567,555
				74	サーングリミラジュ	565,170
				75	ナーンデード	559,268
				76	アジメール	556,991
				77	ドゥルガプール	549,283
				78	グルバルガ	546,554
				79	グントゥール	544,712
				80	ジャームナガル	540,573
				81	バートパーラ	537,496
				82	サハーランプル	528,572
				83	南ダムダム	525,950
				84	ジャルガオン	515,985
				85	ノイダ	504,842
				86	マヘシュタラ	502,772
				87	コールバー	501,568
				88	アサンソル	501,041

村人口である。

　表6-1は1991、2001、2010（推計値）年の主要都市の人口である。表には2010年で50万人以上の都市を掲載した。その数は88である。人口50万人以上の都市は1991年では51、2001年では68であったから、20年間で37も増えたことになる。ほとんどの上位都市は人口を増加させたが、コーチンのように1991年では56万余を数えた人口が2001年では26万人になり、2010年では25万人弱に推計されるほど人口減少をみた都市もある。この他にも大きな変動をした都市が散見されるが、ここではこれ以上言及しない。図

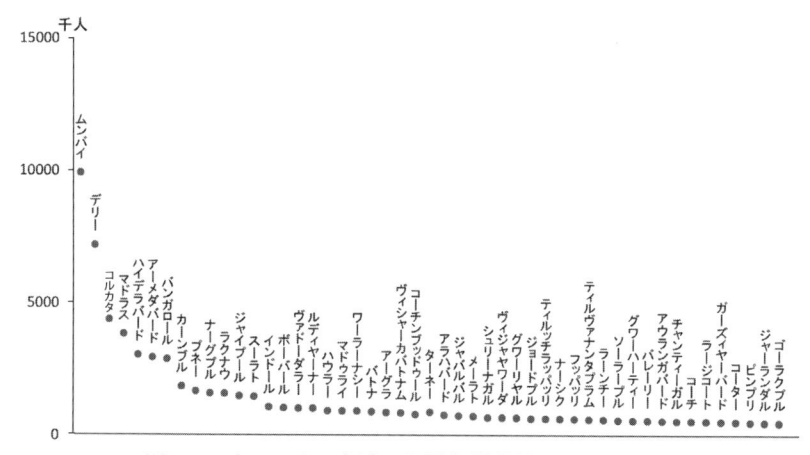

第6章　インドの都市と都市システム

図6-2　人口による都市の順位規模曲線（1995年）

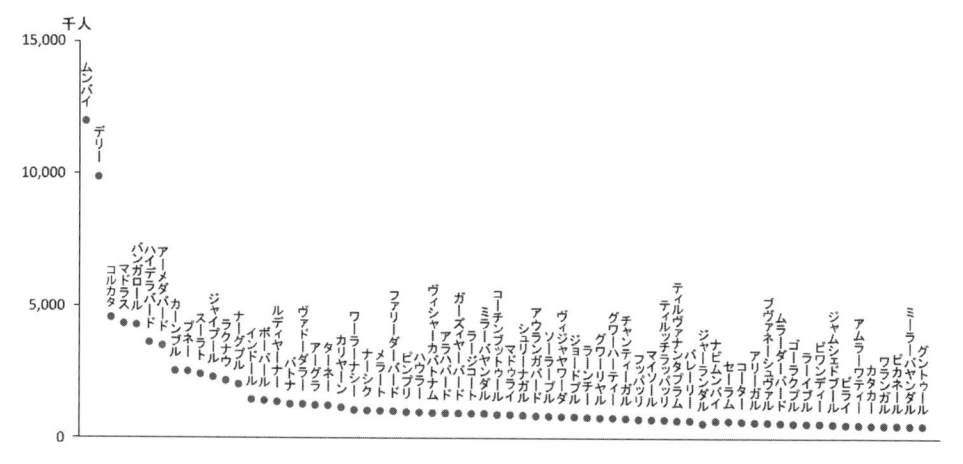

図6-3　人口による都市の順位規模曲線（2001年）

6-2、6-3、6-4はこの3年次の人口を指標とした都市の順位規模曲線である。
　以下、経済的中枢管理機能から都市分析を行うが、人口の多い都市が必ずしもこの機能を多く持つわけではない。人口150万人以上の都市のうち、ターナ、アグラ、ピンプリ、ナシック、ガージアバードは分析の対象にはならない。反対に、人口100万人以下の都市のうち、ヴィジャヤワダ、ブバネシュワル、マドゥライ、コーチンは分析の対象となる。

100　　　　　　　　　　　世界の都市体系研究

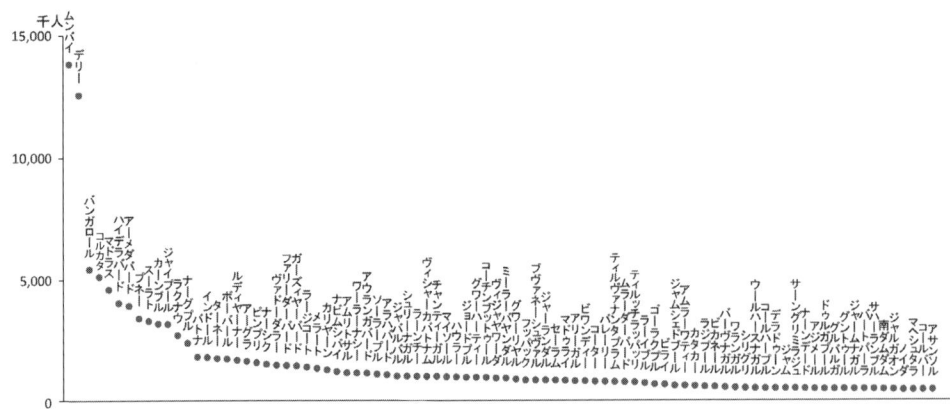

図6-4　人口による都市の順位規模曲線（2010年）

3　経済的中枢管理機能からみた主要都市

(1) 対象企業の概要

　対象企業数は1995年627社、2005年1,173社である。その業種構成を示したものが表6-2である。資料として使用した『Major Companies of South West Asia』は業種別に企業を掲載しているわけではないし、掲載企業の業種を1つに限定しているわけでもない。principal activitiesとして掲載されている内容から使用者が各企業の業種を分類しなくてはならない。ここでは筆者がこれまでの研究において行ってきた日本の企業の業種分類に依拠してこれらの企業の業種を分類した。

　両年次とも最多業種は「鉄鋼諸機械」である。「化学」が続くが、両年次の比率は全く同じである。この2業種に「食料品」「繊維」「パルプ・紙」「ゴム・窯業」「その他製造業」を加えて製造業とすると、その数は1995年で483社（77.0％）、2005年で894社（76.2％）となり、比率もほとんど変わらないから、企業選定の基準がやや異なることを考慮に入れても、その状況はほとんど変わっていないことがわかる。「鉄鋼諸機械」の比率はやや上昇し、「繊維」の比率はやや低下した。しかし、「保険」が新たに4社加わり、「サービス」の企業の比率は増加したとはいえ、非製造業企業が製造業に比べて極めて少ない

表6-2　対象企業の業種構成

業種	1995		2005	
農林・水産	16	(2.5)	22	(1.9)
鉱	7	(1.1)	16	(1.4)
建設	22	(3.5)	36	(3.1)
食料品	26	(4.1)	58	(4.9)
繊維	79	(12.6)	122	(10.4)
パルプ・紙	14	(2.2)	22	(1.9)
化学	112	(17.9)	210	(17.9)
ゴム・窯業	38	(6.1)	59	(5.0)
鉄鋼諸機械	174	(27.8)	343	(29.2)
その他製造業	40	(6.4)	80	(6.8)
商	12	(1.9)	10	(0.9)
金融	22	(3.5)	55	(4.7)
保険	0	(0)	4	(0.3)
運輸・不動産・倉庫・通信	6	(1.0)	19	(1.6)
電力	6	(1.0)	12	(1.0)
サービス	39	(6.2)	89	(7.6)
その他・分類不能	14	(2.2)	16	(1.4)
計	627	(100.0)	1,173	(100.0)

資料：『Major Companies of South West Asia』（Graham & Whiteside 刊）
　　　『The Bankers' Almanac』（Reed Information Service 社）

という構造に変化はないといえよう。

(2) 本社からみた主要都市

　表6-3はこの2年次の都市別の本社数である。両年次とも本社数最多都市はムンバイである。全体に対する比率も22.6％から25.6％へ増加した。コルカタとチェンナイの本社数は増加したが、比率は低下した。デリーの本社数は大きく増加したが、比率は微減した。ハイデラバート、バンガロール、プーナの本社数はいずれも増加した。なかでもプーナの本社数は大きく増加し、比率も2.9％から3.9％へ上昇した。両年次とも1％以上の比率をもつのは12都市である。チャンディガールとインドールが入れかわった。

　ここで1つ言及しておかなくてはいけないことがある。それはセカンデラバードとファリダバドである。両都市の本社数は両年次で前者が10と16、後者が5と11である。セカンデラバードはハイデラバードの北に隣接し、ファリダバドはデリーの南東約30kmに位置する。ハイデラバードとセカンデラバードを1つの都市をみなすと、本社数（比率）は1995年では37（5.9％）[2]、2005年では63（5.4％）となる。

表6-3　主要都市の本社数

	1995年					2005年		
1	ムンバイ	142	(22.6)		1	ムンバイ	300	(25.6)
2	コルカタ	77	(12.3)		2	デリー	117	(10.0)
3	チェンナイ	71	(11.3)		3	コルカタ	104	(8.9)
4	デリー	68	(10.8)		4	チェンナイ	84	(7.2)
5	ハイデラバード	37	(5.9)		5	ハイデラバード	63	(5.4)
6	バンガロール	30	(4.8)		6	バンガロール	58	(4.9)
7	プーナ	18	(2.9)		7	プーナ	46	(3.9)
8	アーメダバード	16	(2.6)		8	アーメダバード	30	(2.6)
9	コインバトール	13	(2.1)		9	コインバトール	29	(2.5)
10	チャンディガール	7	(1.1)		10	バロダ	20	(1.7)
	バロダ	7	(1.1)		11	インドール	12	(1.0)
12	コーチン	5	(0.8)		12	カーンプル	11	(0.9)
	ナーグプル	5	(0.8)			ファリダバド	11	(0.9)
	インドール	5	(0.8)		14	コーチン	9	(0.8)
	カーンプル	5	(0.8)			ジャイプル	9	(0.8)
	ファリダバド	5	(0.8)			シーラト	9	(0.8)
	その他	116	(18.5)		17	チャンディガール	8	(0.7)
	計	627	(100.0)			ルディアナ	8	(0.7)
					19	ナーグプル	5	(0.4)
						マドウライ	5	(0.4)
						その他	235	(20.0)
						計	1,173	(100.0)

資料：表6-2と同じ

表6-4　主要都市の本社数とその業種構成（1995年）

	ボンベイ	コルカタ	マドラス	デリー	ハイデラバード	バンガロール	その他	計
農林・水産	1	8	2				5	16
鉱	3		2				2	7
建設	7	3	4	4		1	3	22
食料品		4	5	2		1	14	26
繊維	20	7	2	8	6	2	34	79
パルプ・紙	2		1	2	1	1	7	14
化学	39	8	10	14	7	3	31	112
ゴム・窯業	4	5	4	3	9		13	38
鉄鋼諸機械	30	24	18	20	8	16	58	174
その他製造業	11	7	2	3	2	1	14	40
商	2	2	3	2		3		12
金融	6	1	4	2		2	7	22
運輸・倉庫・通信	4		1				1	6
電力	2	1		1			2	6
サービス	8	5	12	6	2		6	39
その他・分類不能	3	2	1	1	2		5	14
計	142	77	71	68	37	30	202	627
製造業	106	55	42	42	33	24	171	483
	(74.6)	(71.4)	(59.2)	(61.8)	(89.2)	(80.0)	(84.7)	(77.0)
非製造業	36	22	29	29	4	6	31	144
	(25.4)	(28.6)	(40.8)	(42.6)	(10.8)	(20.0)	(15.3)	(23.0)

表6-5 主要都市の本社数とその業種構成（2005年）

業種＼都市	ムンバイ	デリー	コルカタ	チェンナイ	バンガロール	ハイデラバード	プーナ	アーメダバード	コインバトール	バロダ	セカンデラバード	インドール	カーンプル	ファリダバード	その他	計
農林・水産	2		3	1	2	1		3							10	22
鉱		3	2	2		1		1		1					6	16
建設	12	8	4	2	1	3	4	1							1	36
食料品	9	6	8	7	1	2	2	3	1			3	1		15	58
繊維	23	5	9	4	4	1	1	2	12	1	2		4	2	52	122
パルプ・紙	2	3	1	1	2		1			2				1	9	22
化学	91	15	13	11	6	10	4	9	2	10	2	4		1	32	210
ゴム・窯業	8	7	4	4	2	8	1			1	1	3	1		18	59
鉄鋼諸機械	71	35	35	26	16	12	26	7	8	4	5	1	2	6	89	343
その他製造業	18	10	10	5	4	4	1	1	1			2	4		20	80
商	4	1	1	1	1										2	10
金融	15	4	3	3	4	2	2				2		1		19	55
保険	3			1												4
運輸・不動産・倉庫・通信	7	6	1	2											3	19
電力	2	2	3			1		2							1	12
サービス	31	11	2	13	10	3	1	4	1		2				11	89
その他・分類不能	2	1	5	1	4		2								1	16
計	300	117	104	84	58	47	45	30	29	20	16	12	11	11	289	1,173
製造業	222	81	80	58	35	37	36	22	25	16	14	11	11	11	235	894
	(74.0)	(69.2)	(76.9)	(69.0)	(60.3)	(78.7)	(80.0)	(73.3)	(86.2)	(80.0)	(87.5)	(91.7)	(100.0)	(100.0)	(81.3)	(76.2)
非製造業	78	36	24	26	23	10	9	8	4	4	2	1	0	0	54	279
	(26.0)	(30.8)	(23.1)	(31.0)	(39.7)	(21.3)	(20.0)	(26.7)	(13.8)	(20.0)	(12.5)	(8.3)	(0)	(0)	(18.7)	(23.8)

　ファリダバードとデリーを同一の都市とみなすことはやや無理ではある。しかし、大都市圏と考えれば、デリー大都市圏の本社数（比率）は少なくとも1995年では73（11.6％）、2005年では128（10.9％）となる。デリーだけでもその本社数は1995年に比べて2005年では大きく増加し、ムンバイに次ぐ本社数となった。

　筆者のこれまでの研究では、連邦制を採用している国では、大企業の本社数の第1位都市は首都以外の都市であり、しかも、その集中率はそれほど大きくないことが明らかにされている。インドの場合もこれにあてはまるが、デリー（大都市圏）での本社数の増加は留意しておく必要があるかもしれない。

　表6-4、6-5は本社多数都市の本社の業種構成を示したものである。全体を製造業と非製造業とに分けると、1995年では前者が77.0％、2005年では前

者が 76.2％ ではほぼ同じである。本社数の少ない都市ほど製造業の比率が高い傾向になる。それは本社数が増えるとその業種が多様化することを意味する。

両年次、最多本社数のムンバイはその比率は 74％ 台である。チェンナイは製造業の比率が上昇し、デリーは低下した。デリーは、この 10 年間で本社数が大きく増え、ムンバイに次ぐ 2 番目の都市になったが、それは非製造業企業の増加という一面をもつ。

(3) 支所からみた主要都市

表 6-6 は支所数の多い順に主要都市を並べたものであり、図 6-5 は支所数を指標とした都市の順位規模曲線である。重要な点を箇条書きで指摘しよう。

① 両年次とも支所数第 1 位の都市は首都のデリーである。両年次とも本社数第 1 位の都市はムンバイであった。本社数と支所数の第 1 位都市が異なるのは、日本・韓国・フランスなどと異なる連邦制国家の特徴である。

表6-6　主要都市の支所数

	1995 年				2005 年		
1	デリー	204	(100.0)	1	デリー	342	(100.0)
2	ムンバイ	199	(97.5)	2	ムンバイ	329	(96.2)
3	チェンナイ	166	(81.4)	3	チェンナイ	279	(81.6)
4	コルカタ	149	(73.0)	4	コルカタ	273	(79.8)
5	バンガロール	125	(61.3)	5	バンガロール	189	(55.3)
6	ハイデラバード	105	(51.5)	6	ハイデラバード	178	(52.0)
7	アーメダバード	95	(46.6)	7	アーメダバード	140	(40.9)
8	コインバトール	54	(26.5)	8	プーナ	114	(33.3)
9	プーナ	53	(26.0)	9	コインバトール	74	(21.6)
	コーチン	53	(26.0)		ジャイプール	71	(20.8)
11	ラクナウ	42	(20.6)	11	インドール	69	(20.2)
12	ジャイプール	40	(19.6)	12	コーチン	67	(19.6)
13	ナーグプル	38	(18.6)	13	ラクナウ	63	(18.4)
	インドール	38	(18.6)		ナーグプル	62	(18.1)
15	ヴィジャヤワダ	33	(16.2)	15	チャンディガール	52	(15.2)
	ボーパル	33	(16.2)		ヴィジャヤワダ	52	(15.2)
17	マドゥライ	32	(15.7)	17	ボーパル	51	(14.9)
18	バロダ	31	(15.2)	18	バロダ	51	(14.9)
	ヴィジャカパトナム	31	(15.2)		スーラト	50	(14.6)
20	チャンディガール	30	(14.7)	20	マドゥライ	49	(14.3)
21	ブバネシュワル	29	(14.2)	21	カーンプル	49	(14.3)
22	カーンプル	29	(14.2)	22	ヴィジャカパトナム	48	(14.0)
23	スーラト	29	(14.2)	23	ブバネシュワル	47	(13.7)
24	ルディアナ	28	(13.7)	24	ルディアナ	47	(13.7)
25	パトナ	25	(12.3)	25	パトナ	43	(12.6)
26	グワハティ	25	(12.3)	26	グワハティ	40	(11.7)

注：ハイデラバードの数はハイデラバード都市圏の数字
資料：表6-2 と同じ

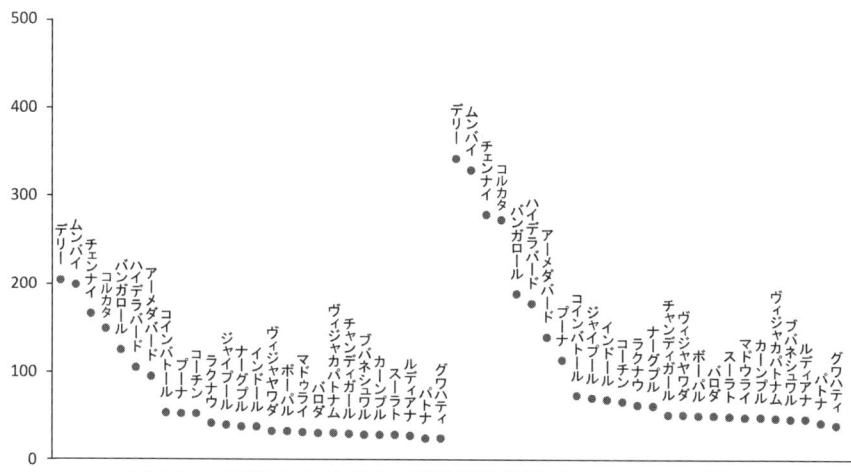

第 6 章　インドの都市と都市システム

図 6-5　支所数による都市の順位規模曲線（1995・2005 年）

② 両年次とも第 5 位まで都市の順位は変わらないことが指摘される。アーメダバードとハイデラバードは両年次で順位が入れ替わる。本社の項で指摘したように、ハイデラバードとセカンデラバードを 1 つの都市（ハイデラバード都市圏）とみなすと、その支所数は 1995 年では 105、2005 年では 178 となる。つまり、両年次とも第 7 位まで都市の順位は変わらないことになる。また、第 1 位のデリーの支所数に対する比率も大きく低下したバンガロール[3]を除くと、ほぼ同じである。

③ プーナの支所数の増加を注目する必要がある。プーナの支所数は 1995 年ではコインバトールに次ぐ第 9 位であったが、2005 年では 114 支所となり第 8 位となった。順位が 1 つ上昇したということだけではないことが図 6-5 から理解されよう。

図 6-5 から指摘されることは、1995 年では上位 7 都市と 8 位以下の都市との間に大きな格差があったことである。また、10 位のコーチンと 11 位のラクナウ以下との間にも小さな差を指摘できるかもしれない。

2005 年では 8 位のプーナと 9 位のコインバトールとの間に大きな格差を指摘できる。また、14 位のナーグプルと 15 位のチャンディガール、ヴィジャヤワダ以下の都市との間に小さな差を指摘できるかもしれない。

前稿[4]では、1995 年ではこの機能からみたインドの都市は 1 〜 7 位まで

表6-7　主要都市の支所数とその業種構成（2005年）

業種＼都市	デリー	ムンバイ	チェンナイ	コルカタ	バンガロール	セカンデラバード・ハイデラバード	ハイデラバード	アーメダバード	プーナ	コインバトール
農林・水産									1	2
鉱	4	5	4	3	1			2	1	
建設	13	14	12	10	7	5	4	3	5	
食料品	12	13	3	5	1	3	3	1	2	2
繊維	18	26	4	10	1	1	1	4	1	4
パルプ・紙	7	4	3	6	1					
化学	65	56	48	55	23	29	29	27	9	4
ゴム・窯業	16	13	11	9	9	6	6	5	4	2
鉄鋼諸機械	109	101	99	91	61	53	53	32	22	12
その他製造業	18	17	15	13	15	12	12	10	6	
商	3	3	3	3		3	3	5	1	1
金融	48	46	47	44	48	45	45	43	44	38
保険										
運輸・不動産・倉庫・通信	2	6	3	3	3	3	3	1	2	1
電力	1			1						
サービス	22	20	17	17	18	17	17	7	16	8
その他・分類不能	4	5	10	3	1	1	1			
計	342	329	279	273	189	178	177	140	114	74
製造業	245	230	183	189	111	104	84	79	44	24
	(71.6)	(69.9)	(65.6)	(69.2)	(58.7)	(58.4)	(53.8)	(56.4)	(38.6)	(32.4)
非製造業	97	99	96	84	78	74	93	61	70	50
	(28.4)	(30.1)	(34.4)	(30.8)	(41.3)	(41.6)	(46.2)	(43.6)	(61.4)	(67.6)

の都市と8位以下の都市という二重構造をもつと指摘したが、2005年では8位のプーナまでと9位以下の都市との2つの層に分けることが可能である。

　要約すると、この機能からみたインドの主要都市は両年次とも二重構造を指摘できるが、2005年ではそこにプーナが新たに加わったとも指摘できる。

　表6-7・8は両年次の支所数多数都市の支所の業種構成を示したものである。業種を大きく製造業と非製造業とに分けると、支所数の多い都市ほど製造業の支所が多いことがわかる。その理由は「金融」すなわち銀行によるところが大きい。銀行の支所は広く多くの都市に配置されるため、支所数が多くない都市の中心業種である。そのことはコインバトールの支所の業種構成を見れば明らかである。たとえば、2005年の74支所のうち38が「金融」である。製造業比率は32.4％にとどまる。

　この機能からみた上位都市にプーナが加わったことについては既述したが、

表 6-8 主要都市の支所数とその業種構成（1995 年）

業種＼都市	デリー	ボンベイ	マドラス	コルカタ	バンガロール	ハイデラバード	アーメダバード	コインバトール	プーナ	コーチン
農林・水産	4	2	2	1	1	2	2	2		1
鉱	2	3	2	2	1		1			
建設	6	8	4	3	2	2	1	1		1
食料品	3	6	2	2	1	2		1		
繊維	16	23	2	6	3	3	6	2	1	1
パルプ・紙	4	3	3	4			1			
化学	31	32	25	25	17	15	16	5	4	5
ゴム・窯業	16	14	12	12	7	5	8		2	
鉄鋼諸機械	65	52	54	49	38	29	21	8	13	13
その他製造業	13	7	12	7	5	5	2		3	2
商	3	6	4	4	3	3	4	2		3
金融	22	22	22	22	22	21	21	21	18	16
運輸・倉庫・通信	2	2	3	1	3	2	1	1	1	3
電力							1	1		
サービス	12	13	16	8	18	13	8	10	9	7
その他・分類不能	5	6	3	3	4	3	2		2	1
計	204	199	166	149	125	105	95	54	53	53
製造業	148	137	110	105	71	59	54	16	23	21
	(72.5)	(68.8)	(66.3)	(70.5)	(56.8)	(56.2)	(56.8)	(29.6)	(43.4)	(39.6)
非製造業	56	62	56	44	54	46	41	38	30	32
	(27.5)	(31.2)	(33.7)	(29.5)	(43.2)	(43.8)	(43.2)	(70.4)	(56.6)	(60.4)

　2005 年のプーナの支所の製造業比率は 38.6％であり、他の上位都市のそれとは大きな開きがある。しかし、コインバトールと比べれば、「鉄鋼諸機械」をはじめとして製造業企業の支所数が多いことも明らかである。

　上位都市ほど製造業比率が高いことは上述したが、とくに「鉄鋼諸機械」と「化学」の支所が多いことがわかる。この 2 業種は対象企業のなかで第 1 位と 2 位の業種であり、合計すると 2005 年で 553 社（47.1％）である。この業種の支所の多少が都市の順位を決めていることがわかる。

　筆者は上位都市の支所ほど格上の支所が多いことを日本の場合について指摘した（阿部 2004）。インドについても少数ではあるが、そういった例を挙げることができる[5]。また、そのことは上位都市が広域のテリトリーを所有していることを想起させるが、それを明確に確定できる資料は今のところ、これも少数である。

4 支所配置からみた都市間結合

表6-9・10は本社多数都市から支所多数都市への支所配置数とその比率を示したものである。両年次とも最高比率はコルカタからデリーへの支所配置率である。30％台の支所配置率は1995年10例（全マトリックスの18.5％）、2005年は8例（同14.3％）と少し減少低下した。

ムンバイの本社数が多いためにいずれの都市においてもムンバイ本社企業の支所数が最多であるが、配置率においてはムンバイ本社企業の支所配置率が飛びぬけているわけではない。

支所数が少なくなるにしたがって、当然のことながら配置率は低くなる。1995年ではアーメダバードにおいては、デリーからの22.1％が最高であり、コインバトール、プーナ、コーチンにおいては10％以下の支所配置率が数多

表6-9 本社多数都市から主要都市への支所配置の状況（1995年）

from \ to		デリー	ムンバイ	マドラス	コルカタ	バンガロール	ハイデラバード	アーメダバード	コインバトール	プーナ	コーチン
		204	199	166	149	125	105	95	54	53	53
ムンバイ	142 (100.0)	54 (38.0)		38 (26.8)	41 (28.9)	33 (23.2)	32 (22.5)	31 (21.8)	17 (12.0)	18 (12.7)	14 (9.9)
コルカタ	77 (100.0)	37 (48.1)	33 (42.9)	23 (29.9)		11 (14.3)	9 (11.7)	8 (10.4)	5 (6.5)	2 (2.6)	5 (6.5)
マドラス	71 (100.0)	19 (26.8)	22 (31.0)		14 (19.7)	21 (29.6)	20 (28.2)	10 (14.1)	16 (22.5)	5 (7.0)	11 (15.5)
デリー	68 (100.0)		26 (38.2)	19 (27.9)	17 (25.0)	15 (22.1)	11 (16.2)	15 (22.1)	2 (2.9)	3 (4.4)	4 (5.9)
ハイデラバード	37 (100.0)	7 (18.9)	12 (32.4)	11 (29.7)	7 (18.9)	3 (8.1)		5 (13.5)	1 (2.7)	2 (5.4)	2 (5.4)
バンガロール	30 (100.0)	10 (33.3)	12 (40.0)	10 (33.3)	10 (33.3)		5 (16.7)	4 (13.3)	3 (10.0)	6 (20.0)	2 (6.7)

注：各都市（圏）の下段の数値は支所配置率を示す
資料：表6-2に同じ

第6章　インドの都市と都市システム

表6-10　本社多数都市から主要都市への支所配置の状況（2005年）

from \ to		デリー	ムンバイ	チェンナイ	コルカタ	バンガロール	ハイデラバード	アーメダバード	プーナ
		342	329	279	273	189	178	140	114
ムンバイ	300 (100.0)	98 (32.7)		77 (25.7)	89 (29.7)	53 (17.7)	54 (18.0)	44 (14.7)	40 (13.3)
デリー	117 (100.0)		43 (36.8)	32 (27.4)	39 (33.3)	22 (18.8)	19 (16.2)	17 (14.5)	12 (10.3)
コルカタ	104 (100.0)	41 (39.4)	38 (36.5)	27 (26.0)		12 (11.5)	14 (13.5)	10 (9.6)	4 (3.8)
チェンナイ	84 (100.0)	21 (25.0)	28 (33.3)		15 (17.9)	17 (20.2)	16 (19.0)	6 (7.1)	7 (8.3)
ハイデラバード	63(47+16) (100.0)	15 (23.8)	15 (23.8)	16 (25.4)	12 (19.0)	6 (9.5)		6 (9.5)	8 (12.7)
バンガロール	58 (100.0)	17 (29.3)	16 (27.6)	16 (27.6)	15 (25.9)		9 (15.5)	6 (10.3)	11 (19.0)
プーナ	37 (100.0)	11 (29.7)	9 (24.3)	9 (24.3)	10 (27.0)	6 (16.2)	6 (16.2)	3 (8.1)	
アーメダバード	30 (100.0)	9 (30.0)	12 (40.0)	7 (23.3)	4 (13.3)	3 (10.0)	3 (10.0)		2 (6.7)

注：各都市（圏）の下段の数値は支所配置率を示す
資料：表6-2に同じ

くみられる。2005年ではハイデラバード、アーメダバード、プーナにおいては20％以上の支所配置率はみられない。

1995年に比べて2005年では10％以下の支所配置率例は大きく減少し、13例から8例になった。

ムンバイは多くの本社をもつため、いずれの都市においてもムンバイ本社企業の支所は高率を示す。1995年のプーナでは34.0％、コーチンでは26.4％であった。2005年ではハイデラバードでは30.3％、アーメダバードでは31.4％、プーナでは35.1％といずれも30％を超える。

表6-9、表6-10を図化したものが図6-6・7・8・9である。図6-6と図

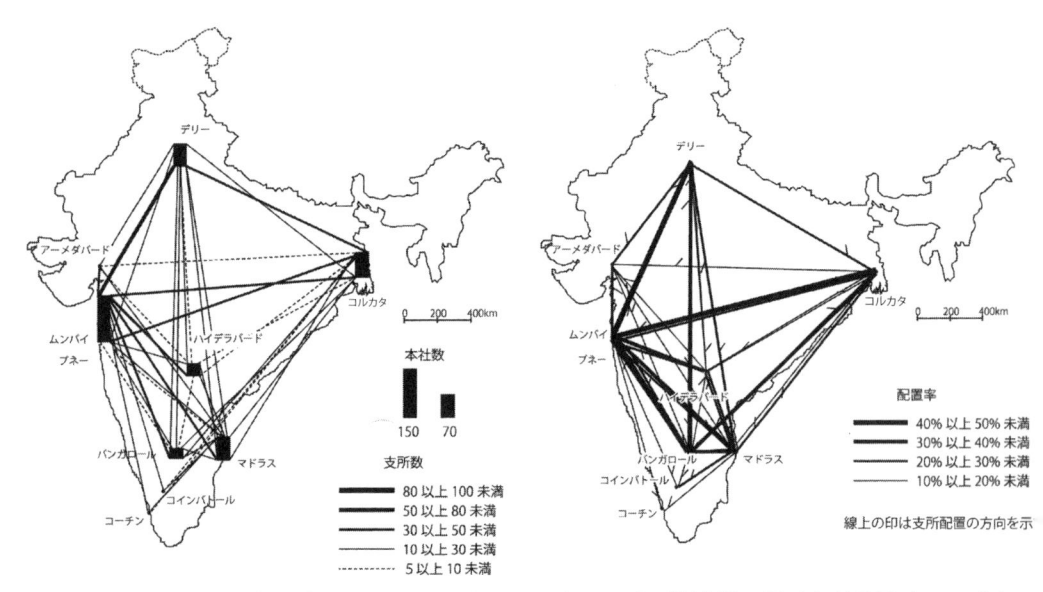

図 6-6　主要都市間の相互支所配置（1995 年）　　図 6-7　主要都市間の相互支所配置（1995 年）

6-8 は支所配置の絶対数で、図 6-7 と図 6-9 は支所配置率によって描いたものである。図 6-6 と図 6-8 の柱は各都市の本社数を示しており、柱頭から柱足へ描かれた線が配置数と配置率である。図 6-7 と図 6-9 の矢印は支所配置の方向を示している。4 枚の図は基本的に同じことを意味しているが、以下の諸点を指摘できよう。

　第一に両年次ともムンバイが都市システムの中心であるということである。第二に、ムンバイが都市システムの中心とはいえ、日本の東京、韓国のソウル、フランスのパリのような圧倒的な存在ではないということである。

5　おわりに

　経済的中枢管理機能の諸相の分析を通してインドの主要都市と都市システムを検討してきたが、結論として以下の諸点を指摘することができる。
　まず、第一にインドは人口大国であり、人口 50 万人以上の都市は 1995 年では 53、2010 年では 88 を数える（推計）。しかし、経済的中枢管理機能か

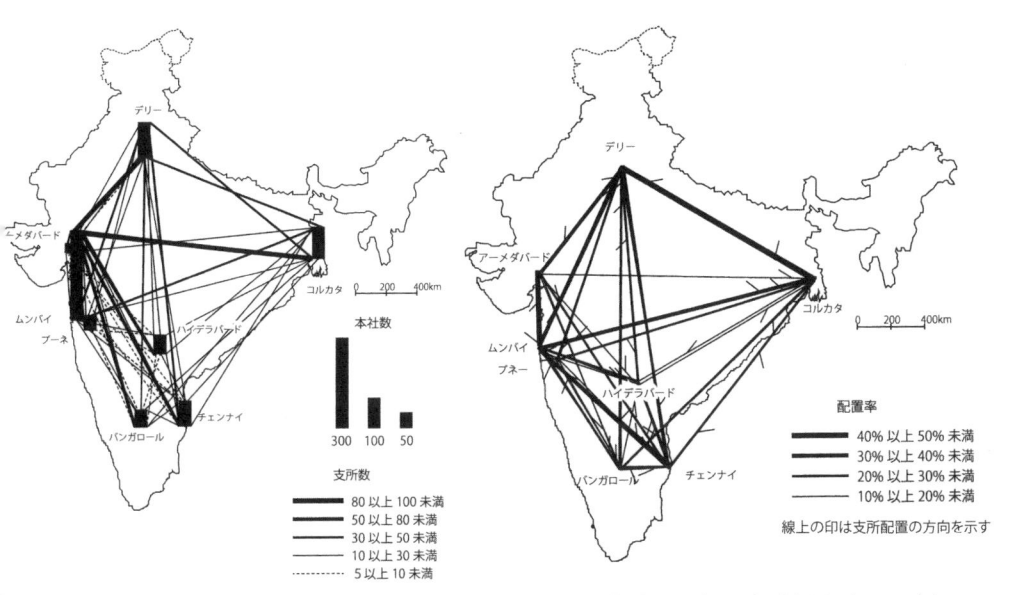

第6章　インドの都市と都市システム　　111

図6-8　主要都市間の相互支所配置（2005年）　　図6-9　主要都市間の相互支所配置（2005年）

らみると、人口が50万人以上の都市であっても多くの都市が対象とならず、都市人口とこの機能の多少は一致しない。

　第二に、2年次とも本社数と支所数の最多都市が同一ではないこと、首都が本社数で第1位ではないことが指摘される。具体的には本社数第1位はムンバイであり、支所数第1位はデリーである。しかし、ムンバイの本社数比率も22.6％、25.7％であり、とくに高いともいえない。

　首都が本社数において1位ではないという現象は連邦制国家に多くみられることであり、インドもこれに該当する。首都デリーは1995年では68社（10.8％）で第4位であったが、2005年では第2位になった。しかし、その比率は10.0％であり、1995年とほとんど変わらない。コルカタとチェンナイの比率が低下した分、ムンバイとの差が拡大した。

　支所数による都市の順位規模曲線をみると、1995年では上位7都市とそれ以下の都市、2005年では上位8都市とそれ以下の都市との間に大きな差のあることが指摘できる。支所数から大きく2つのグループに分けられる。

　業種については本社数の多い都市は基本的に製造業の比率が高い。支所につ

いては上位都市ほど製造業の比率が高い。

　支所配置からみた都市間結合をみると、インドの都市システムはムンバイを中心とするものであることが指摘されるが、しかし、それはムンバイが圧倒的な地位にあるというわけではない。そして、二重構造の下部の都市群については、経済的中枢管理機能からみた都市間の結合関係は指摘できないことがわかる。

注
1) 使用した資料は、全ての企業について売上高および従業者数のデータが掲載されてはいない。したがって、ここでとりあげる企業以外にも基準を満たしている企業があることは否定できない。
2) 先に発表した論文においては、両都市の本社数を合計してハイデラバードの本社数とした（阿部 2001 p60 表 IV-3）。
3) これには理由があると思われるが、ここでは言及しない。
4) 阿部（2001）を参照。
5) 例としては、SANDVIK ASIA（本社プーナ）は鉄鋼諸機械の業種に分類されるが、デリー・ムンバイ・チェンナイ・コルカタ・バンガロール・ハイデラバード・コインバトール・プーナに支所を置いているが、これらを Area Sale Office としている。製造業ではないが、FORMERLY INDUSTRIAL FINANCE CORPORATION OF INDIA（本社デリー）はデリー・ムンバイ・チェンナイ・コルカタ・バンガロール・ハイデラバード・アーメダバード・ラクナウ・ジャイプール・ボーパル・チャンディガールの支所を Regional Office とし、プーナやコーチンなどの支所とは区別している。

文献
阿部和俊　2001　『発展途上国の都市体系研究』　地人書房
阿部和俊　2004　「都市の盛衰と都市システムの変容」　阿部和俊・山崎朗『変貌する日本のすがた―地域構造と地域政策―』のIII　古今書院
阿部和俊　2013　「経済的中枢管理機能からみたインドの都市と都市システム」『地理学報告』（愛知教育大学地理学会）115

第7章
ドイツの都市と都市システム

1 はじめに

　1999年のドイツの主要都市における経済的中枢管理機能の状況を提示し、この機能からみたドイツの主要都市を分析し、支所配置からとらえた都市システムを検討する。資料としては、Verlag Hoppenstedt & Co. 編『Handbuch der Grossunternehmen』を用いる。この資料はドイツの主要企業の資本金や生産品目などが詳細に掲載されている。いくつかの企業については、小都市の支所が省略されている場合があるものの、本論の目的に最も適合する資料である。

　この資料に掲載されている企業のうち、資本金2,000万マルク以上の株式会社（外資系企業を含む）を対象とする。これに該当する企業は2,503社である。対象とする都市は本社数20以上、支所数50以上の14都市である（表7-1・図7-1）。

　表7-2は本社数多数都市の本社数とその業種構成を示したものである。まず、対象企業の業種から整理しておく。日本の企業についても単純に1つの業種にあてはめられない事例がみられるが、『会社年鑑』（日本経済新聞社刊）や『会社職員録』（ダイヤモンド社刊）の分類を利用することができる。上記の資料は都市別に企業を掲載しているが、業種については作業者自身が判断しなくてはならない。たとえば、ある製造業企業の場合、業種欄には「化学・プラスチック・ゴム・機械・繊維」と書かれている。この場合、この企業を製造業とすることはできるが、「化学」にすべきか、「鉄鋼諸機械」、「繊維」にすべきか判断できない。そこでこういう場合は「分類不能製造業」としている。不十分であることは否めないが、概要を理解することは可能である。

表 7-1 主要都市の本社数と支所数

		本社数		支所数
1	ベルリン	105	(4.2)	212
2	ミュンヘン	128	(5.1)	182
3	ハンブルグ	150	(6.0)	173
4	フランクフルト	131	(5.2)	152
5	シュツットガルト	70	(2.8)	145
6	デュッセルドルフ	97	(3.9)	114
7	ハノーファー	53	(2.1)	112
8	ニュルンベルグ	34	(1.4)	107
9	ケルン	82	(3.3)	100
10	ブレーメン	27	(1.1)	64
11	マンハイム	35	(1.4)	62
12	エッセン	49	(2.0)	60
13	ドルトムント	27	(1.1)	58
14	カールスルーエ	20	(0.8)	50
15	ザールブリュッケン	23	(0.9)	45
16	アウグスブルグ	24	(1.0)	34
17	デュイスブルグ	25	(1.0)	34
18	ボン	30	(1.2)	29
19	ウィスバーデン	22	(0.9)	25
	その他	1,371	(54.8)	
	計	2,503	(100.0)	

図 7-1 研究対象都市

第7章　ドイツの都市と都市システム

表7-2　主要都市の本社数と業種構成

業種 \ 都市	合計	ハンブルグ	フランクフルト	ミュンヘン	ベルリン	デュッセルドルフ	ケルン	シュットガルト	ハノーファー	エッセン	マンハイム	ニュルンベルグ	ブレーメン	ドルトムント	カールスルーエ	その他
	2,503 (100.0)	150	131	128	105	97	82	70	53	49	35	34	27	27	20	1,495
農・林・漁	4 (0.2)															4
鉱	13 (0.5)	1		1					1	1						9
建設	27 (1.1)	1	1	2	3		2	1	2		1					14
食料品	59 (2.4)	3	2	3	1	1	1	2	1	1	1		2	1		40
繊維	28 (1.1)			1	1							1	1			24
パルプ・紙	15 (0.6)	2				1										12
化学・ゴム・窯業	86 (3.4)	5		4		4	5	2		4	1		4	1		2	53
鉄鋼諸機械	462 (18.5)	13	5	17	17	6	6	12	2	10	3	4	3			360
その他製造業	34 (1.4)	1	1	3	2	1	1			2	1	1			1	17
分類不能製造業	67 (2.7)	3	2	1		3	4			1	1					52
電気・ガス・水道	166 (6.6)	2	3	6	3		3	3	3	4	2	3		3		131
商	206 (8.2)	19	7	5	5	19	8	5	4	6	2	5	4	1	4	112
商・サ	17 (0.7)	2	1	1		1									1	11
サービス	310 (12.4)	31	16	21	19	12	10	10	9	7	4	2	1	2	4	162
運輸・不動産	207 (8.3)	12	16	6	21	7	8	8	7	5	6	6	8	2		93
情報・通信	26 (1.0)					3	1	1	1					1		19
金融	174 (7.0)	11	48	13	10	9	7	7	3	1		3	2	4	1	55
保険	123 (4.9)	14	4	18	2	10	16	4		8	1	4		4	2	36
分類不能非製造業	226 (9.0)	7	2	17	7	9	7	7	4	3	8	2	2	2	2	138
分類不能	250 (10.0)	23	14	9	9	9	6	9	4	7	1	2	3	4	1	153
製造業	750	27	10	29	26	18	14	15	7	15	10	7	7	4	3	558
	(30.0)	(18.0)	(7.6)	(22.7)	(24.8)	(18.6)	(17.1)	(21.4)	(13.2)	(30.6)	(28.6)	(20.6)	(25.9)	(14.8)	(15.0)	(37.3)
非製造業	1,499	100	107	90	70	70	62	46	42	27	24	25	17	19	16	784
	(59.9)	(66.7)	(81.7)	(70.3)	(66.7)	(72.2)	(75.6)	(65.7)	(79.2)	(55.1)	(68.6)	(73.5)	(63.0)	(70.4)	(80.0)	(52.5)
分類不能	254	23	14	9	9	9	6	9	4	7	1	2	3	4	1	153
	(10.1)	(15.3)	(10.7)	(7.0)	(8.6)	(9.3)	(7.3)	(12.9)	(7.6)	(14.3)	(2.8)	(5.9)	(11.1)	(14.8)	(5.0)	(10.2)

「商・サ」は商業とサービス業を兼業していて分化できない企業

　上記の資料は支所については記載がやや不十分であることを指摘しておかなくてはいけない。ここでは、「金融」すなわち銀行の支所については『The Bankers' Almanac』（Reed Information Service 刊）で補っている。また支所の記載が不十分であった企業については各HPで調査した。しかし、それでも支所配置の確認をすべてできたわけではないことを断っておきたい。
　まず、対象2,503社の業種構成について述べておこう（表7-2）。最多業種は「鉄鋼諸機械」で462社（18.4％）である。その次は「サービス」で310社（12.4％）である。大きく、製造業（食料品・繊維・パルプ・紙・化学・ゴム・

窯業・鉄鋼諸機械・分類不能製造業）と非製造業（その他）、分類不能とに分けると、製造業は750社（30.0％）、非製造業は1,499社（59.9％）である。非製造業が多いのは、「商業・サービス業」が多いことに加えて、「運輸・不動産」「金融」「保険」が多いからである。

　ドイツの都市システムを検討するときには、第二次世界大戦後の国土と首都の東西分割、そして1989年の統一の歴史を無視することはできない。当然のことながら、検討する範囲、都市の数が異なるからである。筆者は同様の観点から1987年の西ドイツの主要都市を分析した。補論として本書に収録しているので参考にしていただきたい。

2　人口からみた主要都市

　最初に人口を指標としてドイツの主要都市についてみておこう。人口は基本的な指標なので、概要を理解するのに最適だからである。表7-3は1999年の都市人口上位20都市であり、図7-2は人口を指標とした都市の順位規模曲線である。人口最多都市はベルリンである。第2位のハンブルクはベルリンの約半分、20位のボンは8.9％である。表7-1の14都市のうちカールスルーエは人口では21位である。ベルリン、ハンブルク、ミュンヘン、ケルンの4都市までとフランクフルト以下の都市の二群に分けることができるようにみえる。そして、多くが旧西ドイツの都市である。さらに首都ベルリンが人口上第1位の都市であることも重要である。ドイツの政治体制は連邦制である。アメリカ合衆国とカナダも同じく連邦制国家であるが、首都は人口上第1位

表7-3　主要都市の人口（1999年）

	都市名	人口数	ベルリンの人口を100.0
1	ベルリン	3,387	100.0
2	ハンブルグ	1,705	50.3
3	ミュンヘン	1,195	35.3
4	ケルン	963	28.4
5	フランクフルト	644	19.0
6	エッセン	600	17.7
7	ドルトムント	590	17.4
8	シュツットガルト	582	17.2
9	デュッセルドルフ	569	16.8
10	ブレーメン	540	15.9
11	デュイスブルグ	520	15.4
12	ハノーファ	515	15.2
13	ライプツィヒ	490	14.5
14	ニュルンベルグ	487	14.4
15	ドレスデン	477	14.1
16	ボーフム	393	11.6
17	ヴッパータール	369	10.9
18	ビールフェルト	321	9.5
19	マンハイム	308	9.1
20	ボン	301	8.9

資料：国際連合『国際連合世界　人口統計年鑑2001, vol.53』

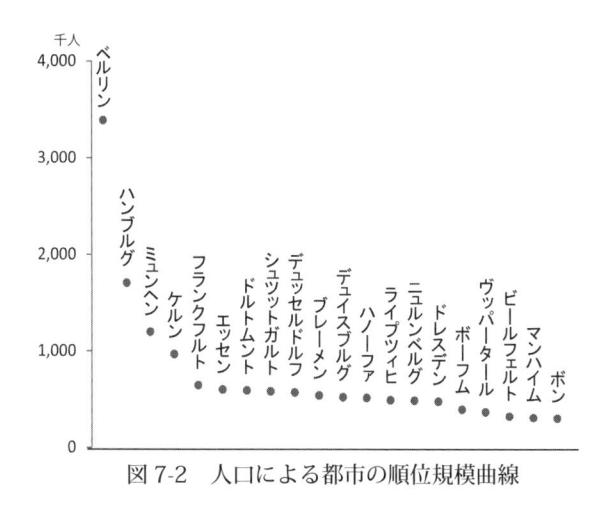

図7-2 人口による都市の順位規模曲線

ではない。このことは本論の結論に微妙な影響がある。

3　経済的中枢管理機能からみた主要都市

(1) 本社からみた主要都市

　表7-1より本社数から主要都市をみれば、最多都市はハンブルクで150本社（全体の6.0%）、以下、フランクフルト131社（5.2%）、ミュンヘン128社（5.2%）、ベルリン105社（4.2%）と続く。これら4都市が100を越える本社をもつが、4都市の合計本社数は514であり、率にして20.6%にすぎない。表7-1からもわかるように、これら4都市のほかにも多くの本社をもつ都市が存在している。14都市の本社数の合計は1,008社（40.3%）である。14都市以外の都市に1,495社（59.7%）もの本社が立地していて、ドイツでは大企業の本社立地は分散的であることがわかる。さらに詳しく述べると、たとえば、ボンは30、デュイスブルクは25、アウグスブルクは24、ザールブリュッケンは23、ウィスバーデンは22本社をもつが、いずれも支所数は少ない。10~19本社の都市は21、1本社の都市は414もある。そして、その多くが西ドイツの都市に立地しているが、民間大企業という指標であれば当然のこととも言えよう。旧東ドイツの都市で本社が多いのはドレスデン（14本社）、

ライプチヒ（11本社）であるが、ドレスデンの14本社中12社が非製造業、ライプチヒは全て非製造業である。

本社多数都市の業種をみると（表7-2）、製造業の比率は、ハンブルグ（18.0％）、フランクフルト（7.6％）、ミュンヘン（22.7％）、ベルリン（24.8％）、デュッセルドルフ（18.6％）、ケルン（17.1％）、シュツットガルト（21.4％）であり、いずれも低い。なかでも、フランクフルトの「金融」が48社、ハンブルグの「商・サービス」が52社と多いことを指摘できる。

補論として掲載しているように、本社の分散というのは1987年の状況を分析した西ドイツ時代においても同様であった。1999年との異同について少し述べておくと、1987年において、本社数最多都市はフランクフルトで136社（7.5％）である。以下、ハンブルクが134社（7.4％）、ミュンヘンとデュッセルドルフが89社（4.9％）、西ベルリンが58社（3.2％）と続く。

フランクフルトとハンブルクの順位が入れ替わった。本社数が同数であったミュンヘンとデュッセルドルフでは、ミュンヘンの順位が上がった。1987年では58本社で順位では6番目であった西ベルリンがベルリンとして本社数上の重要性が高まったといえよう。

日本や本書において検討しているフランス・韓国では、このような機能から都市をみると首都は圧倒的に高く強い存在である。一方、カナダ、アメリカ合衆国、インドでは、首都の地位は高くない。それは連邦制であるか、非連邦制であるかの政治体制による（阿部1991、1996、2001）。

ドイツも連邦制国家としてカナダやアメリカ合衆国、インドと同じ状況を呈しているが、人口上ベルリンはドイツ最大の都市である。カナダ、アメリカ合衆国、インドにおいて首都は人口上第1位都市ではない。首都が人口上第1位ではあるが、このような都市機能上第1位ではない連邦制国家の都市秩序をどのように評価すればよいのか。重要な問題である。

(2) 支所からみた主要都市

続いて支所の状況から主要都市を検討しよう。支所数第1位はベルリンである。表7-1は支所数の多い順に都市を掲載しているが、人口上の順位（表7-3）と比べてみると、ケルン、エッセン、ドルトムントの順位が下がる。い

第7章　ドイツの都市と都市システム

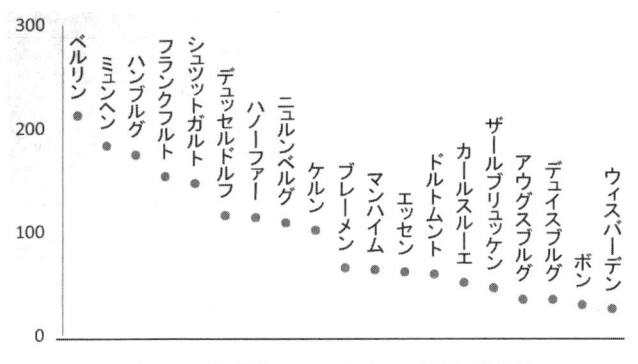

図7-3　支所数による都市の順位規模曲線

ずれも近隣に重要な都市があることが理由であろう。また、支所数上位都市に旧東ドイツの都市はない。1987年次（補論）と比べると、第4位であったベルリンが1999年では人口と同様第1位になっている。

図7-3は支所数による都市の順位規模曲線である。シュツットガルトとデュッセルドルフとの間に、ケルンとブレーメンとの間に格差を見出せそうではあるが、それほど明確とは言えない。しかし、この両年次第9位のケルンまで順位の変化はあっても都市は同じである。つまり、支所数からみるとこの9都市がドイツ都市のなかで上位群であるといえる。このような二層構造はインドにおいても指摘された。このことがどのような意味をもつのかといったことについては更なる分析が必要である。

4　支所配置からみた都市間結合

支所配置からとらえた都市間結合を分析する。本社数100以上の都市を採り上げている。支所配置は業種によって異なることが予想されるが、ここでは業種ごとの分析は行わずに、一括して検討する。表7-4は本社数多数都市から支所数多数都市への支所配置の状況を示したものであり、図7-4はそれを図化したものである。

支所配置をみると、フランクフルト→ミュンヘンの24支所（18.3%）が最多・

表 7-4 本社多数都市から主要都市への支所配置状況

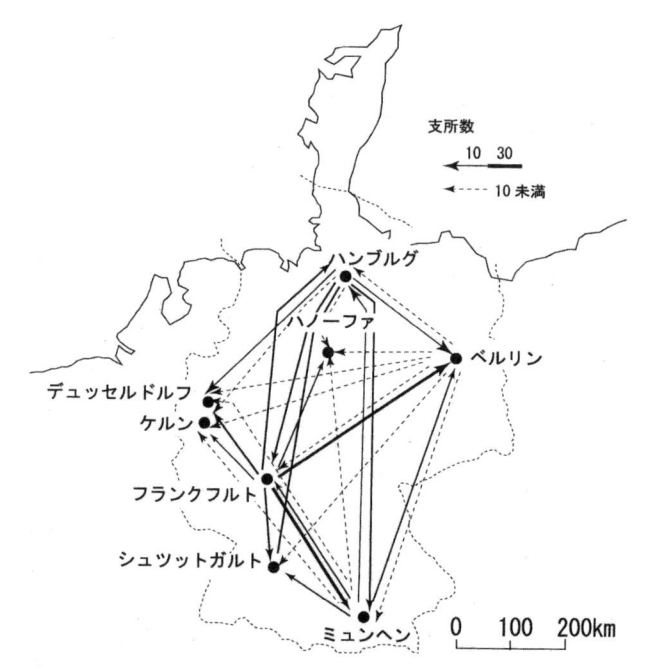

from \ to		ベルリン	ミュンヘン	ハンブルグ	フランクフルト	シュツットガルト	デュッセルドルフ	ハノーファー	ニュルンベルグ	ケルン
ハンブルグ	150 (100.0)	11 (7.3)	16 (10.7)		15 (10.0)	15 (10.0)	16 (10.7)	9 (6.0)	10 (6.7)	6 (4.0)
フランクフルト	131 (100.0)	22 (16.8)	24 (18.3)	15 (11.5)		16 (12.2)	16 (12.2)	12 (9.2)	11 (8.4)	11 (8.4)
ミュンヘン	128 (100.0)	13 (10.2)		10 (7.8)	12 (9.4)	13 (10.2)	7 (5.5)	6 (4.7)	9 (7.0)	5 (3.9)
ベルリン	105 (100.0)		6 (5.7)	6 (5.7)	6 (5.7)	6 (5.7)	3 (2.9)	4 (3.8)	5 (4.8)	6 (5.7)
デュッセルドルフ	97 (100.0)	16 (16.5)	14 (14.4)	12 (12.4)	12 (12.4)	6 (6.2)		4 (4.1)	4 (4.1)	4 (4.1)
ケルン	82 (100.0)	11 (13.4)	6 (7.3)	8 (9.8)	3 (3.7)	6 (7.3)	4 (4.9)	7 (8.5)	2 (2.4)	

図 7-4 主要都市間の相互支所配置

最高率である。フランクフルト→ベルリンが 22 支所（16.8%）である。この 2 例以外に 20% 以上の率を示す関係はない。全体的に広く薄い都市間結合であるが、とくにベルリン本社企業の支所配置においてこのことが指摘されよう。ベルリンの本社上の順位は上昇したが、ベルリンはドイツの都市システムにおいて中心的な位置にはない。

5　おわりに

1999 年の主要企業 2,503 社を取り上げてドイツの主要都市と都市システムを分析した。ドイツ都市の分析においては、戦後の国土と首都の東西分割という歴史的な事情を抜きにすることはできない。統合前の 1987 年次の分析結果をも参考にして検討した。

100 をこえる本社をもつのはハンブルク（150 本社）をはじめとして 4 都市である。しかし、ハンブルグ本社数の全体比は 6.0% にすぎない。支所数 50 以上、本社数 20 以上をもつ 14 都市を合計しても 1,008 社、40.3% にしかならない。ボンなど支所数は少ないが本社数 20 以上の 5 都市の本社数を加えても 1,132 社、45.2% にしかならない。1 本社都市というのが、414 もあり、ドイツの主要企業の本社分布は分散的である。これは 1987 年の西ドイツの状況と変わらない。そして、本社数 20 以上の都市に旧東ドイツの都市はない。

支所数においてはベルリンが第 1 位である。1987 年では 4 位（ただし、西ベルリンとして）だったので、ベルリンの順位は上昇した。支所数からみた都市順位は 1987 年と少し変化したが、この 2 年次において上位 9 都市は同じである。10 位以下の都市群との間に小さいとはいえ格差を指摘することは可能である。つまり、支所数からみるとドイツの主要都市は上位の 9 都市とそれ以下との二層に分けることができる。支所数の上位都市にも旧東ドイツの都市は入らない。

支所配置の状況から都市間結合をみると、それは特定の都市が中心となるものではなく、広く薄いものであることがわかった。これは 1987 年次と同じである。表現を代えれば首都が都市システムの中心に位置しないということである。同じ形態を示すのは、カナダ、アメリカ合衆国、インドである。これらに

共通するのは連邦制という政治体制を採っていることである。しかし、ベルリンの場合、人口（両年次）と支所数（1999年）においては第1位であり、同じ連邦制国家とはいえカナダなどとは異なっている。この評価が今後の課題である。

注
1) 因みに2000年の日本では一番多いのは「鉄鋼諸機械」で729社（29.2%）、第2位は「商業・サービス業」で564社（22.6%）である。分類不能の「その他」を除いて製造業と非製造業とに分けると、前者が1,277社（51.1%）、後者は1,146社（45.8%）である。ドイツの主要企業の「商業」「商業・サービス業」「サービス業」を一緒にすると、533社（21.3%）となって最多業種となる。日本と比べると「電気・ガス」（166社、6.6%）、「金融」（174社、7.0%）、「保険」（123社、4.9%）が多い。
2) 山本健兒（2001）は、Institut für Landerkunde（2000）の資料を用いて、最大500社の本社立地の集積をみると、ハンブルク・ミュンヘン・エッセン・ジュッセルドルフ・フランクフルト・ケルン・シュツットガルトが類似する規模で並立していること、これらの大都市に立地する大企業本社は産業部門という点で多様であること、販売額基準からすればこれら7都市には劣るが、10社以上の本社立地という多様性の点でハノーファーも重要であること、これらに比べて、たとえ人口規模ではドイツ最大の大都市であってもベルリンの本社立地は販売額規模からすればボンにすら劣っていること、などを指摘している。

文献
阿部和俊　1991　『日本の都市体系研究』　地人書房
阿部和俊　1996　『先進国の都市体系研究』　地人書房
阿部和俊　2001　『発展途上国の都市体系研究』　地人書房
山本健兒　2001　ドイツの地域構造　『先進資本主義国における地域構造変動の国際比較』平成11年度～12年度科学研究費補助金　基盤研究（B）（1）研究成果報告書　（代表　松原　宏）

補論
西ドイツの都市と都市システム

1　はじめに

　1987年時点の西ドイツの主要都市における経済的中枢管理機能の諸状況を提示し、この機能からみた西ドイツ主要都市を分析し、支所配置からとらえた都市システムを検討する。資料としては、Verlag Hoppenstedt & Co. 編『Handbuch der Grossunternehmen』の1988年版を用いる。この版の掲載内容は1987年12月現在のものである。この資料は西ドイツ主要企業の資本金、生産品目などを詳細に掲載している。いくつかの企業については、小都市の支所が省略されている場合があるものの、本論の目的に最も適合する優れた資料であると考える。

　この資料には約22,000の西ドイツ企業が掲載されているが、ここでは資本金2,000万マルク以上の株式会社を対象としている。これに該当する企業は1,823社であった。対象とする都市は1986年の人口が20万人以上か、本社数10以上もしくは支所数20以上をもつ都市とした。これに該当するのは全部で46都市であり、図補-1にその位置を示している。

　表補-1はこの46都市を人口の多い順にその人口とともに示したものである。最も人口が多いのは西ベルリンであり、1,879千人である。第2位はハンブルクで1,571千人、第3位はミュンヘンで1,275千人である。対西ベルリンの人口比は、それぞれ83.6％、67.9％である。第10位はブレーメンで522千人、同27.8％である。

　表補-2は46都市の本社数と支所数を示したものである。支所とは日本語でいえば、支社・支店・事務所・営業所・出張所などの総称であるが、先の資料において、Filial, Geschaftsstelle, Hauptniederlassung,

表補-1　主要都市の人口（1986年）

		人口 （千人）	ベルリン （西）の人 口=100.0
1	ベルリン（西）	1,879	(100.0)
2	ハンブルク	1,571	(83.6)
3	ミュンヘン	1,275	(67.9)
4	ケルン	914	(48.6)
5	エッセン	615	(32.7)
6	フランクフルト	592	(31.5)
7	ドルトムント	568	(30.2)
8	シュツットガルト	566	(30.1)
9	デュッセルドルフ	561	(29.9)
10	ブレーメン	522	(27.8)
11	デュイスブルク	515	(27.4)
12	ハノーヴァー	506	(26.9)
13	ニュルンベルク	467	(24.9)
14	ボッフム	381	(20.3)
15	ブッパータル	374	(19.9)
16	ビーレフェルト	299	(15.9)
17	マンハイム	295	(15.7)
18	ボン	291	(15.5)
19	ゲルゼンキルヘン	284	(15.1)
20	カールスルーエ	268	(14.3)
21	ミュンスター	268	(14.3)
22	ビースバーデン	267	(14.2)
23	メンヘングラードバッハ	255	(13.6)
24	ブラウンシュバイク	248	(13.2)
25	アウグスブルク	246	(13.1)
26	キール	244	(13.0)
27	アーヘン	239	(12.7)
28	オーバーハウゼン	222	(11.8)
29	クレフェルト	217	(11.5)
30	リューベック	209	(11.1)
31	ハーゲン	206	(11.0)
32	マインツ	189	(10.1)
33	フライブルク	186	(9.9)
34	カッセル	185	(9.8)
35	ザールブリュッケン	184	(9.8)
36	オズナブリュック	154	(8.2)
37	ルートビヒスハーフェン	152	(8.1)
38	オルデンブルグ	139	(7.4)
39	ダルムスタット	134	(7.1)
40	ビュルツブルグ	127	(6.8)
41	レーゲンスブルグ	124	(6.6)
42	ハイルブロン	112	(6.0)
43	コブレンツ	110	(5.9)
44	オッヘンバッハ	107	(5.7)
45	サルツジッター	105	(5.6)
46	ウルム	101	(5.4)

資料：Statistisches Jahrbuch 1998
都市人口20万人以下の都市については，本社数10以上もしくは支所数20以上の都市のみ掲載

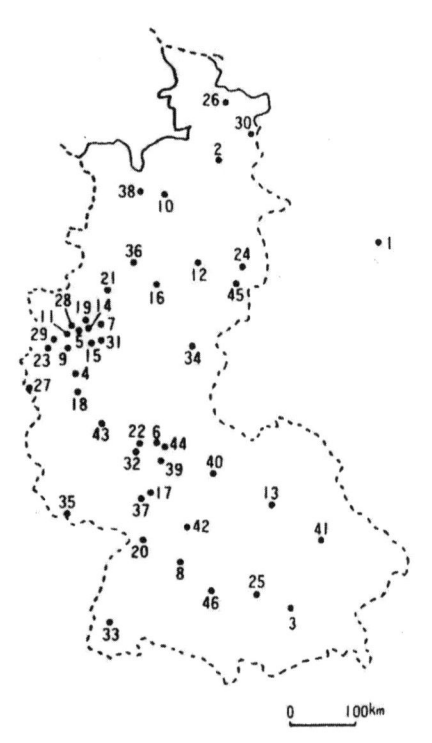

図補-1　研究対象都市
図中の番号は表補-1の番号に対応。

表補-2　西ドイツの主要都市における本社と支所の状況

	本社数、 （　）は1,823社 に占める比率		支所数、（　）は ハンブルクの支所数 =100.0	
ハンブルク	134	(7.4)	177	(100.0)
ミュンヘン	89	(4.9)	176	(99.4)
フランクフルト	136	(7.5)	155	(87.6)
ベルリン（西）	58	(3.2)	147	(83.1)
シュツットガルト	48	(2.6)	138	(78.0)
ハノーヴァー	53	(2.9)	128	(72.3)
デュッセルドルフ	79	(4.3)	111	(62.7)
ニュルンベルク	23	(1.3)	95	(53.7)
ケルン	77	(4.2)	94	(53.1)
ドルトムント	25	(1.4)	70	(39.5)
マンハイム	23	(1.3)	70	(39.5)
エッセン	40	(2.2)	65	(36.7)
ブレーメン	16	(0.9)	65	(36.7)
ビーレフェルト	9	(0.5)	57	(32.2)
カッセル	11	(0.6)	50	(28.2)
フライブルク	9	(0.5)	43	(24.3)
ザールブリュッケン	18	(1.0)	39	(22.0)
カールスルーエ	14	(0.8)	38	(21.5)
ミュンスター	16	(0.9)	37	(20.9)
キール	13	(0.7)	36	(20.3)
デュイスブルク	18	(1.0)	32	(18.1)
アウグスブルク	16	(0.9)	32	(18.1)
ビュルツブルグ	3	(0.2)	32	(18.1)
ボン	12	(0.7)	31	(17.5)
レーゲンスブルグ	5	(0.3)	31	(17.5)
アーヘン	14	(0.8)	28	(15.8)
コブレンツ	11	(0.6)	28	(15.8)
ブラウンシュバイク	10	(0.5)	28	(15.8)
ブッパータル	15	(0.8)	25	(14.1)
ボッフム	13	(0.7)	25	(14.1)
マインツ	8	(0.4)	25	(14.1)
ビースバーデン	15	(0.8)	24	(13.6)
オルデンブルグ	4	(0.2)	24	(13.6)
オズナブリュック	7	(0.4)	23	(13.0)
ハイルブロン	10	(0.5)	22	(12.4)
ダルムスタット	8	(0.4)	22	(12.4)
リューベック	6	(0.3)	21	(11.9)
ウルム	7	(0.4)	21	(11.9)
クレフェルト	7	(0.4)	18	(10.2)
ハーゲン	3	(0.2)	17	(9.6)
オッヘンバッハ	12	(0.7)	15	(8.5)
ルートビヒスハーフェン	11	(0.6)	13	(7.3)
メンヘングラードバッハ	8	(0.4)	12	(6.8)
ゲルゼンキルヘン	8	(0.4)	12	(6.8)
オーバーハウゼン	8	(0.4)	9	(5.1)
ザルツジッター	17	(0.9)	5	(2.8)

都市の順位は支所の多い順
資料：『Handbuch der Großunternehmen』

表補-3　主要都市の本社数とその業種別構成

		フランクフルト	ハンブルク	ミュンヘン	デュッセルドルフ	ケルン	ベルリン（西）	ハノーヴァー	シュツットガルト	エッセン	ドルトムント	マンハイム	ニュルンベルク
農・畜産・林・水産	2			1									
鉱	8		1							2			
飲・食料品	76	3	10	3	4	2	4	2	2	1	3	1	1
繊維・衣服	26			1				1					
紙製品，木材	20		1	2		1						1	1
化学，窯業	159	4	9	8	8	5	5	4	1			1	1
鉄鋼諸機械	387	10	15	9	16	13	12	4	10	5	6	6	3
分類不能の製造業	73	5	1		4	2	2	2	1	1			
建設	14	2	1	1		1	1		2	2			1
商	122	10	15	2	18	8	1	2	4	4	2		2
運輸，通信，倉庫	88	7	9	2	4	6	3	4	5	1	2	2	2
金融，証券，保険	374	62	38	27	14	26	14	17	14	2	6	3	3
サービス	334	27	21	24	2	11	7	12	7	15	2	9	7
その他	140	6	13	9	9	3	8	6	1	7	4		2
計	1,823	136	134	89	79	77	58	53	48	40	25	23	23

Niederlassung, Verkaufsburo, Verkauf-sniederlassung, Zweigbetrieb, Zweigniederlassung, Zweigstelle として記載されているものを支所として採用した。支所集計の原則は、1企業1都市1支所である。また、日本企業の場合、複数本社制を採用している企業が数多くみられるが、上記の資料は都市単位に掲載されているので、その都市を本社所在地とした[1]。

　表補-3は本社多数都市の本社数とその業種構成を示したものである。まず、対象企業の業種構成から整理しておこう。日本の企業についても単純に1つの業種にあてはめられない事例がみられるが、『会社年鑑』（日本経済新聞社刊）や『会社職員録』（ダイヤモンド社刊）の分類に依拠することができた。上記の資料は都市別に企業を掲載しているが、業種については作業者自身が判断しなくてはならない。たとえば、ある製造業企業の場合、業種欄には「化学・プラスチック・ゴム・機械・繊維」と書かれている。この場合この企業を製造業とすることはできるが、「化学」にすべきか、「鉄鋼諸機械」、「繊維」にすべきかは判断できない。そこでこういう場合は「分類不能の製造業」としている。不十分であることは否めないが、概要を理解することはできよう。

　多い業種は「鉄鋼諸機械」（387社、21.2％）、「金融・証券、保険」（374

社、205社)、「サービス」(334社、18.3％)である。3業種合計で1,095社、60.1％となる。「飲・食料品」「繊維・衣類」「紙製品、木材」「化学、窯業」「鉄鋼諸機械」「分類不能の製造業」を製造業とすると641社、35.2％、非製造業は1,182社、64.8％である。1990年の日本の上場企業では「鉄鋼諸機械」が最多で646社（31.7％）、「化学・ゴム・窯業」がこれに続き275社（13.5％）である。製造業企業は1,197社（58.8％）、非製造業は840社（41.2％）である。日本の方が製造業は20ポイント以上も高いものとなっているが、データ上の問題もあるので、ここではこれ以上の言及は行わない。

2 本社からみた主要都市

最も本社の多い都市はフランクフルトで136社、次いでハンブルクの134社、そして、デュッセルドルフとミュンヘンがともに89社を数える。人口では最も多い西ベルリンはケルン（72社）よりも少なく、58社でしかない。これにはベルリンの東西分割の影響もあるであろう。しかし、歴史的な考察を行っていないので、ベルリンからの本社移転を論じえないが[2]、人口の最多都市が本社数最多市であるという、日本や韓国、そしてイギリスやフランス、アメリカ合衆国とは異なる。しかも、本社数最多都市のフランクフルトは人口では第6位である。

本社数20以上の12都市について、その業種構成をみてみよう（表補-3）。各都市の本社の業種に大きな偏りはないが、その中では、62を数えるフランクフルトの「金融・証券、保険」がとくに多い。「金融・証券、保険」は全1,823社の20.5％にあたる374社であるが、その16.5％がフランクフルトにあり、それは同市の全本社数136の45.6％に該当する。

確かに、ハンブルクにしてもミュンヘン、ケルンにしても「金融・証券、保険」の比率はいずれも各市の本社数の28.4％、33.8％、30.3％と高くはあるが、フランクフルトは飛び抜けている。西ドイツの主要企業1,823社中「金融・証券、保険」は374社（20.5％）を占める。これは日本より地方銀行の数が多いことによっているが、そういう中でこの比率はフランクフルトが西ドイツにおける金融中心であることを示していよう[3]。

西ドイツでは表補-3 の 12 都市の「金融・証券、保険」は全部で 226 社あり、全「金融・証券、保険」37 社の 60.4％になるから、全国に分散的というより、上位都市への集中分散と言えよう。表補-3 からわかるように、100 を越える業種の中では、上位 12 都市への本社集中は第 3 次産業においてより高く、中でも「金融・証券、保険」が最も高いのである。

　その他では、デュッセルドルフの「商」とハンブルクの「飲・食料品」を多い業種としてあげうる。「商」は全体の 6.7％、122 社にすぎないが、その 14.8％がデュッセルドルフにあることになり、それはデュッセルドルフ本社数の 20.2％を占める。

　「飲・食料品」は全体の 4.2％、76 社だが、その 11.6％はハンブルクにある。しかし、ハンブルクの本社数は多いので、この業種がハンブルクの全本社数に占める比率は 7.5％でしかない。

　フランクフルトは「サービス」の本社も多く、全「サービス」の 13.2％にあたる 27 社がフランクフルトにあり、それはフランクフルト本社数の 17.6％にあたる。

3　支所からみた主要都市

　表補-2 より各都市の支所数があまり多くないことが指摘できる。最も多いハンブルクで 177、そして、ミュンヘン（176）、フランクフルト（155）、西ベルリン（147）と続くが、いずれも非常に少ないといえよう。1990 年の日本（2,037 社）では、東京が 1,165、大阪が 1,115、名古屋が 1,034 の支所数を数え、2,037 社の 63.7％、61.0％、56.5％になるのに対して、西ドイツでは最多のハンブルクでも全対象企業の 9.7％でしかない。

　図補-2 はハンブルクの支所数と西ベルリンの人口を 100.0 とした都市の順位規模曲線である。人口では第 1 位の西ベルリンから第 4 位のケルンまではだいたい同じような率で減少する。階層性の存在までは指摘できないが、第 4 位までと第 5 位以下とはグラフの角度が異なる。支所数の方は、第 9 位のケルンと第 10 位のドルトムントとの間に大きな差がある。

　ハンブルク・ミュンヘン、フランクフルト、西ベルリン・シュツットガルト・

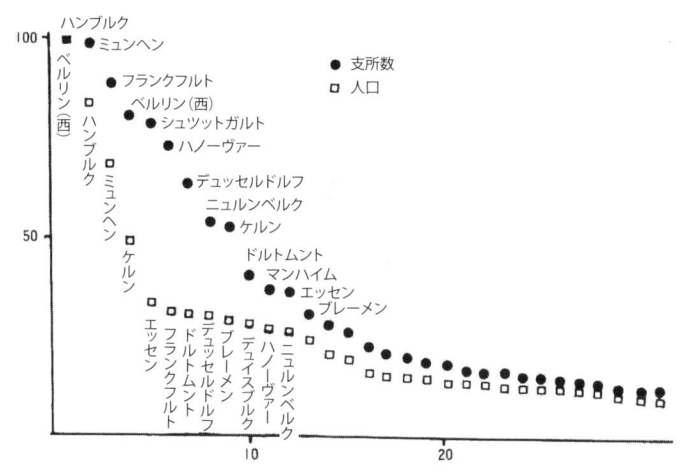

補論　西ドイツの都市と都市システム

図補-2　支所数と人口（ともに、最多都市＝100.0）による都市の順位規模曲線

ハノーヴァー、デュッセルドルフ、ニュルンベルグ・ケルン、と「それ以下の都市」というグループ分けもできそうであるが、階層性の指摘まではできそうにない。ハンブルクからケルンまでの3都市は図補-1と図補-3からもわかるように、西ドイツ国内において相互にかなりの距離を隔てて立地しており、企業支所のような高次都市機能からみた場合、広域的なテリトリーを所有していることをもうかがわせる。

　もう1つの特徴は両指標での順位が著しく異なることである。支所配置は一般に広域的な経済圏を考慮して配置されるため、都市人口に単純に対応しないことは日本の例、とくに広域中心都市をみるまでもないが、西ドイツの場合その相違はさらに大きい。支所数第3位のフランクフルトは人口では第6位であり、同6位のハノーヴァーは人口では12位である。その反対はケルン、エッセン、デュイスブルクである。

　西ドイツには11の州があるが（図補-3）、このうち西ベルリンは飛び地的な存在であるし、ハンブルクとブレーメンはシュレスウィヒ・ホルシュタイン州とニーザーザクセン州に包み込まれるように位置している。したがって、しかるべき広がりをもった州は8つを数えるといえるが、これらの面積や人口は非常に不均等である。

今、支所の多い都市と州との対応関係をみると、ハンブルク：シュレスウィヒ・ホルシュタイン州とハンブルク州、ミュンヘンとニュルンベルグ：バイエルン州、フランクフルト：ヘッセン州、シュツットガルト：バーデン・ヴュルテンベルク州、ハノーヴァー：ニーダーザクセン州とブレーメン州、デュッセルドルフとケルン：ノルトライン・ヴェストファーレン州となる。

　デュッセルドルフとケルンは人口では後者が多いが、支所数では前者が上回る。ノルトライン・ヴェストファーレン州は州別にみて西ドイツ最大の人口を抱えているうえ、この州はルール工業地帯を含み西ドイツ経済の中心地域でもあることから、この2都市のほかにも、ドルトムント、エッセンなど支所数の多い都市がある。バイエルン州も面積は広く、人口も多いことから、ミュンヘンの他にニュルンベルクという支所数の多い都市が出現している。

　一方、ラインラント・プァルツ州とザールラント州は面積も狭く、人口も多くない。両州における支所数最多都市は前者がコブレンツ、後者がザールブリュッケン

凡例	州名	面積（km²）	人口（千人）1986
SH	シュレスウィヒ・ホルシュタイン	15,696	2,612
N	ニーダーザクセン	47,415	7,496
NW	ノルトライン・ヴェストファーレン	34,069	16,676
HE	ヘッセン	21,113	5,543
RP	ラインラント・プァルツ	19,839	3,611
BW	バーデン・ヴェルテンベルク	35,751	9,326
BY	バイエルン	70,547	11,026
S	ザールラント	2,568	1,052
	ブレーメン	404	654
	ハンブルク	748	1,571
	ベルリン（西）	480	1,879

資料：Statistisches Jahrbuch

図補-3　西ドイツの州と主要都市との関係

表補-4　主要都市の支所数とその業種別構成

	業種別会社数	ハンブルク	ミュンヘン	フランクフルト	ベルリン（西）	シュツットガルト	ハノーヴァー	デュッセルドルフ	ニュルンベルク	ケルン
農・畜産・林・水産	2		1							
鉱	8									
飲・食料品	76	1	1		3		1			
繊維・衣服	26									
紙製品，木材	20	1	2	2	3	2	1	2	1	
化学，窯業	159	15	14	10	15	7	6	5	4	5
鉄鋼諸機械	387	50	51	40	38	38	44	23	32	27
分類不能の製造業	73	6	8	4	8	3	2	2	1	
建設	14	5	7	6	7	6	4	4	6	3
商	122	22	19	17	12	14	10	12	9	11
運輸，通信，倉庫	88	3	2	5	2	3	3	4	1	3
金融，証券，保険	374	61	56	58	46	52	44	46	32	35
サービス	334	9	11	11	8	7	7	10	5	4
その他	140	4	4	2	5	7	6	4	4	6
計	1,823	177	176	155	147	139	128	112	95	94

であり、支所数の順位では27位と16位である。この両州をカバーする都市機能はデュッセルドルフ、ケルン、フランクフルト、シュツットガルトにあると推測されるが、各都市のテリトリーについては未調査なので、この点については推測の域をでない。

　続いて、各都市の支所の業種をみることにする。表補-4は支所数上位9都市の支所の業種構成を示したものである。いずれの都市も「金融・証券、保険」が最も多く、「鉄鋼諸機械」がこれに続く。この2業種が各都市の支所数に占める比率は最低の西ベルリンでも57.1％にもなる。反対に「農・畜産・林・水産」「飲・食料品」は非常に少なく、「鉱」「繊維・衣服」の支所は上位9都市には全くみられない。

4　支所配置からみた都市間結合

　各都市に本社を置く企業の他都市に対する支所配置状況をみることによって、都市システムを検討する。対象とする都市は本社数40以上、支所数90以上の都市である。表補-5は本社数多数都市から支所数多数都市への状況を示したものである。業種別の分析は捨象する。いずれのケースも比率が低いことがわかる。

表補-5　本社多数都市から主要都市への支所配置数とその比率

from \ to		ハンブルク	ミュンヘン	フランクフルト	ベルリン（西）	シュツットガルト	ハノーヴァー	デュッセルドルフ	ニュルンベルク	ケルン
		(177)	(176)	(155)	(145)	(138)	(128)	(111)	(95)	(94)
ハンブルク	134		17	16	8	13	10	14	4	6
ミュンヘン	89	12		14	9	13	6	8	11	5
	(100.0)			(15.7)						
フランクフルト	136	19	16		13	13	7	13	8	5
ベルリン（西）	58	5	5	5		4	6	3	2	1
シュツットガルト	48	5	8	3	8		6	6	8	7
	(100.0)	(10.4)	(16.7)						(16.7)	
ハノーヴァー	53	8	7	8	6	8		3	5	6
	(100.0)	(15.1)		(15.1)		(15.1)				
デュッセルドルフ	89	19	14	14	12	12	9		1	10
	(100.0)	(21.3)	(15.7)	(15.7)						
ニュルンベルク	23	2	1	2	1	2	1	2		2
ケルン	77	8	9	7	8	7	7	7	6	
エッセン	40	1	2	2	4	1	0	1	1	0

都市の下段の（　）の数値は支所配置率を示す。10％以上のみ表示。
資料：Handbuch der Großunternehmen

15％未満の場合は比率を掲載していない。最高はデュッセルドルフ→ハンブルクの21.3％である。これ以外に20％を示す例はない。シュツットガルトは4都市に、ハノーヴァーは3都市に15％以上の支所配置率を示すが、ともにこの比率は本社数の少ないことにも一因があると考えた方がいいだろう。

　表補-5からわかるように、ハンブルクなど6都市は15％以上の支所配置率を示さず、また、ハノーヴァー、デュッセルドルフ、ケルンはどの都市からも15％以上の支所配置率はない。本社と支所が最も多いハンブルク、ミュンヘン、フランクフルト3都市間の相互支所配置率もミュンヘン→フランクフルトの15.7％が最高である。既述したように、『Handbuch der Grossunternehmen』の支所掲載にはやや不十分な点があるが、それにしてもこの数値は低いものである。

5　おわりに

　以上、経済的中枢管理機能を指標として西ドイツの都市を検討してきた。西ドイツでは本社数の卓越した都市は存在しない。このときに重要なことは西ベ

ルリンに対する評価である。1つのベルリンであれば、どういう結果になったか。長期間にわたる時系列的な研究が必要である。

　支所については各都市いずれにおいても、その数は多くない。これは西ドイツ企業の支所配置戦略と商習慣に相当程度起因するものと思われる。また、各都市への支所配置がその都市のテリトリーの人口や経済力と対応しているとすれば、その背景たる地域経済との関係で論じられなくてはならない。

　支所数からみると上位9都市とそれ以下の都市との間に格差がみられるが、階層性までは指摘できない。上位都市ほど人口比より支所数比が大きく、このことから上位9都市で西ドイツの国土空間を合理的に運営していることが予想される。支所の業種構成をみると、上位都市はだいたい「金融・証券、保険」「鉄鋼諸機械」の比率が高い。

　支所配置率を算出することによって都市間結合を分析したところ、その値はいずれも低く、最高でもデュッセルドルフ→ハンブルクの21.3％でしかなかった。西ドイツの都市システムは支配的な都市の存在しない形態であることが指摘できた。

注
1) 山本（1984）は西ドイツ企業の複数本社制（多くは西ベルリンとの関係）に言及している。山本は実際の操作ではこれを二分割し、相互に0.5社ずつ計上している。
2) 斉藤（1977）は第二次大戦後西ベルリンから西ドイツ国内に本社を移転した企業を紹介している。
3) しかし、山本（1984）によればフランクフルトの金融上の地位はそれほど高いものではないという。山本は『株式会社一覧』を用い、1970年時点での2,322社を分析の対象としている。本論より小規模な企業まで分析に加えているために、本論とはやや異なった結果になったのかもしれない。本論では資本金からの分析は行っていないが、少なくともその本社数においては、フランクフルトは1987年現在、西ドイツの金融中心であることはまちがいない。

文献
斉藤光格　1977　「西ドイツ」　木内信蔵編『世界地理7　ヨーロッパⅡ』　朝倉書店　1～102
山本健兒　1987　「西ドイツ経済における支配・従属・相互依存の空間パターン―企業による事業所展開を手掛りにして―」『経済地理学年報』33-3　158～180

第8章
カナダの都市と都市システム

1　はじめに

　本章では主要都市における経済的中枢管理機能の状況をみることによってカナダの都市と都市システムを検討する。都市システムとは高次都市機能としての経済的中枢管理機能からみた主要都市間の相互結合関係という意味で使用されている。ここでは資料の関係からカナダの主要製造業企業のみ採り上げている。したがって、経済的中枢管理機能からみたカナダの都市分析とはいえ、本書の他章で採り上げている国々の研究とは異なって、それは主要製造業企業の本社と支所のあり様からみた分析にとどまっている。具体的には1989年と2000年時点の経済的中枢管理機能の諸相からカナダの主要都市を提示し、この機能からみたカナダの主要都市の位置づけ、相互比較、都市間結合の状況などを検討する[1]。

　資料として『Alphabetical List of Canadian Manufactures』（The Canadian Manufacturers' Association 刊　1990・2001）を使用する。この資料はカナダの主要製造業企業の、本社所在地、支所所在地、工場所在地、従業者数（規模別）、年間販売額（規模別）、の情報を掲載しており、小論の目的に最適の資料である。

　掲載されている企業のうち、年間販売額2,500万カナダドル以上で従業者数200人以上の製造業企業を対象企業として抽出した。その数は1989年で1,505社、2000年で1,349社である。

　筆者は既に1990年時点での経済的中枢管理機能の分析を通して日本の主要都市を検討したが、その時の対象企業の数は2,037社であり、そのうち製造業企業は1,197社（阿部1996）、2000年の分析では対象企業の数は2,500

社であり、そのうち製造業企業は 1,277 社である（阿部・山﨑 2004）。今回、カナダの都市を検討するにあたり、カナダの製造業企業の方が多くなったが、それは他業種を分析の対象としないので、製造業だけである程度の企業数を確保したかったからである。

また、日本の場合、先の対象企業の中に外資系の企業は含まれていないが、カナダの場合資料上の制約から外資系企業の排除が困難なため、外資系企業が含まれていることを断わっておきたい。

表 8-1、表 8-2 は対象とする企業を年間販売額と従業者数の規模別に示したものである。1989 年の対象企業 1,505 社中、年間販売額では 2,500 万〜 1 億カナダドル・従業者数 200 〜 499 人の企業が最も多くて 696 社（46.2%）である。2000 年でも対象企業 1,349 社中、年間販売額 2,500 万〜 1 億カナダドル・従業者数 200 〜 499 人の企業が最も多くて 568 社（42.1%）である。

表 8-1　対象企業の年間販売額別従業者別状況（1989 年）

年間販売額	従業者数 200〜499人	500〜999人	1,000人以上	計	
25 以上　100 未満	696	187	20	903	(60.0)
100 以上　200 未満	56	135	108	299	(19.8)
200 以上　500 未満	15	39	113	167	(11.0)
500 以上　1,000 未満	2	4	65	71	(4.7)
1,000 以上	1	0	64	65	(4.3)
計	770	365	370	1,505	(100.0)

年間販売額は百万カナダドル
資料：『Alphabetical List of Canadian Manufactures』（The Canadian Manufacturers' Association 刊）

表 8-2　対象企業の年間販売額別従業者別状況（2000 年）

年間販売額	従業者数 200〜499人	500〜999人	1,000人以上	計	
25 以上　100 未満	568	84	5	657	(48.7)
100 以上　200 未満	137	109	47	293	(21.7)
200 以上　500 未満	31	68	96	195	(14.5)
500 以上　1,000 未満	6	7	73	86	(6.4)
1,000 以上	1	4	113	118	(8.7)
計	743	272	334	1,349	(100.0)

年間販売額は百万カナダドル
資料：表 8-1 に同じ

2 人口からみた州と主要都市

最初に州別人口についても少し言及しておきたい（表8-3、表8-4）。カナダの全人口は1991年で2,730万人弱であるが、そのうちオンタリオ州が36.9%で最も多く、ケベック州（25.3%）、ブリティッシュ　コロンビア州（12.0%）が続き、これら3州で74.2%を占める。アルバータ州も9.3%の人口を持つものの、カナダの人口分布は非常に偏在していることが明らかである。2001年の全人口は3,000万人強であるが、最多はオンタリオ州で38.0%である。州別人口の順位は1991年と変わらないが、上位3州で75.1%となった。その多くがアメリカ合衆国との国境近くに分布している。

表8-3　対象企業の州別本社数（1989年）と州別人口

	本社数	(%)	人口（1991年）(千人)	(%)
オンタリオ	891	(59.2)	10,085	(36.9)
ケベック	341	(22.7)	6,896	(25.3)
ブリティッシュコロンビア	101	(6.7)	3,282	(12.0)
アルバータ	67	(4.5)	2,546	(9.3)
マニトバ	36	(2.4)	1,092	(4.0)
ノヴァスコシア	26	(1.7)	900	(3.3)
ニューブラウンズウィック	19	(1.3)	724	(2.7)
サスカチュワン	16	(1.1)	989	(3.6)
ニューファンドランド	5	(0.3)	568	(2.1)
プリンスエドワードアイランド	3	(0.2)	130	(0.5)
その他	0	(0)	85	(0.3)
計	1,505	(100.0)	27,297	(100.0)

人口は『Canadian Global Almanac』による

表8-4　対象企業の州別本社数（2000年）と州別人口

	本社数	(%)	人口（2001年）(千人)	(%)
オンタリオ	733	(54.3)	11,410	(38.0)
ケベック	314	(23.3)	7,237	(24.1)
ブリティッシュコロンビア	103	(7.6)	3,908	(13.0)
アルバータ	84	(6.2)	2,975	(9.9)
マニトバ	43	(3.2)	1,120	(3.8)
ノヴァスコシア	27	(2.0)	908	(3.0)
ニューブラウンズウィック	21	(1.6)	729	(2.4)
サスカチュワン	17	(1.3)	979	(3.3)
ニューファンドランド	4	(0.3)	513	(1.7)
プリンスエドワードアイランド	3	(0.2)	135	(0.5)
その他	0	(0)	93	(0.3)
計	1,349	(100.0)	30,007	(100.0)

カナダにはCMA（Census Metropolitan Area）という統計単位があり、1991年現在それは25を数える。最多人口CMAはトロントであり（3,893千人）、第2位はモントリオール（3,127千人）である。両CMAでカナダ全人口の25.7%になる。また、この25CMAの全人口は約16,667千人でカナダの全人口の約61.1%になる。

CMAの面積は最大のトロントが5,583.5km^2、最小はヴィクトリアで633.4km^{2}である。したがってMetropolitan Areaとはいうものの都市機能の集計単位としては不適切であり、分析の単位としては使用しない。以下の分析はmunicipalityの単位を中心に行っていくことにする。本論では、これを都市と呼ぶことにする。

対象とする都市は1989年では本社数10以上もしくは支所数10以上、2000年では本社数10以上もしくは支所数5以上のいずれかに該当する都市とした。これにあてはまる都市は1989年では50都市であり（表8-5）、2000年では46都市である（表8-6）。図8-1にその位置を示した。

50都市を州別にみるとオンタリオ州が最も多くて25都市、以下、ケベック州8都市、ブリティッシュ　コロンビア州5都市、ニューブラウンズウィック州・アルバータ州各3都市、ノヴァスコシア州・サスカチュワン州各2都市、マニトバ州・ニューファンドランド州各1都市と続き、プリンスエドワードアイランド州・ユーコン州・北西テリトリー州には該当する都市はない。

2000年の48都市を州別にみると、1989年と同様オンタリオ州が最も多くて25都市、以下ケベック州7都市、ブリティッシュ　コロンビア州5都市と続く。

対象都市の中で、1991年に最も人口が多いのはモントリオールであり、単独で100万人をこえる都市はここしかない。カルガリーがこれに続く。この他50万人以上の人口を持つ都市はトロント、エドモントン、ウィニペグ、スカーボロ、ノースヨークの5つである。最も人口の少ない都市はサントカテリーヌで10千人である。

1998年1月から行政区域の大きな変更があり、都市圏の範囲は拡大した。したがって、都市別人口の変遷を正確にフォローすることは難しい。ここでは1991年についてのみ都市別人口を本社数・支所数とともに併掲している。1991年ではモントリオールが最多人口都市であったが、2006年ではトロン

表8-5 主要都市の本社・支所（1989年），人口（1991年）

	都市名		本社		支所	人口（千人）
1	モントリオール	Q	124	(8.2)	331	1,018
2	ヴァンクーヴァー	BC	40	(2.7)	274	472
3	トロント	O	163	(10.8)	263	635
	カルガリー	A	39	(2.6)	263	711
5	エドモントン	A	18	(1.2)	232	617
6	ウィニペグ	M	29	(1.9)	231	617
7	オタワ	O	12	(0.8)	160	314
8	ケベック	Q	3	(0.2)	107	168
9	ロンドン	O	19	(1.3)	104	303
10	ハリファックス	NS	6	(0.4)	102	115
11	モンクトン	NB	2	(0.1)	77	57
12	リジャイナ	S	6	(0.4)	75	179
13	サスカツーン	S	5	(0.3)	74	186
14	ダートマス	NS	3	(0.2)	72	68
15	ハミルトン	O	27	(1.8)	61	319
16	ミシソーガ	O	107	(7.1)	60	463
17	セントジョーンズ	NF	3	(0.2)	52	96
18	セントジョン	NB	8	(0.5)	47	75
19	バーナビィ	BC	7	(0.5)	42	159
20	キッチナー	O	20	(1.3)	41	168
21	サドバリー	O	1	(0.1)	40	93
22	リッチモンド	BC	12	(0.8)	38	127
23	ヴィクトリア	BC	1	(0.1)	28	71
24	ウィンザー	O	13	(0.9)	26	191
25	フレデリクトン	NB	0	(0)	24	47
	サンダーベイ	O	4	(0.3)	24	114
	ノースヨーク	O	59	(3.9)	24	563
28	バーリントン	O	16	(1.1)	23	130
29	イートビコーク	O	52	(3.5)	22	310
	キングストン	O	1	(0.1)	22	57
31	バリー	O	3	(0.2)	21	63
32	サンローラン	Q	18	(1.2)	20	72
33	サントカテリーヌ	Q	8	(0.5)	18	10
34	レッドディア	A	1	(0.1)	17	58
35	プリンスジョージ	BC	4	(0.3)	15	70
36	ピーターボロ	O	7	(0.5)	14	68
	ブランプトン	O	21	(1.4)	14	234
	サーニア	O	3	(0.2)	14	74
39	サントフォア	Q	4	(0.3)	13	71
	マルクハム	O	21	(1.4)	13	154
	ノースベイ	O	2	(0.1)	13	55
42	スカーボロ	O	50	(3.3)	11	525
43	ラヴァル	Q	9	(0.6)	10	314
	ケンブリッジ	O	15	(1.0)	10	93
45	ポワントクレール	Q	12	(0.8)	9	28
46	グエルフ	O	10	(0.7)	8	88
47	ブラントフォード	O	15	(1.0)	7	82
	オークヴィル	O	14	(0.9)	7	115
49	ラシーヌ	Q	15	(1.0)	5	35
50	ヨーク	O	19	(1.3)	2	141

人口の資料は CORPUS ALMANAC &CANADIAN SOURCE BOOK による。（ ）は全対象企業 1505 社に対する比率。都市の順位は支所数による。O：オンタリオ　B：ブリティッシュ コロンビア　Q：ケベック　A：アルバータ　S：サスカチュワン　M：マニトバ　NS：ノヴァスコシア　NB：ニューブラウンズウィック　NF：ニューファンドランド

表 8-6　主要都市の本社数と支所数（2000 年）

	都市名		本社		支所
1	モントリオール	Q	90	(6.7)	222
2	カルガリー	A	54	(4.0)	195
3	ヴァンクーヴァー	BC	27	(2.0)	181
4	エドモントン	A	22	(1.6)	163
5	トロント	O	81	(6.0)	152
6	ウィニペグ	M	35	(2.6)	145
7	オタワ	O	13	(1.0)	110
8	ミシソーガ	O	123	(9.1)	86
9	サスカツーン	S	4	(0.3)	80
10	ハリファックス	NS	6	(0.5)	72
11	ロンドン	O	9	(0.7)	65
12	ダートマス	NS	3	(0.2)	63
13	ケベック	Q	4	(0.3)	60
14	モンクトン	NB	0	(0)	57
15	リジャイナ	S	9	(0.7)	54
16	セントジョーンズ	NF	0	(0)	45
17	セントジョン	NB	5	(0.4)	38
	サドバリー	O	1	(0.1)	38
19	ハミルトン	O	14	(1.0)	37
20	ヴィクトリア	BC	0	(0)	29
	ウィンザー	O	16	(1.2)	29
	サンダーベイ	O	3	(0.2)	29
23	リッチモンド	BC	12	(0.9)	27
	バーナビィ	BC	14	(1.0)	26
25	キッチナー	O	17	(1.3)	21
26	バーリントン	O	19	(1.4)	18
27	イートビコーク	O	30	(2.2)	16
28	セントフォア	Q	2	(0.1)	15
29	フレディクトン	NB	2	(0.1)	13
	ブランプトン	O	19	(1.4)	13
	スカーボロ	O	37	(2.7)	13
	キングストン	O	0	(0)	13
33	ラヴァル	Q	8	(0.6)	12
34	セントキャサリン	O	6	(0.5)	11
	ピーターボロ	O	3	(0.2)	9
36	マルクハイム	O	21	(1.6)	6
	その他		640	(47.4)	
	計		1,349	(100.0)	

（　）は全対象企業 1,349 に対する比率。都市の順位は支所数による。
その他 640 の中には、本社の多い都市として、オークヴィル (0) 22，ケンブリッジ (0) 21，グエルフ (0) 19，ノースヨーク (12)，ブラッドフォード (0) 11 がある。

トが最多都市となった。2011 年の国勢調査による都市圏人口では、第 1 位はトロントで 5,583 千人である。以下、モントリオール（3,824 千人）、ヴァンクーヴァー（2,313 千人）、オタワ/ガティ（1,236 千人）、カルガリー（1,215 千人）、エドモントン（1,160 千人）と続く（100 万人以上のみ）。

140　　　　　　　　　　　　　世界の都市体系研究

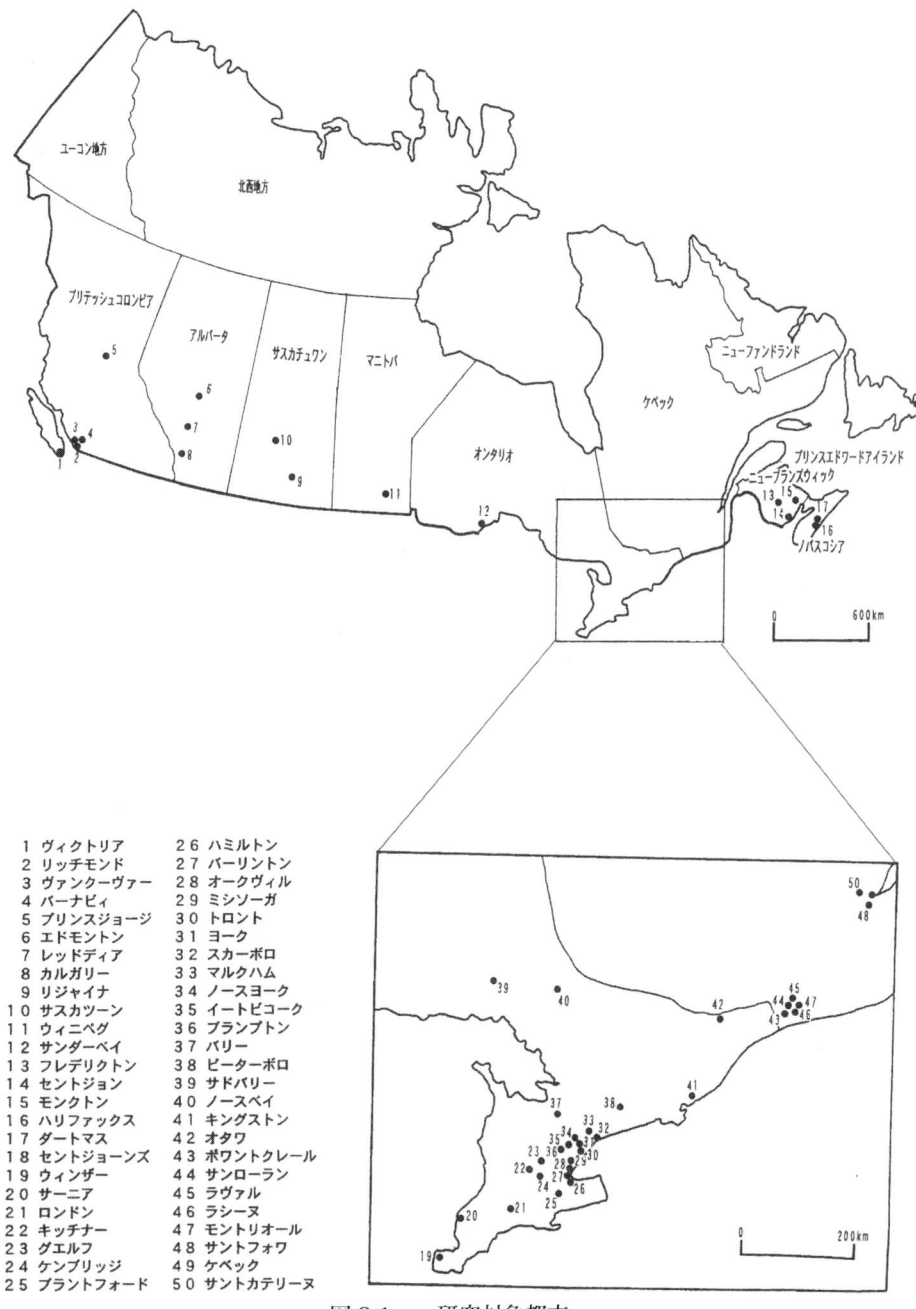

1 ヴィクトリア	26 ハミルトン
2 リッチモンド	27 バーリントン
3 ヴァンクーヴァー	28 オークヴィル
4 バーナビィ	29 ミシソーガ
5 プリンスジョージ	30 トロント
6 エドモントン	31 ヨーク
7 レッドディア	32 スカーボロ
8 カルガリー	33 マルクハム
9 リジャイナ	34 ノースヨーク
10 サスカツーン	35 イートビコーク
11 ウィニペグ	36 ブランプトン
12 サンダーベイ	37 バリー
13 フレデリクトン	38 ピーターボロ
14 セントジョン	39 サドバリー
15 モンクトン	40 ノースベイ
16 ハリファックス	41 キングストン
17 ダートマス	42 オタワ
18 セントジョーンズ	43 ポワントクレール
19 ウィンザー	44 サンローラン
20 サーニア	45 ラヴァル
21 ロンドン	46 ラシーヌ
22 キッチナー	47 モントリオール
23 グエルフ	48 サントフォワ
24 ケンブリッジ	49 ケベック
25 ブラントフォード	50 サントカテリーヌ

図 8-1　　研究対象都市

3 経済的中枢管理機能からみた主要都市

(1) 本社からみた主要都市

　まず、州別本社の状況からみていこう。表 8-3、表 8-4 には州別の本社数を掲載している。1989 年において本社数が最も多い州はオンタリオで 891 社、全体の 59.2% を占める。次いでケベックが 341 社、22.6% を占め、この 2 州で全体の 81.8% になる。ブリティッシュ　コロンビアにも 101 社、6.7% の本社があるが、上位 2 州がカナダの企業活動の中心であることがわかる。2000 年においても本社数最多州はオンタリオで 733 社（54.3%）である。以下は表 8-4 に示した通りであるが、上位 2 州では 77.6% となり、比率はやや低下した。

　次に都市別本社の状況をみてみよう（表 8-5、表 8-6）。1989 年の本社数最多都市はトロントであり、163 本社を数え、全体の 10.8% である。次いで、モントリオールとミシソーガがそれぞれ 124（8.2%）、107（7.1%）であり、この 3 都市が 100 を超える本社を持つ。これ以下ではノースヨーク（59、3.9%）、イートビコーク（52、3.5%）、スカーボロ（50、3.3%）、ヴァンクーヴァー（45、3.0%）、カルガリー（39、2.6%）が続くが、上位 3 都市とは大きな差がある。

　対象 50 都市のうち、本社数 21 〜 30 の都市が 5、11 〜 20 の都市が 14、1 〜 10 の都市が 22 を数え、本社をもたないのはフレデリクトンだけである。表 8-5 掲載の 50 都市の本社の合計は 1,056 社（70.2%）である。

　トロントは都市圏（トロント、イートビコーク、ヨーク、ノースヨーク、イーストヨーク、スカーボロ）でみれば、イートビコーク（本社数 52、以下同）、ヨーク（19）、ノースヨーク（59）、スカーボロ（50）にも多くの本社があり[2]、合計で 344 本社となって、全体の 22.9% になる。

　さらに図 8-1 からもわかるようにトロントの周辺にはミシソーガ、ブランプトンをはじめとして、本社を多くもつ都市がみられ、この地域は主要企業本社の大集積地となっている。

　2000 年において本社数最多都市はミシソーガで 123 社（全体の 9.1%）である。以下、モントリオール（90 社、同 6.7%）、トロント（81 社、同 6.0%）、

カルガリー（54社、同4.0％）、スカーボロ（37社、同2.8％）、イートビコーク（30社、同2.2％）と続く。1989年との大きな違いはトロントの本社数の減少、比率の低下である。モントリオールについても同様のことが指摘できる。

対象企業数が減少していることを考慮しても、両都市、とくにトロントでの減少・低下は著しい。トロントは1989年の都市圏でみれば、イートビコーク（30本社）、ノースヨーク（12本社）、スカーボロ（37本社）にも多くの本社があり、合計で160社（11.9％）となる。しかし、1989年と比べれば、その減少・低下は著しい。

一方、本社数が増加したのは、ミシソーガ（123社、9.1％）、カルガリー（54社、4.0％）、ウィニペグ（35社、2.6％）である。ミシソーガはトロントに近いが（図8-1）、トロント都市圏には含まれていない。ここには、レスター・B・ピアソン空港（トロント空港）や工業団地がある。この存在が大企業の本社を吸引しているとも思われるが、本社の移転追跡調査をしていないので、これ以上の言及は避けたい。後段の支所の項でも言及するが、多くの都市の支所数が減少しているなか、この都市の支所数は増加している。

カルガリーとウィニペグの本社数の増加も重要である。前者はアルバータ州の石油・天然ガス産業の中心都市、後者はマニトバ州の農業経済の中心都市として繁栄してきたことは知られている。アルバータ州の経済が20世紀末から好調であることも指摘されているが、本社数の増加との関係は不明である。

また、ミシソーガ、ノースヨーク、イートビコーク、スカーボロが典型的であるが、支所より本社の方が多い都市が少なからず存在することも特徴である。それは支所数で下位の都市ほど顕著である。

全体的にカナダにおける主要製造業企業の都市別本社分布は分散的であることがわかる。また首都であるオタワの本社がわずかに12社（1989年）、13社（2000年）でしかないことも記しておかなければならない特徴であろう。

(2) 支所からみた主要都市

続いて主要都市における支所の状況をみてみよう。これまでの研究と同様に、1企業1都市1支所を集計の原則としている。したがって、1989年のモントリオールの331支所というのは対象企業1,505社のうち331社が同市に支所

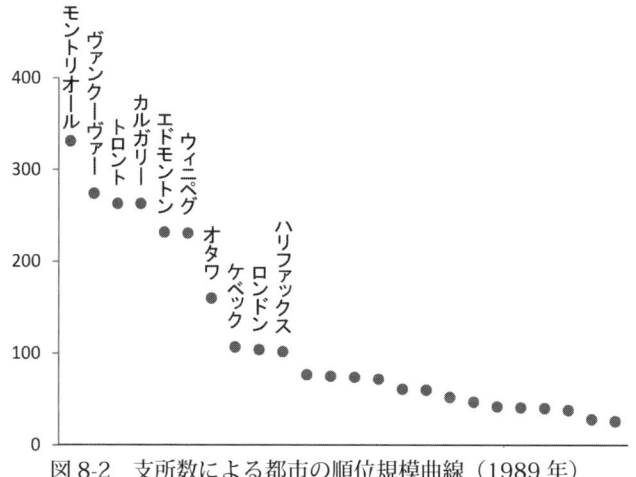

第 8 章　カナダの都市と都市システム

図 8-2　支所数による都市の順位規模曲線（1989 年）

を置いていることを意味している。

　以下、人口をも考慮して各都市の支所数についてみていこう。支所数最多都市はモントリオールであり、第 2 位はヴァンクーヴァーである。本社数最多都市のトロントはカルガリーと並んで第 3 位である。エドモントンとウィニペグがこれに続き、以上 6 都市が 200 以上の支所をもつ。図 8-2 は支所数による都市の順位規模曲線である。支所数の点でこれら 6 都市の卓越性がよくわかる。

　注記すべきはノースヨーク、イートビコーク、スカーボロである。いずれも本社数も人口も多いが、支所数は少なく上位 20 位にも入らない。これらはトロント都市圏に含まれているために支所数は少ないものと考えられる。このことはミシソーガについても同様である。ミシソーガは本社の多い都市であるが、トロントに近接しているため支所数は多くないものと考えられる。トロントは都市圏としてみれば、322 支所となるものの、それでもモントリオールには及ばない。オタワも首都であり人口が多いにもかかわらず支所数は多くはない。

　1989 年において支所数で上位 10 都市の支所の本社所在地を州別に示したものが表 8-7 である。いずれの都市においてもオンタリオ州の企業の支所が多い。オンタリオ州の企業は 891 社で対象企業全体の 59.2％（表 8-3）であるから、トロントを除くこれらの都市においては、オンタリオ州企業の支所比率

表 8-7　主要都市における支所の本社所在地（州別）

	本社数	モントリオール	ヴァンクーヴァー	トロント	カルガリー	エドモントン	ウェニペグ	オタワ	ケベック	ロンドン	ハリファックス
		331 (100.0)	274 (100.0)	263 (100.0)	263 (100.0)	232 (100.0)	231 (100.0)	160 (100.0)	107 (100.0)	104 (100.0)	102 (100.0)
オンタリオ州	891	252 (76.2)	189 (69.0)	144 (54.7)	179 (68.1)	150 (64.7)	166 (71.9)	107 (66.9)	66 (61.7)	82 (78.8)	78 (76.5)
ケベック州	341	52 (15.7)	56 (20.4)	84 (31.9)	45 (17.1)	42 (18.1)	48 (20.8)	42 (26.2)	36 (33.7)	18 (17.3)	22 (21.5)
ブリティッシュコロンビア州	101	9 (2.7)	12 (4.4)	7 (2.7)	11 (4.2)	14 (6.0)	4 (1.7)	4 (2.5)	3 (2.8)	2 (1.9)	0 (0)
アルバータ州	67	6 (1.8)	7 (2.6)	11 (4.2)	15 (5.7)	17 (7.3)	9 (3.9)	3 (1.9)	1 (0.9)	1 (1.0)	1 (1.0)
マニトバ州	36	4 (1.2)	6 (2.2)	6 (2.3)	8 (3.0)	7 (3.0)	2 (0.9)	1 (0.6)	1 (0.9)	1 (1.0)	0 (0)
その他	69	8 (2.4)	4 (1.4)	11 (4.2)	5 (1.9)	2 (0.9)	2 (0.9)	3 (1.9)	0 (0)	0 (0)	1 (1.0)

（　）の数値は各都市の支所数を 100.0 としたもの

がそれを上回っている。トロントの比率が低いのは、トロントには本社が多いため自市内支所をわずかしか保有していないからである。ケベック州の企業の比率も各都市において比較的高い。トロントとケベックで 30% をこえている。ケベックはケベック州にありながら高率を示すのは、モントリオール本社企業の支所 14 を含むからである。しかし、ヴァンクーヴァー、カルガリー、エドモントンなど国土の西部の都市における比率はやや低くなっており、ケベック州の企業はオンタリオ州の企業ほど支所を全国的に配置していないこともよみとれる。

　この点はブリティッシュ　コロンビア、アルバータ、マニトバ各州の企業も同様である。ブリティッシュ　コロンビア州企業の支所数はヴァンクーヴァー、カルガリー、エドモントンの西部の都市においてやや高いものの、オンタリオ州やケベック州の都市に対しては低い。同様に、アルバータ州とマニトバ州企業の支所配置も東部諸都市に対しては少ないことが指摘できる。

　続いて、2000 年における状況をみていこう。図 8-3 は 2000 年の支所数による都市の順位規模曲線である。両年次ともモントリオールが支所数最多都市

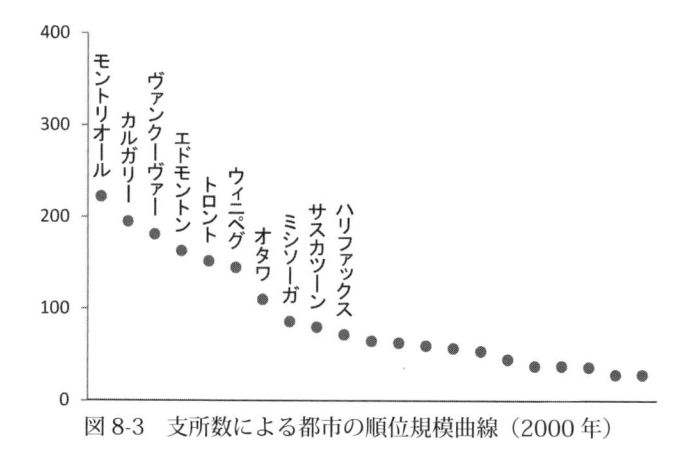

第 8 章　カナダの都市と都市システム　　145

図 8-3　支所数による都市の順位規模曲線（2000 年）

であるが、1989 年の 331 支所と比べて 2000 年では 222 支所と大きく減少した。1989 年に比べて 2000 年の対象企業数自体が減少したが、モントリオールに限らず多くの都市の支所数の減少はそれ以上である。

　図 8-4、図 8-5 は両年次のモントリオールの支所数を 100.0 とした各都市の支所数比で作成した都市の順位規模曲線である。この 2 つの図から次のことが指摘できよう。それは、両年とも第 7 位のオタワを分岐点として上位 6 都市と下位都市とに二分されるということである。上位都市群内、下位都市群内

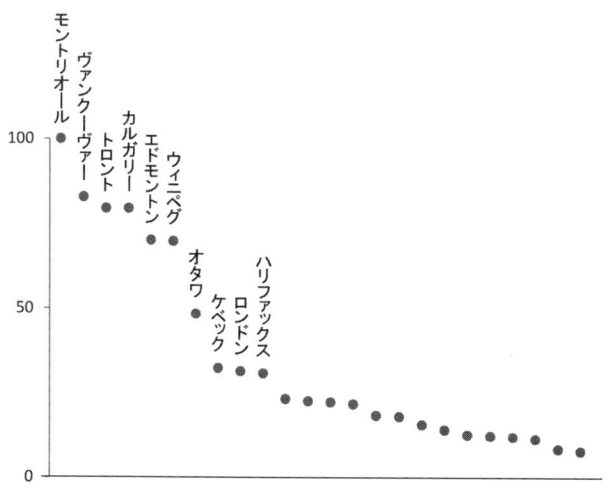

図 8-4　支所数（モントリオールを 100.0 とする）による
都市の順位規模曲線（1989 年）

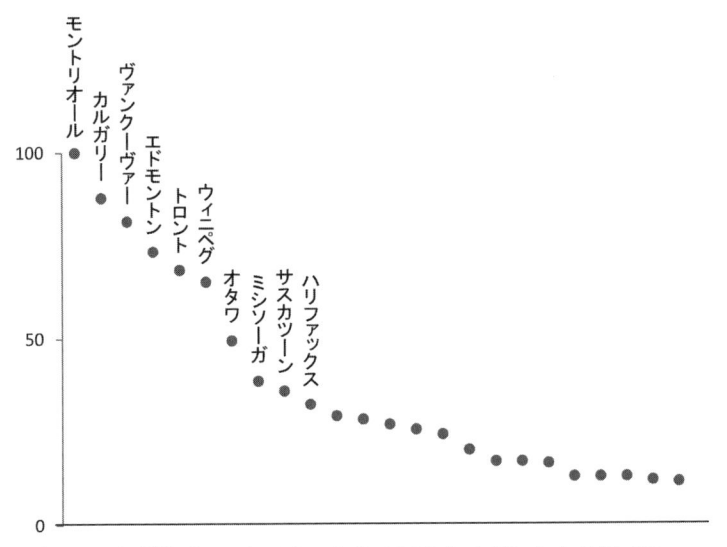

図8-5 支所数(モントリオールを100.0とする)による都市の
　　　順位規模曲線(2000年)

での順位に変動はあるが、この二極構造は両年次において同じである。

4　支所配置からみた都市間結合

　以上のことをふまえて、支所配置からみた都市間結合を検討してみたい。表8-8は1989年において本社数上位の8都市に本社をおく企業の主要都市に対する支所配置数と比率を示したものである。全体として本社の多い都市からの支所配置率の高いことがわかるが、30%以上の支所配置率を示すのは10例であり、最高はスカーボロ→モントリオールの44.0%である。トロント→モントリオール、ノースヨーク→モントリオール、イートビコーク→モントリオール、モントリオール→トロントがそれぞれ30%以上の支所配置率を示すことも興味深い。トロント、イートビコーク、ノースヨーク、スカーボロからの支所配置率は全体的に高率であるが、これにヨーク(表には示していない)を加えたトロント都市圏でみると、モントリオールに119支所(34.6%)を置いていることになる。

表 8-8　本社多数都市から主要都市への支所配置の状況（1989 年）

from \ to		モントリオール	ヴァンクーヴァー	トロント	カルガリー	エドモントン	ウィニペグ	オタワ	ケベック	ロンドン	ハリファックス
トロント	163 (100.0)	55 (33.7)	39 (23.9)	26 (16.0)	34 (20.9)	34 (20.9)	34 (20.9)	19 (11.7)	12 (7.4)	15 (9.2)	24 (14.7)
モントリオール	124 (100.0)	18 (14.5)	23 (18.5)	40 (32.3)	15 (12.1)	17 (13.7)	23 (18.5)	14 (11.3)	14 (11.3)	4 (3.2)	8 (6.5)
ミシソーガ	107 (100.0)	30 (28.0)	27 (25.2)	12 (11.2)	32 (29.9)	23 (21.5)	24 (22.4)	17 (15.9)	14 (13.1)	11 (10.3)	9 (8.4)
イートビコーク	52 (100.0)	16 (30.8)	14 (26.9)	12 (23.1)	11 (21.2)	5 (9.6)	11 (21.2)	8 (15.4)	1 (1.9)	5 (9.6)	2 (3.8)
ノースヨーク	59 (100.0)	22 (37.3)	21 (35.6)	11 (18.6)	21 (35.6)	14 (23.7)	20 (33.9)	13 (22.0)	5 (8.5)	9 (15.3)	9 (15.3)
スカーボロ	50 (100.0)	22 (44.0)	14 (28.0)	4 (8.0)	14 (28.0)	14 (28.0)	17 (34.0)	7 (14.0)	5 (10.0)	6 (12.0)	5 (10.0)
ヴァンクーヴァー	40 (100.0)	6 (15.0)	6 (15.0)	5 (12.5)	6 (15.0)	7 (17.5)	4 (10.0)	5 (12.5)	3 (7.5)	2 (5.0)	
カルガリー	39 (100.0)	4 (10.3)	6 (15.4)	8 (20.5)	10 (25.6)	12 (30.8)	7 (17.9)	2 (5.1)	1 (2.6)	1 (2.6)	1 (2.6)
トロント都市圏	344	119 (34.6)	91 (26.5)	54 (15.7)	83 (24.1)	69 (20.1)	85 (24.7)	50 (14.5)	24 (7.0)	37 (10.8)	41 (11.9)

　カナダにおいてはケベック州と他地域とは言語をはじめとして歴史的な経緯から、その異質性と分離的傾向を指定されることが多いが、主要企業の支所配置からみる限り、それはみられない。表 8-7 にもあるようにモントリオールの支所数 331 の 76.2% にあたる 252 支所がオンタリオ州企業の支所であることからも、この点ははっきりとしている。
　モントリオールの企業はヴァンクーヴァーやウィニペグにも比較的高い支所配置率を示している。しかし、トロントに対して 32.3% の高率を示すほかは、20% 以上の支所配置率はみられない。反対に、トロント企業の支所配置率はいずれの都市に対しても比較的高く、全国的な支所配置という点ではトロントの企業の方がモントリオールの企業を上回っていることもわかる。
　カルガリーからの支所配置率は同じアルバータ州の主要都市であるエドモントンへ 30.8%、トロントにも 20.5% であるが、ヴァンクーバーからの支所配置率はいずれの都市に対しても 20% をこえることはない。トロントを筆頭

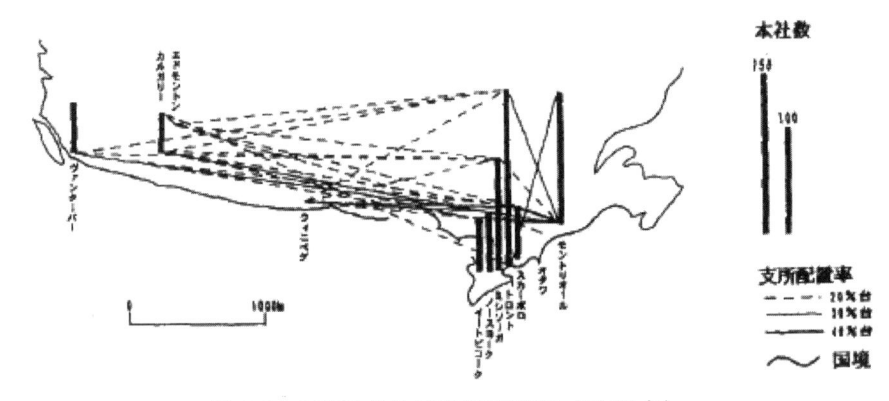

図8-6　主要都市間の相互支所配置（1989年）

に東部諸都市からヴァンクーヴァーへの支所配置率は比較的高いものであるが、その逆はみられない。

また、オワタ、ケベック、ロンドン、ハリファックスに対しては、どの都市からも20％をこえる支所配置率はみられず、上位都市の中でもこの機能からみるとウィニペグまでの6都市とはその重要性において、それ以下の都市とは差のあることもわかる。ウィニペグまでの上位6都市と本社の多いミシソーガ、スカーボロをこの機能からみたカナダにおける主要都市と位置づけることができよう。

以上のことを図化したものが図8-6である。この図において各都市の高さは本社数を示している。各都市の柱頭部から柱足部へ伸びる線が支所配置率を示しているが、図の錯綜をさけるために20％以上の場合のみ記入している。

2000年の支所配置の状況をみると（表8-9）、30％以上の支所配置率はミシソーガ・トロント・スカーボロ→モントリオールの3例しかみられない。20％台の支所配置率は12例（スカーボロ→スカーボロは除く）である。図8-7はこれを図化したものである。

これを1989年の場合と比較すると、30％以上の支所配置率は10例から3例に減少し、20％台も19例（カルガリー→カルガリーを除く）から大きく減少した。トロント都市圏でみると、モントリオールには31.9％、ヴァンクーヴァーに26.3％の支所配置率となる。

第8章 カナダの都市と都市システム

表8-9 本社多数都市から主要都市への支所配置の状況（2000年）

from \ to		モントリオール	カルガリー	ヴァンクーバー	エドモントン	トロント	ウィニペグ	オタワ	ミシソーガ	サスカツーン	ハリファックス	ロンドン	ダートマス	ケベック
ミシソーガ	123	38	35	28	25	14	25	16	12	13	12	12	11	15
	(100.0)	(30.9)	(28.5)	(22.8)	(20.3)	(11.4)	(20.3)	(13.0)	(9.8)	(10.6)	(9.8)	(9.8)	(8.9)	(12.2)
モントリオール	90		14	9	13	8	14	7	8	8	3	6	4	3	8
	(100.0)		(15.6)	(10.0)	(14.4)	(8.9)	(15.6)	(7.8)	(8.9)	(8.9)	(3.3)	(6.7)	(4.4)	(3.3)	(8.9)
トロント	81	27	21	22	14	13	14	13	6	7	12	11	5	6
	(100.0)	(33.3)	(25.9)	(27.2)	(17.3)	(16.0)	(17.3)	(16.0)	(7.4)	(8.6)	(14.8)	(13.6)	(6.2)	(7.4)
カルガリー	54	4		12	8	14	9	2	2	1	4	3	1	1
	(100.0)	(7.4)		(22.2)	(14.8)	(25.9)	(16.7)	(3.7)	(3.7)	(1.9)	(7.4)	(5.6)	(1.9)	(1.9)
スカーボロ	37	12	9	11	7	5	5	8	2	1	2	3	2	2
	(100.0)	(32.4)	(24.3)	(29.7)	(18.9)	(13.5)	(13.5)	(21.6)	(5.4)	(2.7)	(5.4)	(8.1)	(5.4)	(5.4)
ウィニペグ	35	5	7	8	11	6		4	3	2	6		3	2	1
	(100.0)	(14.3)	(20.0)	(22.9)	(31.4)	(17.1)		(11.4)	(8.6)	(5.7)	(17.1)		(8.6)	(5.7)	(2.9)
イートビコーク	30	7	3	4	5	5	3	6	2	3	2	4	2	
	(100.0)	(23.3)	(10.0)	(13.3)	(16.7)	(16.7)	(10.0)	(20.0)	(6.7)	(10.0)	(6.7)	(13.3)	(6.7)	
ヴァンクーバー	27	2	1		1	2	1		1					
	(100.0)	(7.4)	(3.7)		(3.7)	(7.4)	(3.7)		(3.7)					
トロント都市圏	160	51	38	42	29	26	26	31	11	11	19	20	10	10
		(31.9)	(23.8)	(26.3)	(18.1)	(16.3)	(16.3)	(19.4)	(6.9)	(6.9)	(11.9)	(12.5)	(6.3)	(6.3)

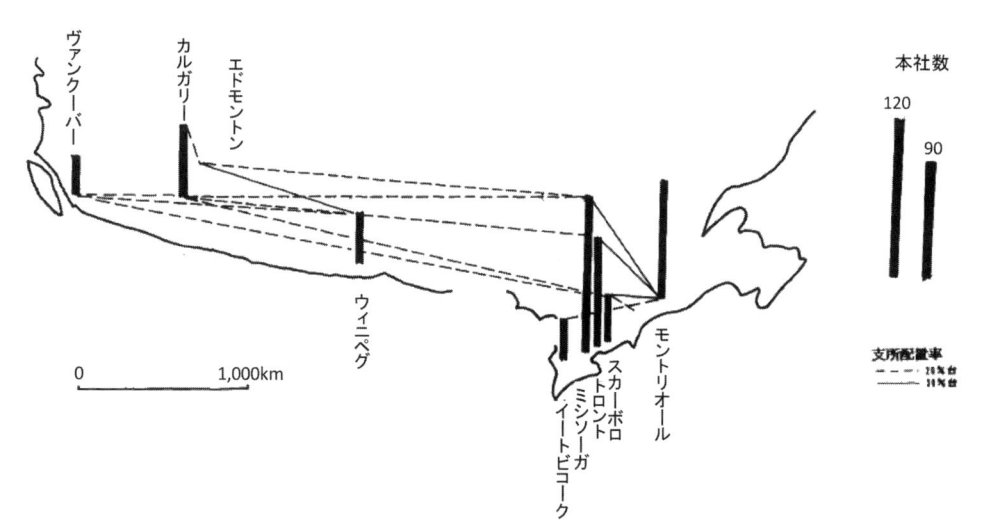

図8-7 主要都市間の相互支所配置（2000年）

このような分析を行う場合に留意すべき点に国境を越えた支所配置、都市間結合がある。カナダにとってのそれはアメリカ合衆国との関係である。1989年においてカナダの主要都市からアメリカ合衆国の主要都市に対する支所配置は192例である。都市間で最も多い支所配置はトロント→ニューヨークの4企業である。

2000年では566例となり飛躍的に増加した。しかし、最も多い都市間支所配置はトロント→シカゴの4企業である。国境を越えた支所配置は増加したが、特定の主要都市間の結びつきが強くなったというわけではない。

5 おわりに

経済的中枢管理機能（今回は資料の関係から主要製造業の本社と支所のみとりあげている）を指標として、1989年と2000年の2年次についてカナダの主要都市を対象に、都市比較や支所配置からみた都市システムに焦点をあてて分析を行った。第一の問題として、この2年次において採用企業の基準は同じであるものの、対象企業数は1,505社から1,349社に減少していることを指摘しておかなくてはならない。先進国においては、通常、経済が発展すれば、大企業の数は増加するものと思われる。しかし、この企業数の減少が20世紀後半のカナダ経済の停滞に由来しているとすれば、分析全体に少なからぬ影響を与えることが想定される。配置支所数にもかなりの減少をみたことも、その一証左であろう。

まず、本社からみた主要都市について述べると、1989年の最多都市はトロントであったが、2000年ではトロントの本社数は大きく減少し、最多都市はミシソーガとなった。第2位は両年次ともモントリオールであるが、トロント同様、本社数は大きく減少した。トロントは周辺にいくつもの都市を抱え、都市圏（トロント・イートビコーク・スカーボロ・ヨーク・ノースヨーク・イーストヨーク）を構成しているが、この範囲で合計すると1989年の本社数は344であるが、2000年では160と半分以下になっている。一方、ミシソーガの本社数は107→123に増加している。ミシソーガはトロント都市圏には含まれないが、空港と工業団地があるため、製造業企業のみをとりあげている

今回の分析には、この影響が出ているかもしれない。さらにまた、この変化の理由が都市関係の変化（トロントの影響力の停滞）にあるのか、使用資料の問題にあるのかも不明である。

　モントリオールの本社数も減少（124→90）したが、カルガリーの本社数は増加（39→54）した。対象企業数の減少を考慮すると、ミシソーガとカルガリーの本社数の増加についてはさらなる分析が必要である。

　次に支所から都市をみていこう。先に少し言及したように、対象企業数の減少のせいか、多くの都市の支所数は減少した。しかし、そのなかで、本社の場合と同様、ミシソーガの支所数は増加（60→86）した。これ以上の言及はできないが、ミシソーガの都市機能の充実は興味深い。

　支所数による都市序列を検討するために順位規模曲線を作成した。対象企業数の減少を考慮して、最多支所数都市の支所数を100.0とする相対値による順位規模曲線も作成した。これによると、支所数最多都市は両年次ともモントリオールであるが、支所数からみた主要都市はオタワを挟んで上位6都市と下位都市とに二分されることがわかった。この機能からみたカナダの主要都市は両年次において変化はない。支所数7位のオタワは首都であるが、本社数も少ない。首都がこの種の都市機能においてあまり重要性をもたないのはアメリカ合衆国の場合と同様であるが、その理由は連邦制を採用している政治体制にある。

　続いて、都市間の支所配置からみた都市システムについて述べたい。表8-8・9、図8-6・7は都市間の支所配置を示したものである。最大の特徴として、卓越した都市が存在しないことが指摘できる。これも連邦制国家の特徴であるが、両年次を比べると2000年の方が都市間結合は希薄になっていることがわかる。この分析結果を信頼すれば、カナダの主要都市の都市システムは弱くなっていることになるが、資料の問題もあり、また21世紀に入ってからの経済情勢の変化の影響もありうるので、早急な結論づけは保留したい。

　アメリカ合衆国の諸都市への支所配置は大きく増加した。しかし、指摘したように特定の都市間の結びつきが強くなったわけではない。この点では、いずれも連邦制国家同士という両国の政治体制が関係しているものと思われる。2000年においてアメリカ合衆国内に最も多くの支所配置をもつ都市はミシ

ソーガではなく、モントリオールである。このこともまた、国境を越えて密接な関係をもつ国の都市システムを考慮する場合に留意しておかなくてはならないポイントである。

注
1) 林（1999）はSempleの研究成果を用いて企業活動からみたカナダの主要都市を紹介している。また、Canadian Key Business Directory (1989)を用いて主要都市を分析している。販売額と就業者数を指標にして上位20都市の階層区分を行っている。いずれの指標においてもトロントが第1位、モントリオールが第2位で第1階層にあること、また、本社・支社関係をとおして見た都市の結びつきを分析すると、第1階層の2都市は国土の広い範囲にわたって支社や子会社を配置していること、第2階層の諸都市は上位2都市に比べると影響力は限定的であること、その中では、カルガリーが高い地位にあること、などを指摘している。
2) イーストヨークには本社はない。

文献
阿部和俊　1996　『先進国の都市体系研究』　地人書房
阿部和俊・山﨑朗　2004　『変貌する日本のすがた　―地域構造と地域政策』　古今書院
林　上　1999　『カナダ経済の発展と地域』　大明堂

第 9 章
アメリカ合衆国の都市と都市システム

1 はじめに

　経済的中枢管理機能を指標としてアメリカ合衆国（以下、アメリカ）の1990年時点の都市と都市システムを分析する。経済的中枢管理機能としては、これまでと同様、主要民間企業の本社と支所をこれにあてる。最初に対象企業の業種構成を把握することも目的として、州別にこれを整理する。続いて、主要都市の本社の状況、支所の状況、支所配置からみた都市間結合の順に分析をすすめる。

　統計的な集計を行なう場合、周知のようにアメリカの都市単位はやや複雑である。ここでは、本社については市域単位を基準としたが、支所については SMSA（Standard Metropolitan Statistical Area）を集計単位とした。これは後述するように使用資料の記載スタイルによっている。人口については、1990年の市域人口と都市圏人口で検討する。

　資料は『THE CAREER GUIDE 1991』（Dan and Bradstreet 社刊）を使用した。筆者はこれまでアメリカの経済的中枢管理機能を把握するため種々の資料を検討してきたが、この資料が最適であるとの結論に達した。ただし、この資料には、公共機関、病院、大学など非経済的機関も含まれているため、これらを除外しなくてはならない。その結果、後述するように4,289社を経済的中枢管理機能の担い手にふさわしいものとして決定した。すべてアメリカの代表的な企業である。　分析の対象は本社数10以上、支所数350以上の都市とする。その数は50であるが、大多数の下位都市は細かい分析においてはほとんど言及されない。

2 人口からみた主要都市

　最初に人口を指標として主要都市をみておこう。市域人口と都市圏人口から検討する。表9-1は1990年次の上位30都市である。市域人口では、ニューヨークの7,323千人を筆頭に100万人以上の都市は8つを数える。第30位のポートランドは437千人で、ニューヨークの6.0%にすぎない。因みに、1990年の日本では1位の東京23区（8,164千人）に対する30位の金沢（443千人）の比率は5.4%であり、日本の方が差は大きい。

　都市圏では、第1位は市域同様ニューヨーク、2位はロサンゼルスであるが、

表9-1　主要都市の市域人口と都市圏人口（1990年）

順位	都市	人口（千人）		順位	都市圏	人口（千人）	
1	ニューヨーク	7,323	(100.0)	1	ニューヨーク	19,342	(100.0)
2	ロサンゼルス	3,485	(47.6)	2	ロサンゼルス	14,532	(75.1)
3	シカゴ	2,784	(38.0)	3	シカゴ	8,240	(42.6)
4	ヒューストン	1,631	(22.3)	4	ワシントン	6,727	(34.8)
5	フィラデルフィア	1,586	(21.7)	5	サンフランシスコ	6,253	(32.3)
6	サン・ディエゴ	1,111	(15.2)	6	フィラデルフィア	5,893	(30.5)
7	デトロイト	1,028	(14.0)	7	ボストン	5,455	(28.2)
8	ダラス	1,008	(13.8)	8	デトロイト	5,187	(26.8)
9	フェニックス	983	(13.4)	9	ダラス	4,037	(20.9)
10	サン・アントニオ	936	(12.8)	10	ヒューストン	3,731	(19.3)
11	サン・ノゼ	782	(10.7)	11	マイアミ	3,193	(16.5)
12	ボルチモア	736	(10.1)	12	シアトル	2,970	(15.4)
13	インディアナポリス	731	(10.0)	13	アトランタ	2,960	(15.3)
14	サンフランシスコ	724	(9.9)	14	クリーブランド	2,860	(14.8)
15	ジャクソンビル	635	(8.7)	15	ミネアポリス	2,539	(13.1)
16	コロンバス	633	(8.6)	16	サンディアゴ	2,498	(12.9)
17	ミルウォーキー	628	(8.6)	17	セントルイス	2,493	(12.9)
18	メンフィス	610	(8.3)	18	ピッツバーグ	2,395	(12.4)
19	ワシントンDC	607	(8.3)	19	フェニックス	2,238	(11.6)
20	ボストン	574	(7.8)	20	タンパ	2,068	(10.7)
21	シアトル	516	(7.0)	21	デンバー	1,980	(10.2)
22	エル・パソ	515	(7.0)	22	シンシナチ	1,818	(9.4)
23	クリーブランド	506	(6.9)	23	ポートランド	1,793	(9.3)
24	ニューオリンズ	497	(6.8)	24	ミルウォーキー	1,607	(8.3)
25	ナッシュビル・ダビッドソン	488	(6.7)	25	カンザスシティ	1,583	(8.2)
26	デンバー	468	(6.4)	26	サクラメント	1,481	(7.7)
27	オースチン	466	(6.4)	27	サンアントニオ	1,443	(7.5)
28	フォート・ワース	448	(6.1)	28	インディアナポリス	1,360	(7.0)
29	オクラホマシティ	445	(6.1)	29	コロンバス	1,345	(7.0)
30	ポートランド	437	(6.0)	30	サンアントニオ	1,325	(6.9)

資料：『U.S. Bureau of the Census, Census of Population』

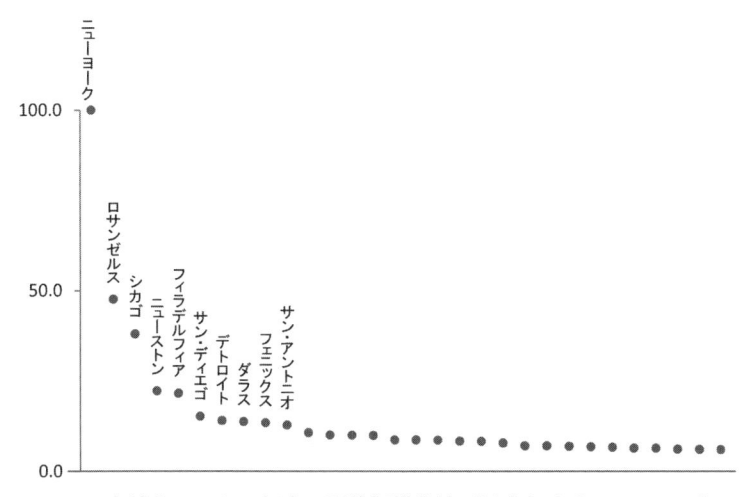

第 9 章　アメリカ合衆国の都市と都市システム　　155

図 9-1　市域人口による都市の順位規模曲線（最多都市人口＝ 100.0）

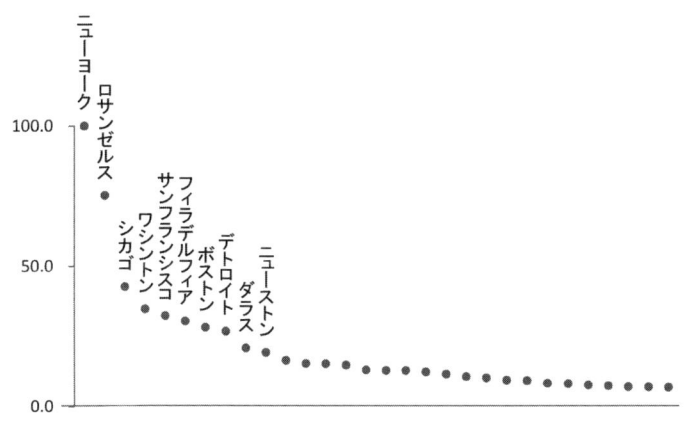

図 9-2　都市圏人口による都市の順位規模曲線（最多都市圏人口＝ 100.0）

　その比率は市域の 47.6% から 75.1% に上昇する。全体的に都市圏人口では、下位都市の比率は上昇し、30 位のサンアントニオでは 6.9% である。都市圏人口では、ワシントン、サンフランシスコ、ボストンの順位が上昇する。
　図 9-1、図 9-2 は市域人口と都市圏人口による都市の順位規模曲線である。市域人口では、ニューヨークの卓越性があきらかであり、ロサンゼルスとシカ

ゴとの差も大きい。また、シカゴとヒューストンとの差も大きなものがある。都市圏では、ロサンゼルスの対ニューヨーク比が大きく上昇する。第10位の人口も都市圏では市域より高い。以下、分析するように、人口と経済的中枢管理機能からみた都市の重要性は必ずしも一致しないので、以下の分析においては人口上重要な都市が必ずしも対象とはならない。

3 経済的中枢管理機能からみた主要都市

(1) 対象企業の概要と州別の状況

表9-2は4,289社の業種構成である。『THE CAREER GUIDE』は主要企業を、アルファベット順、州別・市別、支所のSMSA別に掲載していて、業種別には掲載していない。したがって、業種については業務内容を示すコードから作業者自身が判断しなくてはならない。

複雑な業務内容をもつ企業もあり、各企業の業種の決定は簡単ではないが、ここでは製造業を判定の中心とした。表中、「分類不能」とあるのは、業務内容が多岐にわたっているため、表中の範疇に一律に含めることのできない企業である。なお、この分類は日本経済新聞社刊の『会社年鑑』の基準を採用している。それはまた、日米の主要企業の業種構成を比較するためである。

表9-2 対象企業の業種構成の日米比較

	日本		アメリカ	
水産・農林	8	(0.4)	22	(0.5)
鉱	10	(0.5)	69	(1.6)
建設	145	(7.1)	181	(4.2)
食料品	101	(5.0)	203	(4.7)
繊維	79	(3.9)	171	(4.0)
パルプ・紙	32	(1.6)	60	(1.4)
化学	193	(9.5)	157	(3.7)
ゴム・窯業	82	(4.0)	83	(1.9)
鉄鋼諸機械	646	(31.7)	854	(19.9)
その他製造業	64	(3.1)	146	(3.4)
商	250	(12.3)	764	(17.8)
金融	134	(6.6)	204	(4.8)
証券	27	(1.3)	22	(0.5)
保険	14	(0.7)	204	(4.8)
不動産	31	(1.5)	48	(1.1)
運輸・通信	117	(5.7)	131	(3.1)
電力・ガス	18	(0.9)	136	(3.2)
サービス	86	(4.2)	274	(6.4)
分類不能			448	(10.4)
計	2,037	(100.0)	4,289	(100.0)

表9-2には1990年の日本の主要企業2,037社の業種構成も併掲している。「分類不能」の企業を448社（このうち、広く製造業に含まれる企業は170社）、率にして10.5%含むため、単純な比較はできないことを承知のうえで、両国の業種構成をみてみよう。

アメリカの主要企業は日本と同

表9-3 州別本社数とその業種構成

		農	鉱	建設	食料品	繊維	パルプ・紙	化学	ゴム	窯業	鉄鋼諸機械	その他製造業	商	金融	証券	保険	不動産	運輸	通信	倉庫	印刷・出版	電力・ガス	サービス	分類不能	うち製造業
カリフォルニア	405	5	3	16	22	6	4	7	1	1	114	9	90	18	3	17	6	6		3	7	2	30	35	(7)
ニューヨーク	364	1	2	4	14	26	6	16	1	2	62	3	69	14	8	17	4	6	4	1	22	7	40	35	(12)
テキサス	272	1	26	15	9	5	2	11	1	5	36	5	55	5	2	11	6	3		2	5	14	16	37	(9)
イリノイ	264	2	3	6	19	2	5	11	3	2	63	6	32	11		19	1	2	1	14	8	20	33	(17)	
ペンシルベニア	263		2	14	15	14	3	13		2	62	2	39	11		9	4	2	2	8	8	20	31	(11)	
オハイオ	243	2	1	11	9	3		4	11	10	4	67	4	40	10	1	13	5	1		3	5	7	6	22	(12)
ニュージャージー	220			3	9	4		25		6	2	40	3	45	4		8	1	1	2	2	7	26	26	(14)
マサチューセッツ	187			8	8	10	4	1		2	52		35	6		8	2	1	1	9	3	13	17	(10)	
ミシガン	155		1	5	8	2		7	3		41	13	23	12		5	1	5			3	5	15	(12)	
ジョージア	133	2		1	6	6	17	5		1	2	20	4	19	6	1	5		2	2		4	3	11	10	(1)
フロリダ	126	3		8	4	3			1	2	3	10	4	29	15		7	2	5		2	3	4	11	10	(3)
コネチカット	117		1	3	2	3	3	7			46	3	15	2		9		1	3	1		4	10	(1)	
ウィスコンシン	117	1		3	8	4	3	2			32	8	8	4		11			1	1	5	5	4	13	
ミネソタ	113		1	6	8		3	4	2		20	3	24	5	2	8	1	1		1	2	6	14	(7)	
ノースカロライナ	113			5	8	27		2		1	8	6	9	23	8		7		1	2		2	4	6	(3)
バージニア	103		2	3	3	1		5	1	1	12	11	17	9		3		5	2	1	1	2	7	13	(4)
その他	1,094	5	26	65	51	41	9	28	11	9	169	54	201	64	5	47	14	6	22	17	23	55	51	121	(47)
計	4,289	22	69	181	203	171	60	157	47	36	854	146	764	204	22	204	48	44	46	41	112	136	274	448	(170)
	100.0	0.5	1.6	4.2	4.7	4.0	1.4	3.7	1.1	0.8	19.9	3.4	17.8	4.8		4.8	1.1	1.0	1.1	1.0	2.6	3.2	6.4	10.4	

様、「鉄鋼諸機械」が最も多く、19.9%である。ただし、日本ほど高い割合ではない。そして、日本では、「化学」「ゴム・窯業」が合計で13.5%であるのに対して、アメリカでは5.6%にすぎない。

「分類不能」の448社の中には、広く製造業として分類される170社が含まれているが、これを「食料品」「繊維」「パルプ・紙」「化学」「ゴム・窯業」「鉄鋼諸機械」「その他製造業」に加え、製造業としてみると、1,844社となり全体の43.0%となる。しかし、日本ではそれは58.8%にもなる。

製造業の比率の低さは非製造業の比率の高さを意味するが、その代表は「商」であり、764社、17.8%にもなる。日本の場合も「商」は二番目に多い業種であるが、アメリカの方が5.5ポイントも高い。「サービス」もアメリカの方が高いが、この両業種に「分類不能」の「商」、「サービス」の34を加えると、25.0%にもなり、日本のそれよりも8.5ポイントも高くなっている。

続いて、州別本社の状況をみてみよう（表9-3）。最も本社の多い州はカリフォ

ルニアの405社であり、以下順に、ニューヨーク（364）、テキサス（272）、イリノイ（264）、ペンシルベニア（263）、オハイオ（243）、ニュージャージー（220）と続く。以上7州が200以上の本社をもつ。7州の合計では、2,031社となり、全体の47.4%である。本社数100台の州はマサチューセッツをはじめ9州である。

　最も本社の多いカリフォルニアでも、その全体比は9.4%と1割にも満たず、アメリカの主要企業の州別本社分布は分散的である。本社数の多い州は当然のことながら業種は多様である。州別の特徴というのはそれほどみられないが、ニューヨークにおいて「出版・印刷」の多いことと、テキサスにおいて「鉱」の多いことが目立つ。前者は最も都市的な部門であり、後者はテキサスに多い石油関連の企業である。

(2) 本社からみた主要都市

　表9-4は本社数の多い順に都市を掲載したものであるが、本社数10以上の都市は64を数える。1990年の日本では10以上の本社をもつのは14都市である（阿部　1996）。対象企業の数が大きく異なるので、アメリカの10本社というのは全体比にすると日本では4.7社に相当する。そこで、本社数5以上の都市を数えると31都市となるが、アメリカの64都市の約半分である。

　このことからもアメリカの本社分布は都市単位でも州単位でも分散的なことがわかる。本社数第1位のニューヨークですら、185の本社しかもたない。それは全体のわずかに4.3%である。第2位の都市はシカゴであるが、97社でニューヨークの約半分である。シカゴを含むイリノイ州としては264の本社を数える。同州内でシカゴに次ぐ本社をもつのはデプレーンであるが、その数はわずかに12にすぎない。州内においてもいかに企業本社が分散しているかがわかる。

　同じことはカリフォルニア州についてもいえる。州別本社数では全米一であるが、都市別ではロサンゼルスの63が最多である。その他では、サンフランシスコ、サンディエゴ、アービン、オークランド、サンノゼが本社数上位都市である。表9-4に6都市も登場するのはカリフォルニア州だけであるが、6都市の本社数の合計は157社であり、全カリフォルニア州405社の38.8%にす

表 9-4 本社数による都市の順位

順位	都市名	所属州	本社数
1	ニューヨーク	ニューヨーク	185
2	シカゴ	イリノイ	97
3	ダラス	テキサス	80
	ヒューストン	テキサス	80
5	クリーブランド	オハイオ	69
6	ロサンゼルス	カリフォルニア	63
7	アトランタ	ジョージア	61
8	ミネアポリス	ミネソタ	58
9	フィラデルフィア	ペンシルベニア	51
10	ピッツバーグ	ペンシルベニア	44
11	ミルウォーキー	ウィスコンシン	42
12	セントルイス	ミズーリ	40
13	シンシナチ	オハイオ	36
14	バーミンガム	アラバマ	32
15	サンフランシスコ	カリフォルニア	31
	マイアミ	フロリダ	31
	ボストン	マサチューセッツ	31
18	スタンフォード	コネチカット	28
	ボルチモア	メリーランド	28
	デンバー	コロラド	28
21	サンディエゴ	カリフォルニア	27
	ワシントンDC		27
	デトロイト	ミシガン	27
	カンザスシティ	ミズーリ	27
25	インディアナポリス	インディアナ	26
	シアトル	ワシントン	26
27	ポートランド	オレゴン	25
28	バッファロー	ニューヨーク	23
	コロンバス	オハイオ	23
	リッチモンド	ヴァージニア	23
31	デモイン	アイオワ	21
32	デートン	オハイオ	20

順位	都市名	所属州	本社数
33	シャーロット	ノースカロライナ	19
	ソルトレークシティ	ユタ	19
	ニューオーリンズ	ルイジアナ	19
	グランドラピッツ	ミシガン	19
37	フェニックス	アリゾナ	18
	メンフィス	テネシー	18
	サンアントニオ	テキサス	18
40	ジャクソンビル	フロリダ	17
	オマハ	ネブラスカ	17
	ナッシュビル	テネシー	17
	フォートワース	テキサス	17
44	セントポール	ミネソタ	16
	ロチェスター	ニューヨーク	16
46	アービン	カリフォルニア	15
	タルサ	オクラホマ	15
48	ボイジー	アイダホ	14
	ルイビル	ケンタッキー	14
50	オクラホマシティ	オクラホマ	13
51	オークランド	カリフォルニア	12
	タンパ	フロリダ	12
	デプレインズ	イリノイ	12
	フォートウェイン	インディアナ	12
55	パージパニィ	ニュージャージー	11
	ウィンストンセーラム	ノースカロライナ	11
	アービング	テキサス	11
58	サンノゼ	カリフォルニア	10
	ハートフォード	コネチカット	10
	ウィルミントン	デラウェア	10
	シーコーカス	ニュージャージー	10
	トレド	オハイオ	10
	レディング	ペンシルベニア	10
	グリーンビル	サウスカロライナ	10

ぎないのである。

　さて、本社数上位都市（50以上）の本社の業種構成を示したものが表9-5である。上位都市への集中率が最も高いのは「鉱」であり、次いで、「出版・印刷」である。前者は石油関連企業の本社が多いヒューストンによっているし、後者はニューヨークによっている。「金融・証券」「保険」の集中率が高いのも同じ理由である。

　反対に、集中率が低いのは「その他製造業」「鉄鋼諸機械」である。これは日本でも同様であり、「鉄鋼諸機械」に代表される製造業企業の本社は地方都市に比較的多く立地している。ただし、アメリカほど分散的ではないことは指

表 9-5　本社数上位都市の本社の業種構成

	業種 都市		鉱	建設	食料品（農・林業を含む）	繊維	パルプ・紙	化学・ゴム・窯業	鉄鋼諸機械	その他製造業	商・サービス	金融・証券	保険	倉庫・不動産	運輸・通信	出版・印刷	電力・ガス	分類不能	うち製造業
1	ニューヨーク	185	1	1	3	22	1	10	13	1	53	15	16	9	16	2	22	(15)
2	シカゴ	97	3	3	9	2	2	5	7	2	25	8	8	2	3	1	17	(8)
3	ダラス	80	7	4	3	2	1	6	8	2	22	3	5	4	2	2	9	(2)
4	ヒューストン	80	15	7	2			5	10		11	3	2	1	1	5	18	(4)
5	クリーブランド	69	1	3	2	1	3	3	24	1	10	4	2	5	2	3	5	(4)
6	ロサンゼルス	63	1	1	7	2		1	9	2	18	5	7	3	2		5	(1)
7	アトランタ	61		4	2	1		4	4	1	22	4	4	4	2	3	5	(1)
8	ミネアポリス	58		4	2	1	1	3	11		18	7	1	2	1	1	6	(2)
9	フィラデルフィア	51		1	4	5	1	4	3		15	4	4	3		1	6	(2)
10	ピッツバーグ	44	2	3	1			5	14		8	3	1	1	1	2	3	(1)
11	ミルウォーキー	42			3	1		1	13	2	7	4	4	1	2	2	2	(1)
12	セントルイス	40	2	3	2	3		3	10	1	3	4	1	1		1	6	(3)
	その他の都市	3,419	37	147	185	131	50	190	728	134	826	162	149	143	80	112	345	(126)
		(79.7)	(53.6)	(81.2)	(82.2)	(76.6)	(83.3)	(79.2)	(85.2)	(91.8)	(79.6)	(71.7)	(73.0)	(79.9)	(71.4)	(83.0)	(76.8)	(74.1)
	計	4,289	69	181	225	171	60	240	854	146	1,038	226	204	179	112	135	449	(170)
		(100.0)	(100.0)	(100.0)	(100.0)	(100.0)	(100.0)	(100.0)	(100.0)	(100.0)	(100.0)	(100.0)	(100.0)	(100.0)	(100.0)	(100.0)	(100.0)	(100.0)

摘した通りである。

(3) 支所からみた主要都市

　続いて、支所からみた主要都市を検討する。表 9-6 は支所の多い順に都市を掲載したものである。『THE CAREER GUIDE』では支所は SMSA 単位でしか集計できない。支所の集計原則は、1 企業 1SMSA　1 支所である。したがって、シカゴの 1,283 というのは、対象企業 4,289 社のうち、1,283 社がシカゴ SMSA に支所を置いていることを意味している。

　シカゴ、ダラス・フォートワース、ロサンゼルス・ロングビーチ、アトランタの 4SMSA が 1,000 支所を越えるが、最多のシカゴさえ 1,283 であり、これは全対象企業 4,289 社の 29.8％でしかない。さらに、本社数最多都市ニューヨークの支所数は 787 にとどまり、順位で 8 位というのも注記される。図 9-3 は支所数を指標とした都市の順位規模曲線である。

　本社数が多い都市は概して支所数も多いが、その対応が明確ではないことも重要な点である。本社数 27 で第 21 位のデトロイトは支所数では 794 で第 7 位であるし、本社数 69 で第 5 位のクリーブランドは支所数では 587 で第 19

表9-6　支所数によるSMSAの順位

順位	SMSA	支所数	シカゴの支所数=100.0
1	シカゴ	1,283	(100.0)
2	ダラス・フォートワース	1,148	(89.5)
3	ロサンゼルス・ロングビーチ	1,125	(87.7)
4	アトランタ	1,115	(86.9)
5	ヒューストン	924	(72.0)
6	サンフランシスコ・オークランド	838	(65.3)
7	デトロイト	794	(61.9)
8	ニューヨーク	787	(61.3)
9	デンバー・ボルダー	770	(60.0)
10	フィラデルフィア	731	(57.0)
11	アナハイム・サンタアナ	708	(55.2)
12	ボストン	654	(51.0)
13	ミネアポリス・セントポール	647	(50.4)
14	シアトル・エヴェレット	631	(49.2)
15	フェニックス	625	(48.7)
16	セントルイス	623	(48.6)
17	ボルチモア	597	(46.5)
18	タンパ・セントピーターズバーグ	597	(46.5)
19	クリーブランド	587	(45.8)
20	オーランド	582	(45.4)
21	ピッツバーグ	572	(44.6)
22	シャロット・ガストニーナ	549	(42.8)
23	ニューアーク	541	(42.2)
24	インディアナポリス	536	(41.8)
25	シンシナチ	527	(41.1)
26	サンディエゴ	511	(39.8)
27	メンフィス	492	(38.3)
28	ミルウォーキー	486	(37.9)
29	ワシントン（ヴァージニア）	477	(37.2)
30	ポートランド	476	(37.1)
31	サンノゼ	472	(36.8)
32	コロンバス（オハイオ）	471	(36.7)
33	マイアミ	452	(35.2)
34	ナッシュビル・ダヴィッドソン	449	(35.0)
35	ジャクソンビル	422	(32.9)
36	ニューオルリーンズ	412	(32.1)
37	リバーサイド・サンバーナティノ	411	(32.0)
38	サクラメント	401	(31.3)
39	サンアントニオ	398	(31.0)
40	ナッソー・サフォーク	392	(30.6)
41	リッチモンド	391	(30.5)
42	グリーンズボロ・ウィンストンセーラム	389	(30.3)
43	バーミンガム	385	(30.0)
44	ソルトレークシティ・オグデン	377	(29.4)
45	ワシントン（メリーランド）	375	(29.2)
46	カンザスシティ（カンザス）	375	(29.2)
47	カンザスシティ（ミズーリ）	371	(28.9)
48	ローリー・ダラム	362	(28.2)
49	フィラデルフィア（ニュージャージー）	361	(28.1)
50	フォートローデデール・ハリウッド	358	(27.9)

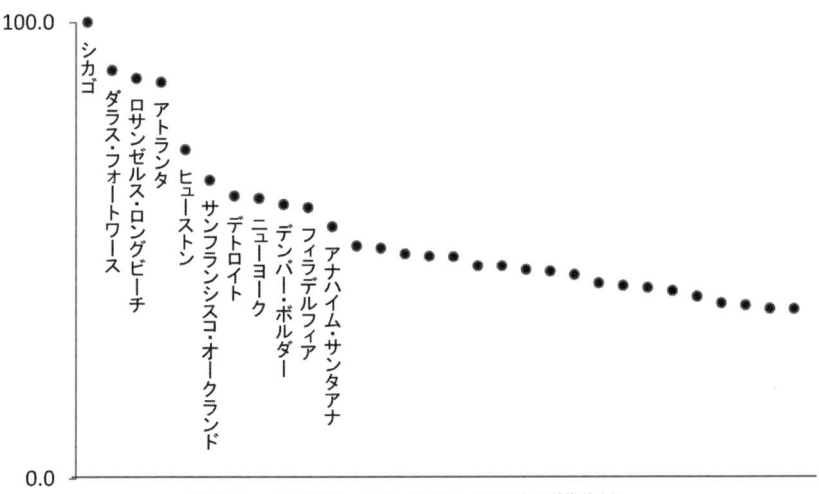

図9-3 支所数によるSMSAの順位規模曲線
（シカゴSMSAの支所数を100.0とし、上位30SMSAまで記入）

表9-7 支所数上位10SMSAの支所の業種構成

順位	SMSA	支所数	鉱	建設	食料品	繊維	パルプ・紙	化学・ゴム・窯業	鉄鋼諸機械	その他製造業	商	サービス	金融	証券	保険	倉庫・不動産運輸・通信	出版印刷	電力ガス	分類不能	製造業	その他	サービス商	製造業	非製造業	製造業／全支所数×100
1	シカゴ	1,283	4	12	57	52	40	105	327	42	164	103	34	11	87	44	42	8	68	18	65	691	592	53.9
2	ダラス・フォートワース	1,148	9	22	47	44	25	92	279	40	176	89	30	11	79	51	26	6	46	16	60	573	575	49.9
3	ロサンゼルス・ロングビーチ	1,125	4	20	42	51	25	88	277	31	162	105	35	10	70	46	29	4	49	14	63	563	562	50.0
4	アトランタ	1,115	2	18	47	32	32	91	264	35	176	95	32	9	89	41	32	7	44	13	56	545	570	48.9
5	ヒューストン	924	18	28	33	13	15	75	199	22	146	90	19	6	70	52	18	11	41	14	54	398	526	43.1
6	サンフランシスコ・オークランド	838		17	39	16	24	54	179	18	134	78	26	9	76	41	27	3	30	13	54	360	478	43.0
7	デトロイト	794	2	5	30	12	13	68	234	20	116	69	17	6	60	39	15	6	40	8	34	417	377	52.5
8	ニューヨーク	787	1	9	26	107	16	35	118	29	116	79	28	11	50	35	41	6	25	14	41	356	431	45.2
9	デンバー・ボルダー	770	16	12	27	12	11	44	183	19	137	75	19	9	76	25	17	5	30	12	41	326	444	42.3
10	フィラデルフィア	731	2	11	40	16	18	48	170	16	112	73	20	8	66	30	17	6	28	10	40	336	395	46.0

位である。

　日本にも、本社数のそれほど多くない広域中心都市の支所数が本社数の多い横浜、京都、神戸の支所数を大きく上回るという状況がみられるが、東京、大

阪、名古屋の本社数と支所数の序列は同じである。

　ここで、支所数上位のSMSAの支所の業種構成についてふれておこう。表9-7は支所数上位SMSAの支所の業種を示したものである。ヒューストンとデンバー・ボルダーにおいて「鉱」の支所数が多いこととニューヨークにおいて「繊維」の支所が多いことを除けば、大きな特徴は見出しがたい。

　しかし、「食料品」「繊維」「パルプ・紙」「化学、ゴム・窯業」「鉄鋼諸機械」「その他製造業」と「分類不能」中の製造業に属する170社を製造業とし、その他を非製造業とするとシカゴとデトロイトだけが製造業の支所数比が高いという特徴が見出される。

4　支所配置からみた都市間結合

　続いて、支所配置の状況から主要都市間の結合関係を分析する。既述したように、アメリカの都市ではニューヨークが最も多い本社をもつが、それでも185にすぎない。第2位のシカゴはそのニューヨークの約半分の97であり、以下、徐々に本社数は減少していく構造であった。そこで、本社数40以上のセントルイスまでを取り上げ、これら12都市に本社を置く企業が支所数の上位10SMSAに配置している支所数とその対本社数比を掲載したものが表9-8である。

　最高比率はダラス→ダラス・フォートワースの75.0%であるが、これは自市（SMSA）内支所である。ダラス→ヒューストンの50.0%を除くと、50%以上の高率はすべて自市（SMSA）内の事例である。

　以上を除くと、ニューヨーク→ロサンゼルス・ロングビーチの48.6%が最高であるが、これを含めても40%台というのは6例にすぎない。全体的に高い比率を示すのはシカゴであり、ニューヨーク、ピッツバーグ、セントルイスの企業が40%台の支所配置率を示す。当然のことながら、支所数が少なくなれば比率も低くなり、デトロイトやデンバー・ボルダーでは30%台が最高であるし、フィラデルフィアも自市本社企業の62.7%を除くと、いずれの都市からも低い支所配置率である。

　ロサンゼルスへの支所配置率は5都市から30%をこえるが、ロサンゼルス

表 9-8　本社多数都市から主要 SMSA への支所配置の状況

from \ to		シカゴ	ダラス・フォートワース	ロサンゼルス・ロングビーチ	アトランタ	ヒューストン	サンフランシスコ・オークランド	デトロイト	ニューヨーク	デンバー・ボルダー	フィラデルフィア
ニューヨーク	185	85	58	90	62	53	49	43	91	40	45
	(100.0)	(45.9)	(31.4)	(48.6)	(33.5)	(28.6)	(26.5)	(23.2)	(49.2)	(21.6)	(24.3)
シカゴ	97	71	34	34	33	24	22	29	30	17	19
	(100.0)	(73.2)	(35.1)	(35.1)	(34.0)	(24.7)	(22.7)	(29.9)	(30.9)	(17.5)	(19.6)
ダラス	80	25	60	17	24	40	17	18	11	13	12
	(100.0)	(31.3)	(75.0)	(21.3)	(30.0)	(50.0)	(21.3)	(22.5)	(13.8)	(16.3)	(15.0)
ヒューストン	80	12	28	17	13	45	13	7	4	25	7
	(100.0)	(15.0)	(35.0)	(21.3)	(16.3)	(56.3)	(16.3)	(8.8)	(5.0)	(31.3)	(8.8)
クリーブランド	69	27	18	20	20	14	16	19	14	14	16
	(100.0)	(39.1)	(26.1)	(29.0)	(29.0)	(20.3)	(23.2)	(27.5)	(20.3)	(20.3)	(23.2)
ロサンゼルス	63	17	17	42	9	18	26	9	10	13	9
	(100.0)	(27.0)	(27.0)	(66.7)	(14.3)	(28.6)	(41.3)	(14.3)	(15.9)	(20.6)	(14.3)
アトランタ	61	20	24	19	45	14	14	12	17	16	13
	(100.0)	(32.8)	(39.3)	(31.1)	(73.8)	(23.0)	(23.0)	(19.7)	(27.9)	(26.2)	(21.3)
ミネアポリス	58	23	18	18	18	17	17	18	14	21	13
	(100.0)	(39.7)	(31.0)	(31.0)	(31.0)	(29.3)	(29.3)	(31.0)	(24.1)	(36.2)	(22.4)
フィラデルフィア	51	18	16	12	21	12	13	11	11	8	32
	(100.0)	(35.3)	(31.4)	(23.5)	(41.2)	(23.5)	(25.5)	(21.6)	(21.6)	(15.7)	(62.7)
ピッツバーグ	44	18	13	7	14	13	9	9	6	6	13
	(100.0)	(40.9)	(29.5)	(15.9)	(31.8)	(29.5)	(20.5)	(20.5)	(13.6)	(13.6)	(29.5)
ミルウォーキー	42	12	10	9	9	7	9	12	5	9	6
	(100.0)	(28.6)	(23.8)	(21.4)	(21.4)	(16.7)	(21.4)	(28.6)	(11.9)	(21.4)	(14.3)
セントルイス	40	17	13	12	14	15	11	11	9	8	10
	(100.0)	(42.5)	(32.5)	(30.0)	(35.0)	(37.5)	(27.5)	(27.5)	(22.5)	(20.0)	(25.0)

からの支所配置率は対サンフランシスコ・オークランドを除けば、対ヒューストンの 28.6% が最高である。ダラス・フォートワース、アトランタは多くの都市からの高い支所配置率を集めているが、一方、ニューヨークへはシカゴからのみ 30% をこえているにすぎない。

　表 9-8 を図化したものが図 9-4 である。この図において各都市の高さは本社数を表している。各都市の柱頭から柱足へ伸びる線は支所配置率を示しているが、図の錯綜を避けるために 30% 以上の場合のみを記入している。サンフランシスコ・オークランド、デトロイト、デンバー・ボルダーは本社数は多くはないが、30% 以上の支所被配置率を示しているため記入した。図 9-4 をみても、アメリカにおいては限られた上位都市間相互に強い結合関係が存在すというような構造は見出せないことがわかる。

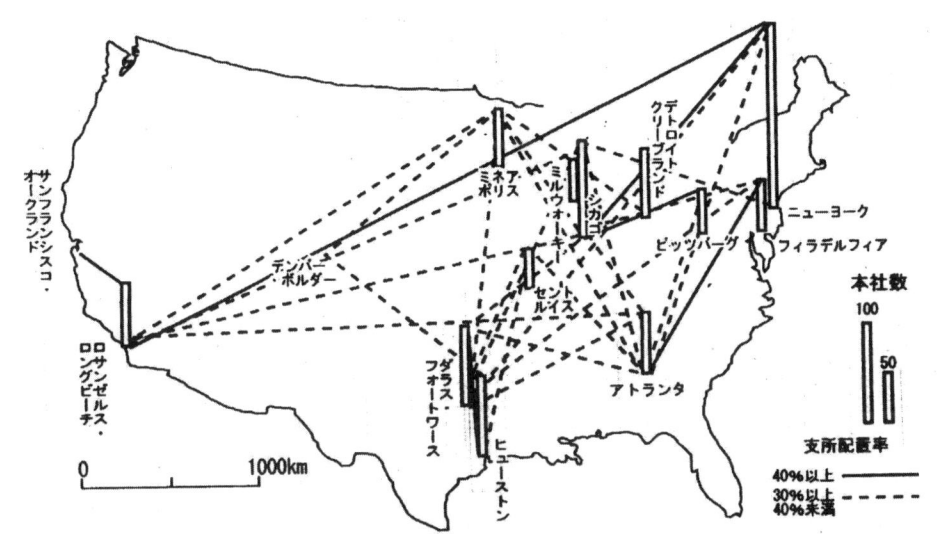

第9章 アメリカ合衆国の都市と都市システム　　165

図9-4　主要都市間の相互支所配置

表9-9　支所数上位10 SMSAの支所の本社分布（地域別）

	シカゴ	ダラス・フォートワース	ロサンゼルス・ロングビーチ	アトランタ	ヒューストン	サンフランシスコ・オークランド	デトロイト	ニューヨーク	デンバー・ボルダー	フィラデルフィア
全アメリカ 4,289社 (100.0)	1,283 (100.0)	1,148 (100.0)	1,125 (100.0)	1,115 (100.0)	924 (100.0)	838 (100.0)	794 (100.0)	787 (100.0)	770 (100.0)	731 (100.0)
東部 1,609社 (37.5)	481 (37.5)	387 (33.7)	410 (36.4)	419 (37.6)	309 (33.4)	285 (34.0)	294 (37.0)	397 (50.4)	246 (31.9)	348 (47.6)
中南部 2,014社 (47.0)	647 (50.4)	602 (52.4)	452 (40.2)	562 (50.4)	487 (52.7)	347 (41.4)	420 (52.9)	306 (38.9)	374 (48.6)	315 (43.1)
西部 666社 (15.5)	155 (12.1)	159 (13.9)	263 (23.4)	134 (12.0)	128 (13.9)	206 (24.6)	80 (10.1)	84 (10.7)	150 (19.5)	68 (9.3)

東部諸州（15）：コネチカット、デラウェア、ワシントンDC、メーン、メリーランド、マサチューセッツ、ニューハンプシャー、ニュージャージー、ニューヨーク、ノースカロライナ、ペンシルベニア、ロードアイランド、サウスカロライナ、バーモント、バージニア
中南部諸州（23）：アラバマ、アーカンソー、フロリダ、ジョージア、イリノイ、インディアナ、アイオワ、カンザス、ケンタッキー、ルイジアナ、ミシガン、ミネソタ、ミシシッピ、ミズーリ、ネブラスカ、ノースダコタ、オハイオ、オクラホマ、サウスダコタ、テネシー、テキサス、ウエストヴァージニア、ウィスコンシン
西部諸州（13）：アラスカ、アリゾナ、カリフォルニア、コロラド、ハワイ、アイダホ、モンタナ、ネバダ、ニューメキシコ、オレゴン、ユタ、ワシントン、ワイオミング

続いて、主要都市の支所の本社所在地を地域別に見てみよう。表9-9はアメリカの50州を便宜的に東・中南・西の3地域に大別し、支所数上位都市の支所の本社所在地をまとめたものである。このような地域区分をすると、中南部地域の本社数が最も多くなるため、各都市とも中南部地域の比率が高くなる傾向がでる。シカゴ、ダラス・フォートワース、アトランタ、ヒューストン、デトロイトでは、その比率は50%をこえる。デンバー・ボルダーは50%を下回るが、それはこのSMSAが西部に近い場所に立地しているからであろう。

ロサンゼルス・ロングビーチ、サンフランシスコ・オークランドでは、やはり西部地域企業の支所が多い。西部の666社のうち前者には39.5%が、後者には30.9%が支所を出していることになる。

一方、ニューヨークとフィラデルフィアでは東部地域からの比率が最も多く、西部地域からの比率はきわめて低い。東部に近いところに位置するデトロイトも同様である。西部666社中ニューヨークへは12.6%、フィラデルフィアへは10.2%、デトロイトへは12.0%が支所を出しているにすぎない。アメリカの主要都市の支所はそれぞれ属する地域の企業の支所が相対的に多いということが理解されよう。

5 おわりに

以上、経済的中枢管理機能を指標として1990年時点でのアメリカの都市と都市システムを分析してきた。重要なことをまとめると、以下のようになる。

アメリカにおいては、本社の都市集中度が低いことを指摘できる。本社数最多都市はニューヨークであるが、その数は185であり全体に占める比率は4.3%にすぎない。また、本社数10以上の都市は64も数えた。

州別にみれば、カリフォルニア州が最も本社が多い州であるが、それでも405社、全体の9.4%である。しかも、同州内で本社数最多のロサンゼルスには63を数えるにすぎず、10以上の6都市を合計しても157社で、同州全体の38.8%にすぎなかった。このような傾向はいずれの州においてもみられるものであり、アメリカの大企業の本社分布は分散的である。

支所の点から分析すると、シカゴを筆頭に4SMSAが1,000をこえる支所を

もっていた。本社数最多のニューヨークの支所数は支所数最多のシカゴSMSA の61.3%にとどまる。概して人口の多いSMSAは支所数も多いという傾向を 認めることはできたが、その対応関係は弱いものであった。

　本社数多数都市からの主要SMSAへの支所配置状況を分析することによっ て、主要都市間相互の結合を検討したところ、自市（SMSA）内支所配置を除 けばそれほど高い支所配置率はみられなかった。40%以上の支所配置率は7 例にすぎず、多くが20%台、30%台であった。このような点から見る限り、 アメリカの都市間には、上位都市においても相互に強い支所配置関係が存在す るというような構造は見出せなかった。

　アメリカを大きく東部・中南部・西部に区分し、支所の配置状況をみると、 東部の都市には東部地域の企業の支所が多く、西部の都市には西部地域の企業 の支所が多いという傾向は認められた。

文献
阿部和俊　1996『先進国の都市体系研究』　地人書房

第10章
南アフリカ共和国の都市と都市システム

1 はじめに

　本章では経済的中枢管理機能を指標として南アフリカ共和国の都市と都市システムを検討する。1995年と2005年を分析の対象とし、10年間ではあるが、その変化をも見ることにする。
　経済的中枢管理機能としては、主要企業の本社、支所をあてる。資料として、『Major Companies of Africa South of the Sahara』(Graham & Whiteside 社)を使用する。補完資料として『The Bankers' Almanac』(Reed Information Service 刊)を使用する。

2 人口からみた主要都市

　最初に人口を指標として州と主要人口について述べておこう。図10-1と表10-1は同国の州界と州人口（2007）、主要都市を示したものである。経年的な分析を可能にするデータは乏しいので、ここでは単年のものであるが、このデータから州と主要都市について述べていきたい。
　同国の人口は2007年において47,849,800人である。州別最多人口はクワズール　ナタール州で10,015千人（全体の20.9％）、次いでハウテン州の9,688千人（同20.2％）である。最少は北ケープ州で、1,102千人（同2.3％）でしかない。
　表10-2は2001年の主要都市の人口である。最多人口都市はヨハネスバーグで3,226千人である。ダーバン、ケープタウンの人口も3,000千人前後を数える。プレトリア、ポートエリザベスまでが100万人をこえる人口をもつ。

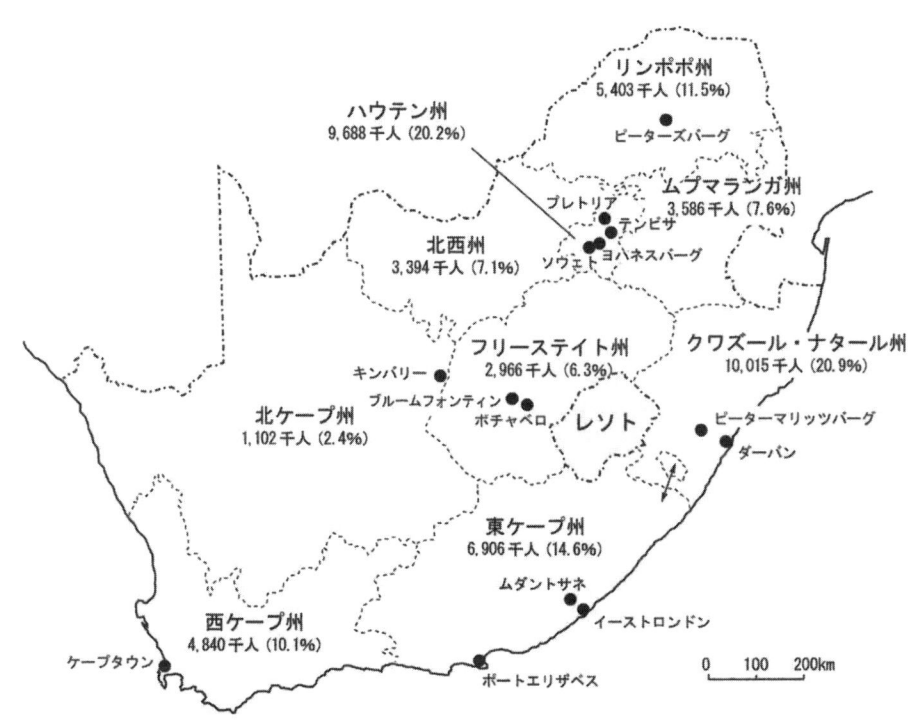

図10-1 南アフリカ共和国の州と人口（2007年）および研究対象都市

表10-1 州別人口（2007年）

州名	人口（千人）	比率
クワズール・ナタール	10,015	20.9
ハウテン	9,688	20.2
東ケープ	6,966	14.4
リンポポ	5,403	11.3
西ケープ	4,840	10.1
ムプマランガ	3,586	7.5
北西	3,394	7.1
フリーステイト	2,966	6.2
北ケープ	1,102	2.3
計	47,960	100.0

資料：『Africa South of the Sahara』(Europa Publications Limited)

表10-2 主要都市の人口（2001年）

	都市	人口（千人）	ヨハネスバーグの人口を100.0とする
1	ヨハネスバーグ	3,226	100.0
2	ダーバン	3,090	95.8
3	ケープタウン	2,893	89.7
4	プレトリア	1,986	61.6
5	ポートエリザベス	1,006	31.2
6	ソウェト	859	26.6
7	テンビサ	349	10.8
8	ピーターマリッツブルグ	229	7.1
9	ポチャベロ	176	5.5
10	ムダントサネ	176	5.5

資料：『Africa South of the Sahara』(Europa Publications Limited)

第10位のムダントサネは176千人でヨハネスバーグの5.5％でしかない[1]。後述するように，これらの都市の中でも，経済的中枢管理機能のような高次都市機能が意味をもつ都市は限られてくる。

3 経済的中枢管理機能からみた主要都市

(1) 対象企業の概要

経済的中枢管理機能として主要企業の本社と支所を取り上げるが、具体的には上述の資料に記載されている企業の中の従業者数 200 人以上の企業を同機能に該当するものとみなした（外資系の企業を含む）。その数は 1995 年では 626 社、2005 年では 715 社である。表 10-3 はこれらの業種別構成である。各企業の業種は，同資料に Principal Activities として記載されている内容から筆者が判断した。判断の基準は日本の企業分類である。

2 年次とも最多業種は「鉄鋼諸機械」であるが、比率は少し低下した。「繊維」は数を減らした一方、「商」と「サービス」は大幅に増加し，比率も上昇した。「食料品」「繊維」「パルプ・紙」「化学・ゴム・窯業」「鉄鋼諸機械」「その他製造業」を製造業、その他の業種を非製造業（「その他・分類不能」を除く）として分けると、1995 年では製造業 324（51.8％）、非製造業企業 204（32.6％）、2005 年では製造業企業 291（40.7％）、非製造業 404（56.5％）である。

表 10-3 主要企業の業種構成

	1995		2005	
農林・水産	4	(0.6)	8	(1.1)
鉱	37	(5.9)	34	(4.8)
建設	16	(2.6)	13	(1.8)
食料品	34	(5.4)	33	(4.6)
繊維	61	(9.8)	28	(3.9)
パルプ・紙	8	(1.3)	6	(0.8)
化学	35	(5.6)	34	(4.8)
ゴム・窯業	22	(3.5)	25	(3.5)
鉄鋼諸機械	101	(16.1)	107	(15.0)
その他製造業	63	(10.1)	58	(8.1)
商	27	(4.3)	71	(9.9)
金融	24	(3.8)	29	(4.0)
証券	0	(0)	0	(0)
保険	17	(2.7)	23	(3.2)
不動産	4	(0.6)	2	(0.3)
運輸・通信	21	(3.4)	42	(5.9)
電力・ガス・水道	5	(0.8)	4	(0.6)
サービス	49	(7.8)	178	(24.9)
その他・分類不能	98	(15.7)	20	(2.8)
計	626	(100.0)	715	(100.0)

資料：『Major Companies of Africa South of the Sahara』
　　　『The Bnakers' Almanac』

第 10 章　南アフリカ共和国の都市と都市システム

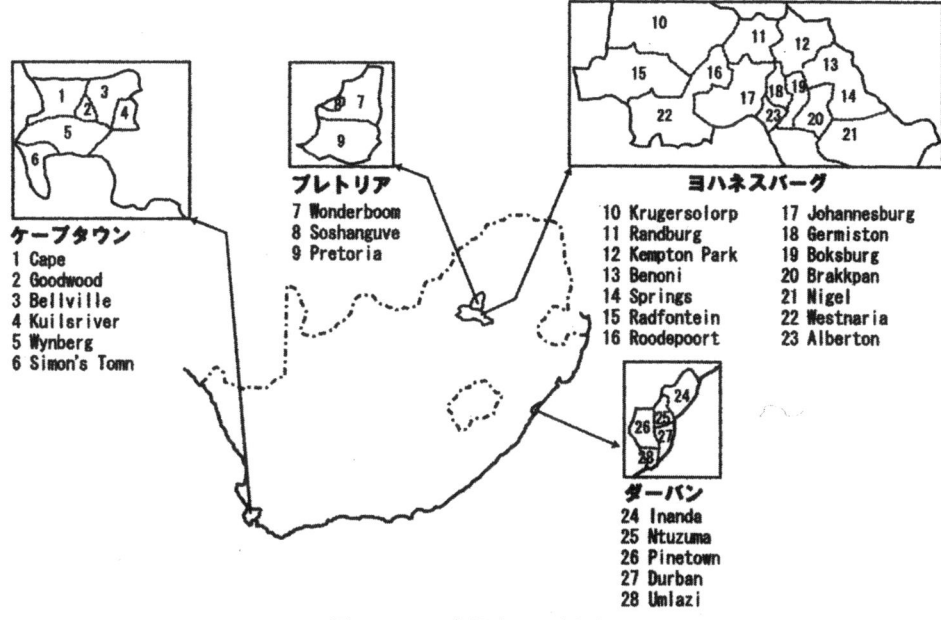

```
ケープタウン
1 Cape
2 Goodwood
3 Bellville
4 Kuilsriver
5 Wynberg
6 Simon's Town

プレトリア
7 Wonderboom
8 Soshanguve
9 Pretoria

ヨハネスバーグ
10 Krugersolorp    17 Johannesburg
11 Randburg       18 Germiston
12 Kempton Park   19 Boksburg
13 Benoni         20 Brakkpan
14 Springs        21 Nigel
15 Radfontein     22 Westnaria
16 Roodepoort     23 Alberton

ダーバン
24 Inanda
25 Ntuzuma
26 Pinetown
27 Durban
28 Umlazi
```

図 10-2　4 大都市圏の概要
資料：Reader's Digest Association South Africa (1994)
『Illustrated Atlas of Southern Africa』

「その他・分類不能」として分類した企業の数が減少しているので安易な判断はできないが、それでも主要企業の中で第三次産業が占める比率が上昇していることは明らかである。南アフリカ共和国の豊富な地下資源に携わる「鉱」の企業数は 1995 年は 37（5.9％）、2005 年では 34（4.8％）である。

(2) 本社からみた主要都市（圏）

　都市別に本社の状況をみる。都市別の検討といっても当然のことながら都市の範囲をどのようにするかによって結果は異なってくる。1995 年次の分析においては大都市は図 10-2 の範囲を採用し、それを都市圏とした。表 10-4 はそれによる 1995 年の主要都市 (圏) の本社数である。2005 年については本社の郊外立地が顕著であったため、電話の市外局番の範囲を同一の都市とみなして集計した。南アフリカ共和国では、1998 年の憲法改正に基づき、2000 年から 2001 年にかけて地方自治体の再編がおこなわれた。その結果、ケープ

表10-4　主要都市(圏)の本社数(1995年)

ヨハネスバーグ圏	326	(52.1)
ケープタウン圏	112	(17.9)
ダーバン圏	53	(8.5)
プレトリア圏	18	(2.9)
ポートエリザベス圏	17	(2.7)
その他	100	(15.9)
計	626	(100.0)

注）図10-2の範囲による集計

表10-5　主要都市（圏）の本社数

1995			2005		
ヨハネスバーグ圏	333	(53.2)	ヨハネスバーグ圏	451	(63.1)
ケープタウン圏	109	(17.4)	ケープタウン圏	102	(14.3)
ダーバン圏	62	(9.9)	プレトリア圏	53	(7.4)
プレトリア圏	30	(4.8)	ダーバン圏	52	(7.3)
ポートエリザベス	25	(4.0)	ポートエリザベス	13	(1.8)
その他	67	(10.7)	その他	44	(6.1)
計	626	(100.0)	計	715	(100.0)

注）図10-3の範囲による集計

タウン、ネルソン・マンデラ・ベイ（ポートエリザベスが中心）、ヨハネスバーグ、エクルレニ、ツワネ（プレトリアが中心）、エテクウィニ（ダーバン）の6つの都市圏が誕生した。ヨハネスブルグとエクルレニを合わせた範囲（図10-3）は図10-2のヨハネスバーグ圏にほぼ重なる。しかし、全ての地名の場所を特定できないので、ここでは同一市外局番をもつ自治体を集合して各都市圏とみなすこととした。

表10-5は2年次の主要都市(圏)の本社数を示したものである。既発表（阿部2001）の1995年次のデータも今回、2005年次の範囲に組みかえて集計した。ヨハネスバーグ圏とエクルレニ圏（以下、ヨハネスバーグ圏と表記）の本社数は2005年ではさらに増え、比率にして10ポイント近く上昇した。ツワネ圏（プレトリア圏）も同様である。1995年では18（2.9％）であったが、2005年では53（7.4％）に増加上昇した。

図10-2からもわかるように両都市圏は隣接している。そこで、この2つを合わせてヨハネスバーグ・プレトリア圏とすると、1995年では363（58.0％）であるが、2005年では504（70.5％）である。ケープタウン、ダーバン、ポートエリザベスの本社数はいずれも減少し、比率も低下した。やや広い範囲をとり上げているとはいえ、同国の本社分布は一極集中タイプといえよう。この

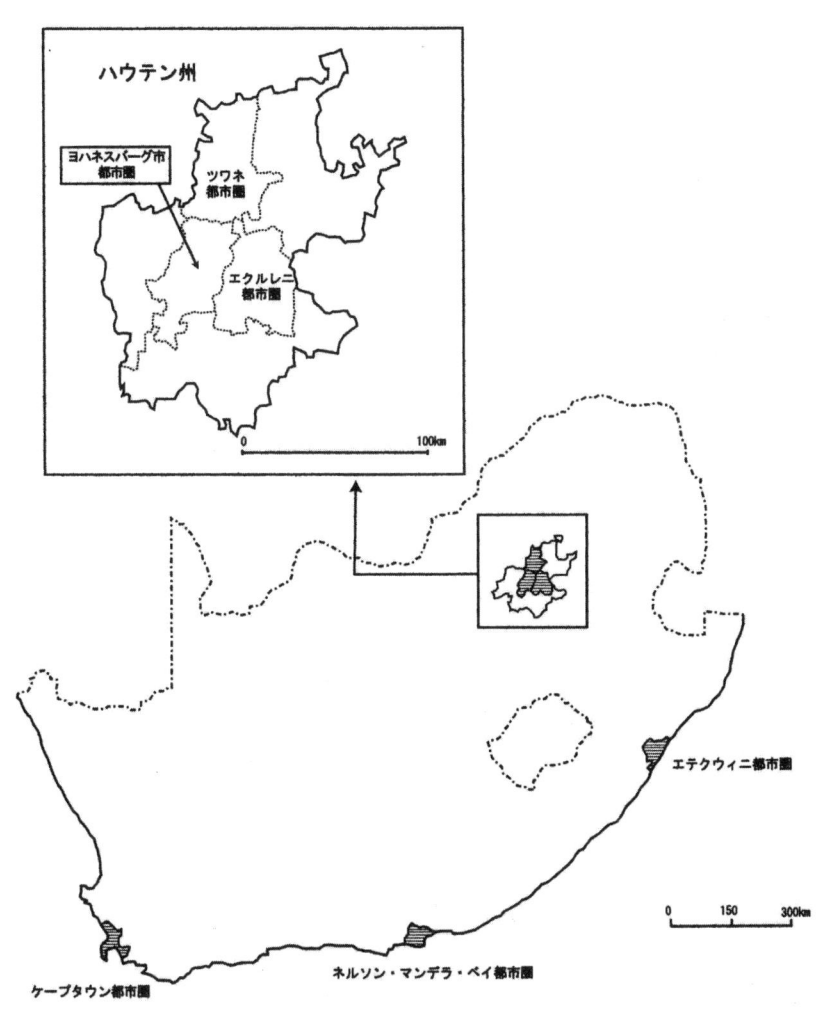

図 10-3　南アフリカ共和国の都市圏（2001）

10 年間でその傾向は強くなっている。

　ヨハネスバーグ（図 10-2 の 17）の本社数に言及しておくと、1995 年では 121、2005 年では 62 である。同市の内部構造は未分析であるが、本社立地は郊外化していると考えられよう。

　次に本社数の多い都市（圏）の本社の業種構成について言及しておこう（表

表 10-6　主要都市（圏）の本社の業種構成

都市(圏) 業種	ヨハネス バーグ圏 1995	2005	ケープ タウン圏 1995	2005	ダーバン圏 1995	2005	プレトリア圏 1995	2005	ポート エリザベス 1995	2005	その他 1995	2005
農林・水産	1	2	1	1		1		1		1	2	2
鉱	21	21	2	2	1	2	1	1			11	8
建設	11	9	2	1	2		1	2				1
食料品	10	15	10	14	4	2	3	2	1		8	
繊維	9	3	21	11	15	9	1		6	2	9	3
パルプ・紙	6	5	1	1	1							
化学	21	25	6	5	2	3	1		1		3	1
ゴム・窯業	12	19	3	1	3	4		1	2		2	
鉄鋼諸機械	57	62	13	10	4	6	8	11	8	7	12	12
その他製造業	31	34	9	9	10	11		3			10	4
商	16	40	8	17	1	7		3	1	2	1	2
金融	14	23	3	4	3		2	2	1			
証券												
保険	9	20	6	2			2	1				
不動産	2		2	1				1				
運輸・通信	15	31	3	4	1	2	1	4	1			
電力・ガス・水道	3	4									2	
サービス	32	125	4	15	3	5	6	23	1	1	3	7
その他・分類不能	63	13	15	4	12		4	1			4	4
計	333	451	109	102	62	52	30	53	25	13	67	44

10-6)。本社数最多のヨハネスバーグ圏は、1995年では「鉄鋼諸機械」が最多業種であった。「鉄鋼諸機械」は2005年にかけても増加した。しかし、「商」「保険」「運輸・通信」「サービス」の増加が著しい。上述の製造業と非製造業とにわけると、1995年では146(43.8％)と124(37.2％)、2005年では163(36.1％)と275（61.0％）である。

　ケープタウン圏は1995年では「繊維」が最多業種であった。ヨハネスバーグ圏同様,「商」と「サービス」の増加が著しい。製造業と非製造業とに分けると、1995年では63（57.8％）と31（28.4％）、2005年では51（50.0％）と47（46.1％）である。

　ダーバン圏は1995年では「繊維」が最多業種であったが、2005年では減少し、「商」が増加した。製造業と非製造業とに分けると、1995年では39（62.9％）と11（17.7％）、2005年では35（67.3％）と17（32.7％）である。

　プレトリア圏は1995年では「鉄鋼諸機械」が最多業種であったが、2005年では「サービス」が最多業種である。製造業と非製造業とに分けると、

1995年では13(43.3%)と13(43.3%)、2005年では14(26.4%)と38(71.6%)である。ヨハネスバーグ圏とプレトリア圏を合計して、製造業と非製造業とに分けると、1995年では159(43.8%)と137(37.7%)、2005年では177(35.1%)と313(62.1%)となり、第三次産業に属する企業本社の増加が著しい。

(3) 支所からみた主要都市（圏）

続いて都市（圏）別支所の状況を検討しよう。表10-7は支所数の多い順に都市（圏）を並べたものである。①2年次いずれも支所数による都市（圏）順位に変化はない。②各都市（圏）はいずれも支所数が大きく増加している。③支所数最多都市（圏）は両年次ともケープタウン圏である。④本社数最多都市のヨハネスバーグ圏は支所数では両年次とも3番目であり、首都のプレトリア圏は5番目である、といった4点を指摘できる。この2年次に対象企業数は626社から715社に増えた。しかし、各都市（圏）の支所数の増加は対象企業数の増加を上回る。

図10-4は支所数を指標とした都市（圏）の1995年と2005年の順位規模曲線である。各都市（圏）間の差はひらいているが、このグラフから、たとえば都市（圏）間に階層性などの秩序を指摘することは難しい。

表10-7 主要都市（圏）の支所数

		1995	2005
1	ケープタウン圏	86	175
2	ダーバン圏	79	159
3	ヨハネスバーグ圏	69	118
4	ポートエリザベス	52	92
5	プレトリア圏	36	62
6	ブルームフォンティン	34	61
7	イーストロンドン	32	52
8	ピーターマリッツバーグ	23	31
9	ピーターズバーグ	14	28
10	キンバリー	11	22

資料：表10-3に同じ

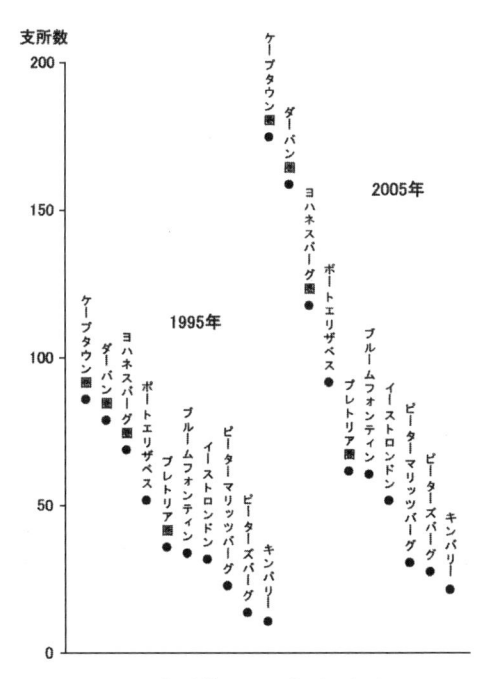

図10-4 支所数による都市（圏）の順位規模曲線（1995・2005年）

以上の点を各都市(圏)の支所の業種構成をみることによって検討したい(表10-8, 10-9)。いずれの都市(圏)においてもサービス業の支所増加が著しい。「鉄鋼諸機械」ならびに「その他製造業」の支所数も増えているが、「商」「保険」「運輸・通信」の支所数の増加も大きい。とくに、ケープタウン圏、ダーバン圏、ヨハネスバーグ圏などの上位都市において、この傾向は顕著である。既述したように、対象企業に占める「サービス」と「商」の比率が上昇していることの反映である。

支所数上位都市(圏)の支所を製造業と非製造業とに分けると、1995年では、ケープタウン(圏)は製造業41 (47.7%)、非製造業41 (47.7%)、ダーバン

表10-8 主要都市(圏)の支所数とその業種構成(1995年)

業種 \ 都市(圏)	ケープタウン圏	ダーバン圏	ヨハネスバーグ圏	ポートエリザベス	プレトリア圏	ブルームフォンティン	イーストロンドン	ピーターマリッツバーグ	ピーターズバーグ	キンバリー
農林・水産										
鉱			2							
建設	3	1	4	2	2	3	2	2	1	2
食料品	7	2	3	2	1	2	1	2	1	2
繊維	7	6	8	3		1				
パルプ・紙	2	2		1	1					
化学	3	4	4	3		2	3	1		
ゴム・窯業	5	5	5	4	2	1	1		1	1
鉄鋼諸機械	7	10	6	4	1	2	2	1	2	1
その他製造業	10	9	8	5	3	3	3	2	1	1
商	4	2	5	1	2	2	1	2	2	1
金融	19	17	15	14	14	12	11	11	2	2
証券										
保険	1	1		1						
不動産										
運輸・通信	4	7	4	5	2	1	3		1	
電力・ガス・水道	1	1			1	1				
サービス	9	9	4	6	5	3	4	1	2	
その他・分類不能	4	3	1	1	2	1	1	1		1
計	86	79	69	52	36	34	32	23	14	11
製造業	41	38	34	23	8	11	10	6	6	5
	(47.7)	(48.1)	(49.3)	(44.2)	(22.2)	(32.4)	(31.3)	(26.1)	(42.9)	(45.5)
非製造業	41	38	34	28	26	22	21	16	8	5
	(47.7)	(48.1)	(49.3)	(53.8)	(72.2)	(64.7)	(65.6)	(69.6)	(57.1)	(45.5)

その他・分類不能は製造業・非製造業のどちらにも含まない。

表10-9 主要都市（圏）の支所数とその業種構成（2005年）

業種 \ 都市（圏）	ケープタウン圏	ダーバン圏	ヨハネスバーグ圏	ポートエリザベス	プレトリア圏	ブルームフォンティン	イーストロンドン	ピーターマリッツバーグ	ピーターズバーグ	キンバリー
農林・水産	1	1	1							
鉱										
建設	3	4	2	1	1	1	2	1		
食料品	5	5	3	3	1	2	2	2	2	1
繊維	6	4	9	3	1	1				
パルプ・紙	1	1								
化学	8	8	8	4	1	1		1	1	
ゴム・窯業	10	10	9	6	5	5	2	1	2	
鉄鋼諸機械	23	19	13	11	5	5	5	5	4	2
その他製造業	14	11	11	8	1	2	6		1	1
商	19	21	10	10	7	8	7	3	3	3
金融	13	11	10	9	11	8	10	7	4	5
証券										
保険	9	9	5	9	8	8	4	5	4	4
不動産	1		1							
運輸・通信	15	15	9	10	4	5	6	2	3	
電力・ガス・水道	1	1			1	1				
サービス	44	36	26	17	15	14	11	4	4	6
その他・分類不能	2	3	1	1	1					
ホールディング										
不明										
計	175	159	118	92	62	61	52	31	28	22
製造業	67	58	53	35	14	16	12	9	10	4
	(38.3)	(36.5)	(44.9)	(38.0)	(22.6)	(26.2)	(23.1)	(29.0)	(35.7)	(18.2)
非製造業	106	98	64	56	47	45	40	22	18	18
	(60.6)	(61.6)	(54.2)	(60.9)	(75.8)	(73.8)	(76.9)	(71.0)	(64.3)	(81.8)

注：その他・分類不能は製造業・非製造業のどちらにも含まない。

圏は製造業38（48.1%）、非製造業38（48.1%）、ヨハネスバーグ圏は製造業34（49.3%）、非製造業34（49.3%）でいずれも同数である。

　2005年では、ケープタウン圏は製造業67（38.3%）、非製造業106（60.6%）、ダーバン圏は製造業58（36.5%）、非製造業98（61.6%）、ヨハネスバーグ圏は製造業53（44.9%）、非製造業64（54.2%）であり、非製造業の支所数が多く比率も高くなっている。

　都市（圏）によるバラつきはあるが、プレトリア圏とピーターマリッツバーグを除いて、1995年に比べて2005年の方が各都市（圏）とも非製造業の支

所数が多く、比率が上昇していることがわかる。各都市（圏）の支所数の増加は非製造業、とくに「サービス」の支所の増加によるところが大きい。

4　支所配置からみた都市（圏）間結合

続いて、支所配置の状況から主要都市（圏）間相互の結合状況を分析する[2]。企業の支所配置は業種により異なることが考えられるが、ここでは業種間の差異は捨象して分析を行う。

表 10-10、10-11 は2年次の本社多数都市（圏）から支所多数都市（圏）への支所配置数とその比率を示したものである。1995 年と比べて 2005 年の支所配置率は全体的に高くなっている。しかし、支所配置率は本社数が少なければ相対的に高くなるので、ここでは支所数で検討したい。

図 10-5、10-6 は表 10-10、10-11 を図化したものである。各都市の柱の高さは本社数を示し、柱頭から相手都市の柱足へ配置支所数を示している。ヨハネスバーグ圏の本社数が圧倒的に多いため、同国の都市システムはヨハネス

表 10-10　本社多数都市（圏）から主要都市（圏）への支所配置（1995 年）

from \ to		ケープタウン圏	ダーバン圏	ヨハネスバーグ圏	ポートエリザベス	プレトリア圏	ブルームフォンティン	イーストロンドン	ピーターマリッツバーグ	ピーターズバーグ	キンバリー
		86	79	69	52	36	34	32	23	14	11
ヨハネスバーグ圏	333 (100.0)	48 (14.4)	45 (13.5)	28 (8.4)	28 (8.4)	23 (6.9)	20 (6.0)	18 (5.4)	12 (3.6)	9 (2.7)	8 (2.4)
ケープタウン圏	109 (100.0)	16 (14.7)	18 (16.5)	14 (12.8)	14 (12.8)	8 (7.3)	6 (5.5)	9 (8.3)	5 (4.6)		2 (1.8)
ダーバン圏	62 (100.0)	7 (11.3)	6 (9.7)	8 (12.9)	3 (4.8)		3 (4.8)	1 (1.6)	3 (4.8)		
プレトリア圏	30 (100.0)	4 (13.3)	2 (6.7)	3 (10.0)	3 (10.0)	3 (10.0)	3 (10.0)	2 (6.7)	2 (6.7)	3 (10.0)	1 (3.3)
ポートエリザベス	25 (100.0)	2 (8.0)	2 (8.0)	2 (8.0)	2 (8.0)	1 (4.0)	1 (4.0)	1 (4.0)	1 (4.0)		

各都市（圏）の下段の数値は支所配置率を示す

第10章　南アフリカ共和国の都市と都市システム　　179

表10-11　本社多数都市（圏）から主要都市（圏）への支所配置（2005年）

from \ to		ケープタウン圏	ダーバン圏	ヨハネスバーグ圏	ポートエリザベス	プレトリア圏	ブルームフォンティン	イーストロンドン	ピーターマリッツバーグ	ピーターズバーグ	キンバリー
		175	159	118	92	62	61	52	31	28	22
ヨハネスバーグ圏	451 (100.0)	122 (27.1)	112 (24.8)	65 (14.4)	66 (14.6)	46 (10.2)	47 (10.4)	39 (8.6)	21 (4.7)	21 (4.7)	18 (4.0)
ケープタウン圏	102 (100.0)		18 (17.6)	15 (14.7)	20 (19.6)	11 (10.8)	2 (2.0)	5 (4.9)	3 (2.9)	3 (2.9)	4 (3.9)	2 (2.0)
プレトリア圏	53 (100.0)	11 (20.8)	7 (13.2)	13 (24.5)	6 (11.3)		3 (5.7)	2 (3.8)	4 (7.5)	3 (5.7)		
ダーバン圏	52 (100.0)	19 (36.5)	15 (28.8)	11 (21.2)	7 (13.5)	9 (17.3)	6 (11.5)	5 (9.6)	4 (7.7)	1 (1.9)	2 (3.8)
ポートエリザベス	13 (100.0)	2 (15.4)	2 (15.4)	2 (15.4)	1 (7.7)		1 (7.7)				

各都市（圏）の下段の数値は支所配置率を示す

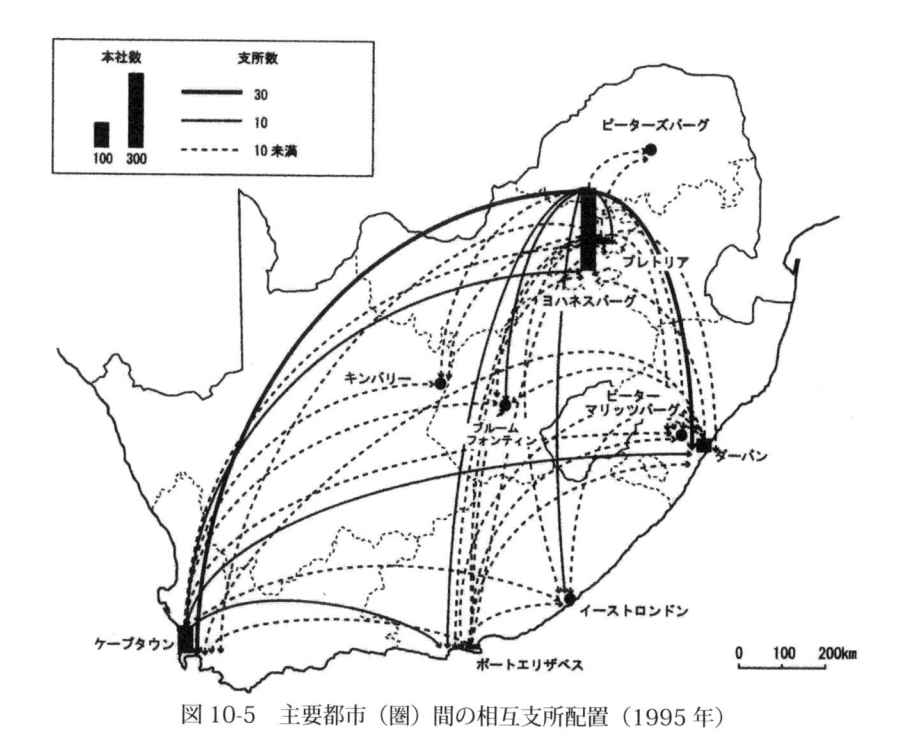

図10-5　主要都市（圏）間の相互支所配置（1995年）

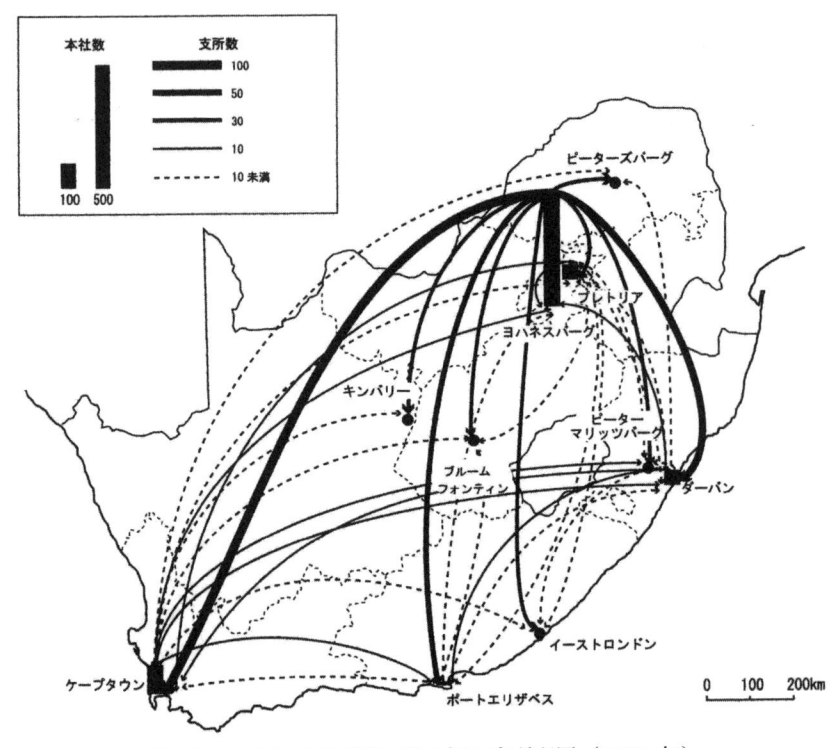

図10-6 主要都市（圏）間の相互支所配置（2005年）

バーグを中心としたものになる。

　同国の都市システムは1大都市圏を中心とする、いわば縦の関係が明確な特徴をもつタイプである。しかし、このタイプに属する国との相違点は、都市システムの中心都市が首都ではないということである。

5　おわりに

　以上、従業者数200人以上の企業の本社と支所を経済的中枢管理機能とみなし、その諸相の分析を通して南アフリカ共和国の都市システムを検討した。簡単なまとめをしておこう。

　分析は1995年と2005年の2年次について行った。集計の範囲は2005

年次に揃えた。本社数はいずれもヨハネスバーグ圏が最多であり、その数は1995年では333（53.2％）、2005年では451（63.1％）である。冒頭、記述したように、今回、都市の単位は行政上の市範囲ではなく、市外局番によって設定したものである。その適否はなお議論のあるところであるが、同市での本社の郊外拡散は明らかであった。やや広い範囲を採ったことによるが、ヨハネスバーグ圏への本社の集中化は明確である。

首都のプレトリア圏も24(1995), 53(2005)の本社数である。ヨハネスバーグ圏とプレトリア圏は近接しているので、これを仮に同一の都市圏とみなすと、388（1995）、504（2005）となり、対全体比は62.0％、70.5％にもなる。

支所数では、ケープタウン圏、ダーバン圏、ヨハネスバーグ圏の順になり、この10年間に第10位のキンバリーまで順位の変動はない。いずれの都市も支所数は大きく増加した。その内容はサービスを中心とした非製造業業種の支所の増加である。もちろん、このことは対象企業に占める非製造業の増加を反映している。

南アフリカ共和国では都市別人口と大企業本社数の第1位はヨハネスバーグ圏であるが、支所数ではケープタウン圏である。首都のプレトリア圏は、いずれの指標も少ないわけではないが、第1位ではない。

支所配置の状況からみた同国の都市システムは、当然、ヨハネスバーグ圏を中心としたものになる。その構造は両年次において基本的に変化はない。

注
1）先に発表した論文では、Population Census 1991を使用した。そこにおいては、ヨハネスバーグの人口は4,060千人であり、第2位のケープタウンは1,860千人だった。当然のことながら、人口は、その範囲の採り方によって大きく数字が異なってくる。
2）南アフリカ共和国の都市システムを検討した研究に寺谷亮司の「南アフリカ共和国の都市システム」（『都市の形成と階層分化』古今書院, 2002）がある。この論文は南アフリカ共和国の都市について同国の歴史をふまえて分析している。その結論部分を引用すると以下のとおりである。
① 南ア共和国においては、ヨーロッパ人の入植による開拓フロンティアの進展、ダイヤモンドや金鉱の発見による鉱業都市の誕生、鉱業地域と港湾都市を結ぶ鉄道の建設による沿線都市の発生などを通じて、都市システムが成立し発展を遂げた。
② 南ア共和国の都市システムは、19世紀における「ケープタウン卓越パターン」から、今世紀に入ると「ヨハネスバーグ卓越パターン」に変化した。都市分布は沿岸地域と首都

圏に集中しており、中心地の階層別分布はクリスタラーのK=3システムに類似している。都市間結合では、ヨハネスバーグ、ケープタウン、ダーバンの最上位都市相互間の結びつきが顕著である。
③ 南ア共和国の国土地域構造は、農業が主産業で沿岸地域を開発中心都市とする「ケープタウン中心時代」、鉱業が移出産業の中心となって内陸地域の開発が進展した「3都市中心時代」へ、さらに製造業が卓越移出産業となりヨハネスバーグを中心とした「首都圏卓越時代」へと変化した。

文献
阿部和俊　2001　『発展途上国の都市体系研究』のⅨ　地人書房
寺谷亮司　2002　『都市の形成と階層分化』　古今書院

第 11 章
西ヨーロッパの都市と都市システム

第 1 節　大企業の branch company からみた都市システム

1　はじめに

　前章まで経済的中枢管理機能を指標として、10 ヶ国の都市システムを分析してきた。それらは、いずれもその国内の都市システムの分析にとどまっていた。経済的中枢管理機能を民間の主要企業でとらえる限り、その国境を越えての活動を無視することはできない。とりわけ、近年のグローバル化の時代においてはなおさらである。しかし、主に有効な資料が見出せないという理由で国境を越えての都市システムの分析は数少ないものであった（朴 2006）。
　ここでは、オーストリア・ベルギー・デンマーク・イギリス・フィンランド・フランス・ドイツ・イタリア・ルクセンブルグ・オランダ・ノルウェー・スペイン・スウェーデン・スイス・アイルランド・ポルトガルの 16 ヶ国にまたがる範囲を対象に国境を越えた都市間結合を検討する。この範囲を対象とするのは使用する資料との関係による。
　使用する資料は、『David S. Hoopes editor Worldwide Branch Locations of Multinational Companies 』(Gale Research Inc. 刊) である。この資料は 1994 年に初めて刊行された。また、管見する限り、これ以後刊行されていない。したがって、時系列的な分析はできない。記載されている内容は 1990 年代前半のものである。
　この資料には、西ヨーロッパ諸国に限らず、日本やアメリカ合衆国の世界的な大企業についても記載されている。ここでは、西ヨーロッパを 1 つのまとまった範囲として分析するので、上記の国の企業のみをとりあげることにする。ま

た、この資料では各大企業の子会社と支社・支店の区別は明確にはなされてはいない。したがって、この資料に基づく研究は1〜10章の都市システムの研究と厳密には同一のレベルのものではない。ここでの問題意識は国境を越えて展開する大企業の branch company を経済的中枢管理機能として、その展開状況から西ヨーロッパの都市システムを明らかにすることにある。

2　人口からみた16ヶ国と主要都市

最初に人口面から、この16ヶ国と各国の主要都市について概観しておこう。人口は都市研究について最も基本的な指標であり、主要都市を基礎的に理解するのに有効である。

この16ヶ国の1995年前後での人口を示したものが表11-1である。最多人口を擁するのはドイツで、81,642千人、最小はルクセンブルグの406千人である。50,000千人以上の国はドイツを含めて4ヶ国、10,000千人以下の国がルクセンブルグを含めて8ヶ国を数える。これら16ヶ国の人口の合計は

表11-1　16ヵ国の都市人口の概要

	人口(1995)千人	都市人口率	人口10万人以上の都市の数	人口第1位の都市	同左の人口(千人)	人口第2位の都市	同左の人口(千人)	①/②
オーストリア	8,053	64.6	5 ①	ウィーン	1,807 ②	リンツ	282	6.4
ベルギー	10,113	94.6	11 ①	ブリュッセル	960 ②	アントワープ	668	1.4
デンマーク	5,228	83.9	4 ①	コペンハーゲン	1,353 ②	オールフス	277	4.9
イギリス	58,258	87.7	274 ①	ロンドン	6,794 ②	マンチェスター	2,591	2.6
フィンランド	5,108	64.2	4 ①	ヘルシンキ	1,016 ②	トゥルク	250	4.1
フランス	58,143	73.9	40 ①	パリ	9,319 ②	リヨン	1,262	7.4
ドイツ	81,642	86.6	84 ①	ベルリン	3,472 ②	ハンブルク	1,706	2.0
アイルランド	3,582	57.0	2 ①	ダブリン	916 ②	コーク	174	5.3
イタリア	57,187	96.6	46 ①	ローマ	2,693 ②	ミラノ	1,371	2.0
ルクセンブルグ	406	77.8	0 ①					
オランダ	15,451	60.6	21 ①	アムステルダム	1,101 ②	ロッテルダム	1,076	1.0
ノルウェー	4,360	72.0	1 ①	オスロ	798 ②	ベルゲン	218	3.7
ポルトガル	10,797	48.2	5 ①	リスボン	2,561 ②	ポルト	1,174	2.2
スペイン	39,210	64.1	55 ①	マドリッド	2,976 ②	バルセロナ	1,596	1.9
スウェーデン	8,831	83.4	10 ①	ストックホルム	880 ②	エーテボリ	433	2.0
スイス	7,040	67.8	7 ①	チューリッヒ	921 ②	ジュネーブ	439	2.1
計	373,409							

資料：各国人口と都市人口率のデータは二宮書店刊『データブック　1998』による。
　　　イギリスについてはRegional Trendsによる。ロンドン、マンチェスターとも大都市圏
　　　人口10万人以上の都市数は国際連合刊『世界人口年鑑』による。

表 11-2　各国の産業構造

	第一次	第二次	第三次	(年次)	備考
オーストリア	6.7	34.5	57.7	(1993)	
ベルギー	2.2	23.7	62.8	(1992)	
デンマーク	5	26.7	67.7	(1993)	
イギリス	1.8	25.3	61.5	(1993)	第二次に軍人を含む
フィンランド	7.5	26.0	62.5	(1994)	
フランス	4.1	22.3	60.5	(1994)	
ドイツ	2.9	31.9	55.6	(1993)	
アイルランド	11.6	23.1	49.5	(1991)	
イタリア	6.9	27.6	53.6	(1994)	第二次に電気・ガス・水道業を含む
ルクセンブルグ	3.2	24.2	64.5	(1991)	
オランダ	3.7	20.6	66.4	(1994)	
ノルウェー	5.2	21.7	70.4	(1994)	
ポルトガル	11.2	32.3	55.6	(1993)	
スペイン	9.2	29.4	53.6	(1993)	
スウェーデン	3.2	22.2	66.5	(1994)	
スイス	5.4	33.0	59.0	(1992)	第二次に電気・ガス・水道業を含む
(参考)					
日本	5.5	32.9	61.3	(1996)	
インド	60.9	11.5	18.7	(1991)	
中国	50.5	23.5	26.0	(1996)	

資料：二宮書店刊『データブック　1998』

3億7,000万人強である。

　表11-1には同時に各国の人口10万人以上の都市的地域[1]の数、人口第1位と第2位の都市名と人口も掲載している。16ヶ国の都市人口率を見るとイタリアの96.6％を筆頭に最低のアイルランドでも57.0％とかなり高く、西ヨーロッパは全体として都市化が進んでいることがわかる。因みに日本では、それは77.4％（1990年の市人口）であるが、インドでは26.3％（1993年）、中国では32.7％（1992年）にすぎない。

　西ヨーロッパは全体として産業の高度化が進んでいる地域でもある。表11-2は16ヶ国の産業別人口率を示したものであるが、第一次産業人口率が10％を越える国はアイルランドとポルトガルの2ヶ国のみであり、7ヶ国が5％以下である。第二次産業人口率が30％を越える国は4ヶ国に過ぎず、全体として第三次産業化が著しい。

　参考として掲載した日本・インド・中国では、日本の構成比が西ヨーロッパ諸国に類似していること、反対にインドと中国の第一次産業人口率が極めて高く、西ヨーロッパ諸国や日本と対照的であることがわかる。それはまた、日本がアジアの中ではむしろ特異な国であることにほかならない。そして、産業別

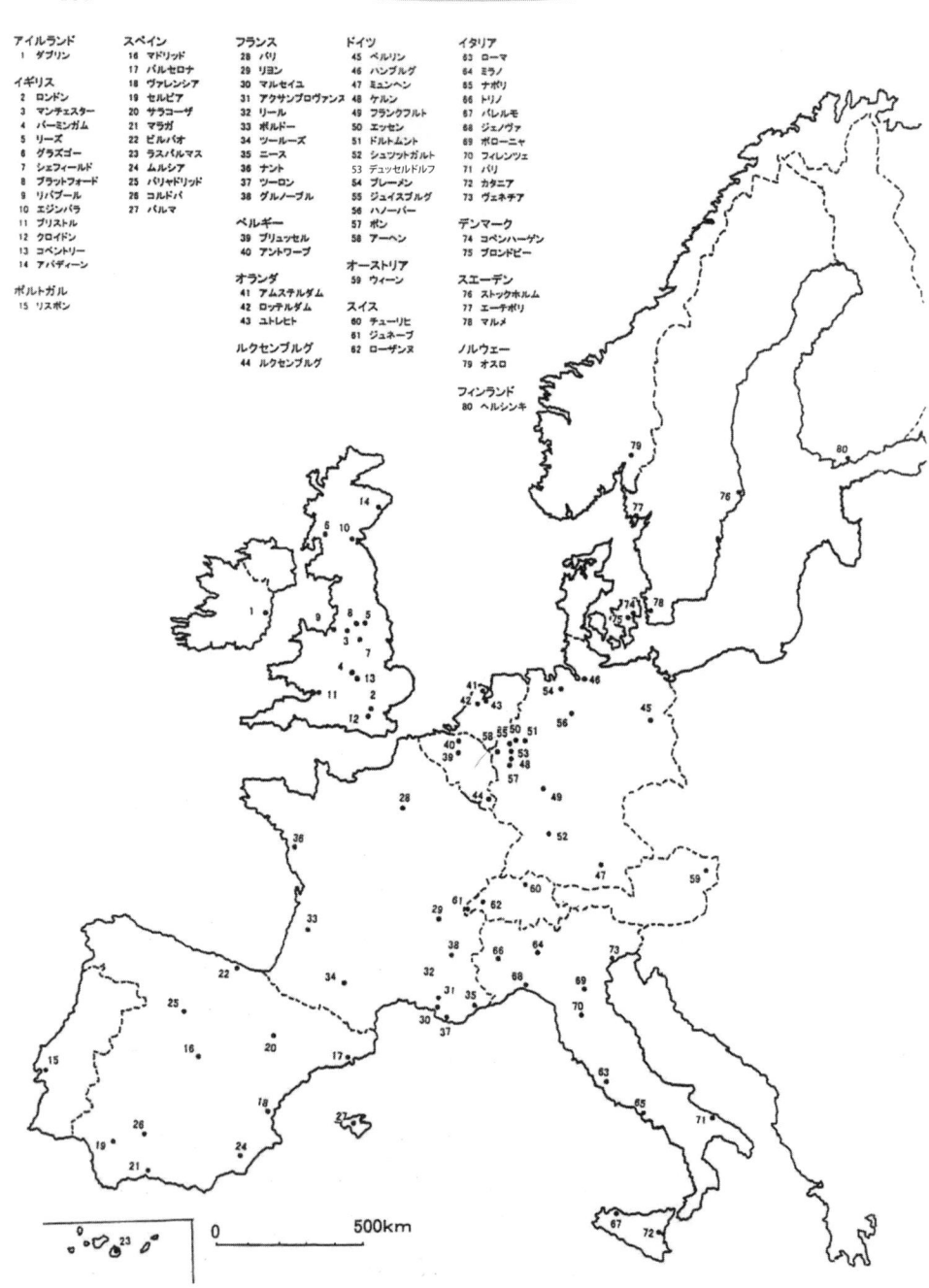

アイルランド	スペイン	フランス	ドイツ	イタリア
1 ダブリン	16 マドリッド	28 パリ	45 ベルリン	63 ローマ
	17 バルセロナ	29 リヨン	46 ハンブルグ	64 ミラノ
イギリス	18 ヴァレンシア	30 マルセイユ	47 ミュンヘン	65 ナポリ
2 ロンドン	19 セルビア	31 アクサンプロヴァンス	48 ケルン	66 トリノ
3 マンチェスター	20 サラゴーザ	32 リール	49 フランクフルト	67 パレルモ
4 バーミンガム	21 マラガ	33 ボルドー	50 エッセン	68 ジェノヴァ
5 リーズ	22 ビルバオ	34 ツールーズ	51 ドルトムント	69 ボローニャ
6 グラズゴー	23 ラスパルマス	35 ニース	52 シュツットガルト	70 フィレンツェ
7 シェフィールド	24 ムルシア	36 ナント	53 デュッセルドルフ	71 バリ
8 ブラットフォード	25 バリヤドリッド	37 ツーロン	54 ブレーメン	72 カタニア
9 リバプール	26 コルドバ	38 グルノーブル	55 ジュイスブルグ	73 ヴェネチア
10 エジンバラ	27 パルマ		56 ハノーバー	
11 ブリストル		ベルギー	57 ボン	デンマーク
12 クロイドン		39 ブリュッセル	58 アーヘン	74 コペンハーゲン
13 コベントリー		40 アントワープ		75 プロンドビー
14 アバディーン			オーストリア	
		オランダ	59 ウィーン	スエーデン
ポルトガル		41 アムステルダム		76 ストックホルム
15 リスボン		42 ロッテルダム	スイス	77 エーテボリ
		43 ユトレヒト	60 チューリヒ	78 マルメ
			61 ジュネーブ	
		ルクセンブルグ	62 ローザンヌ	ノルウェー
		44 ルクセンブルグ		79 オスロ
				フィンランド
				80 ヘルシンキ

図 11-1　研究対象都市

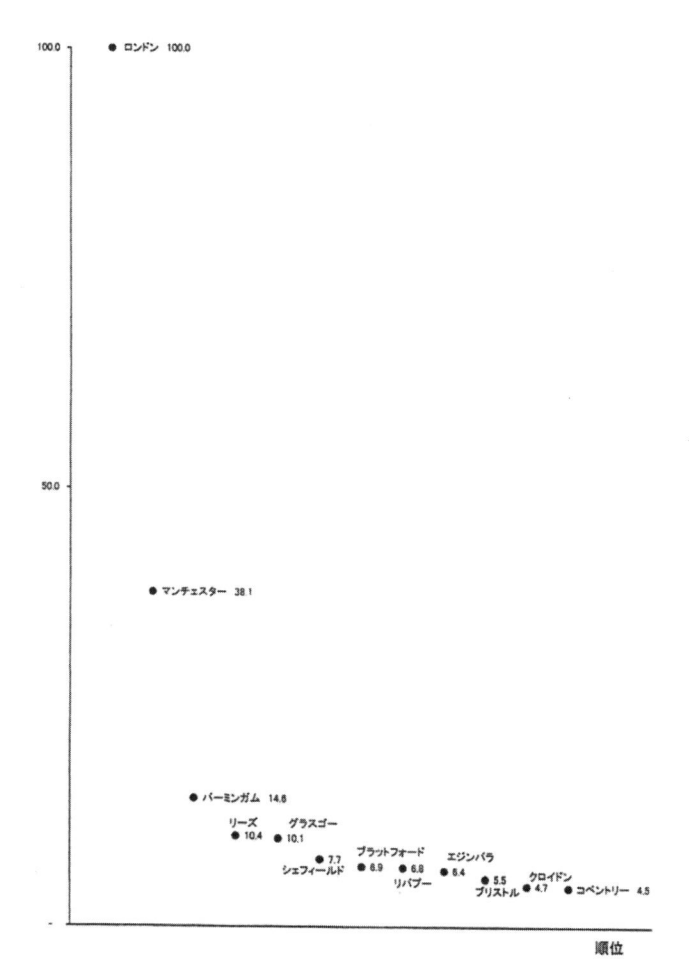

図11-2 人口による主要都市の順位規模曲線 （イギリス1991年）

人口率と都市人口率が強い相関関係にあることも予想がつく。

　人口10万人以上の都市の数をみると、西ヨーロッパ諸国は一様ではないこともわかる。10万人以上の都市数が最も多いのはイギリスであり、実に274を数える。一方、ルクセンブルグとノルウェーは例外としても、人口10万人以上の都市を数多くもつ国は少なく、西ヨーロッパ諸国の都市のあり様はさまざまである。図11-1はここで対象とする都市を示したものである。それはま

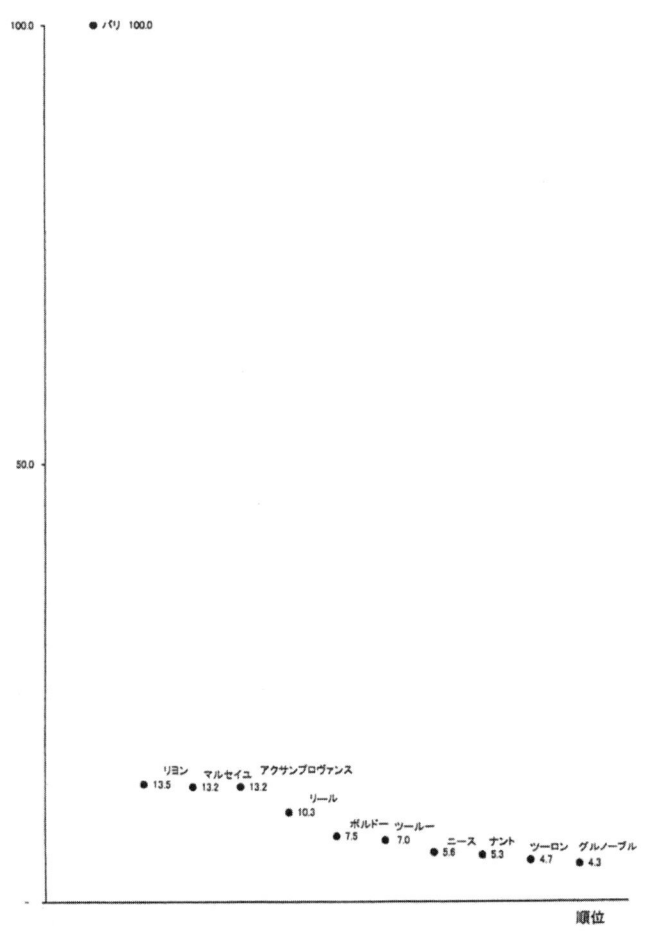

図 11-3　人口による主要都市の順位規模曲線　（フランス 1990 年）

た本社数と branch company の配置数が多い都市である。

　したがって、都市規模の差異にも各国の特徴は現れるが、都市数の多いイギリス、フランス、ドイツ、イタリア、スペインの都市の順位規模曲線を作成した（図 11-2 〜 6）。この順位規模曲線は最大人口をもつ都市の人口を 100.0 とした相対値で各国の上位都市の人口が示されている。順位規模曲線はその曲線の形状から各国（各地域）の都市システムを検討する時の1つの手段とし

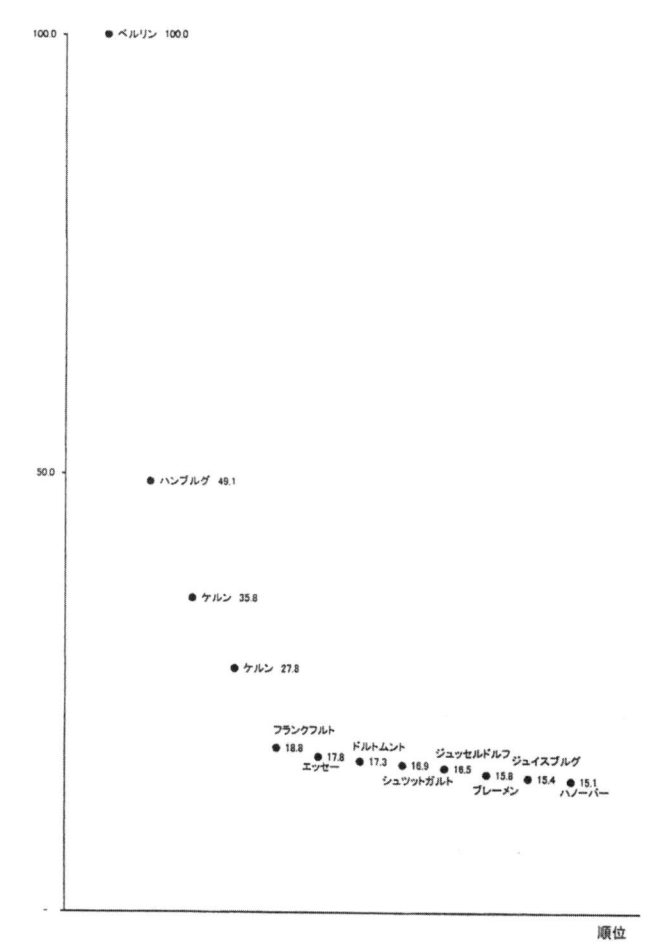

図 11-4　人口による主要都市の順位規模曲線　（ドイツ 1994 年）

て使用される。用いた指標によって示される都市間の間隔について視覚的にとらえるのには有効である。

　これら5ヶ国の人口上の第1位都市はいずれも首都である。最多人口を擁するのはパリ都市圏であり、9,319千人である。もっともパリ市そのものの人口は少なくて2,152千人でしかない（第2章）。

　ドイツの場合、このグラフは東西統一後の都市人口であり、人口最多都市

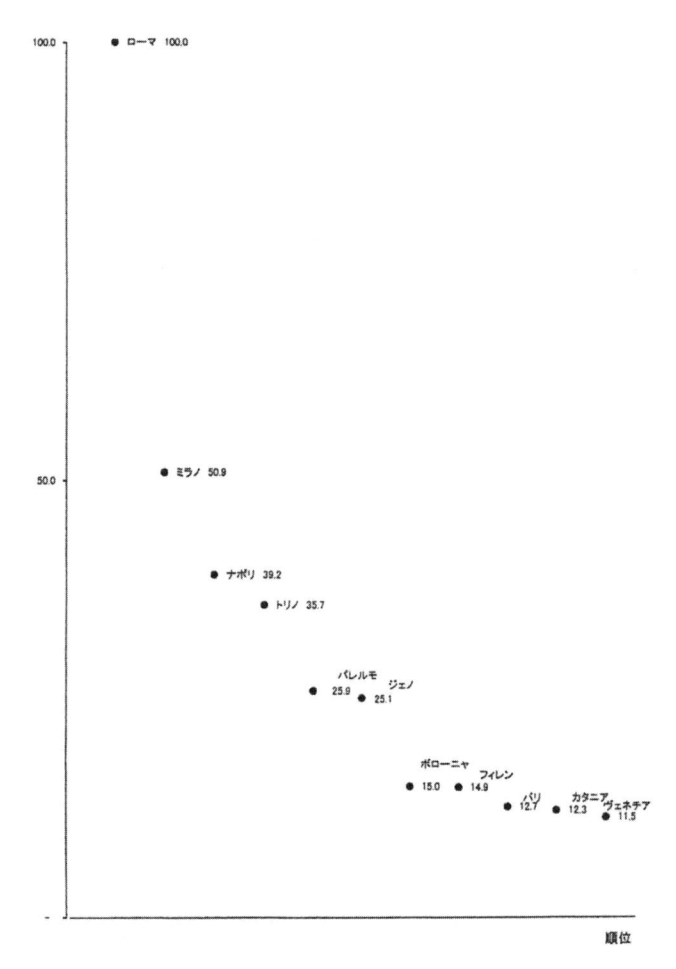

図11-5　人口による主要都市の順位規模曲線　（イタリア1991年）

はベルリンで3,472千人である。統一前の西ドイツの場合も人口最多都市は西ベルリンであったが、その人口は1986年で1,879千人であった（第7章、補論）。

　5ヶ国のグラフでは、いずれも首位都市の卓越が顕著である。すなわち、首都の卓越が著しい。第2位都市の第1位都市に対する比率は最大のスペインで53.6％であるが、フランスは13.5％でしかない。反対に、第1位都市の

第 11 章　西ヨーロッパの都市と都市システム　　　　　　　　　　　　191

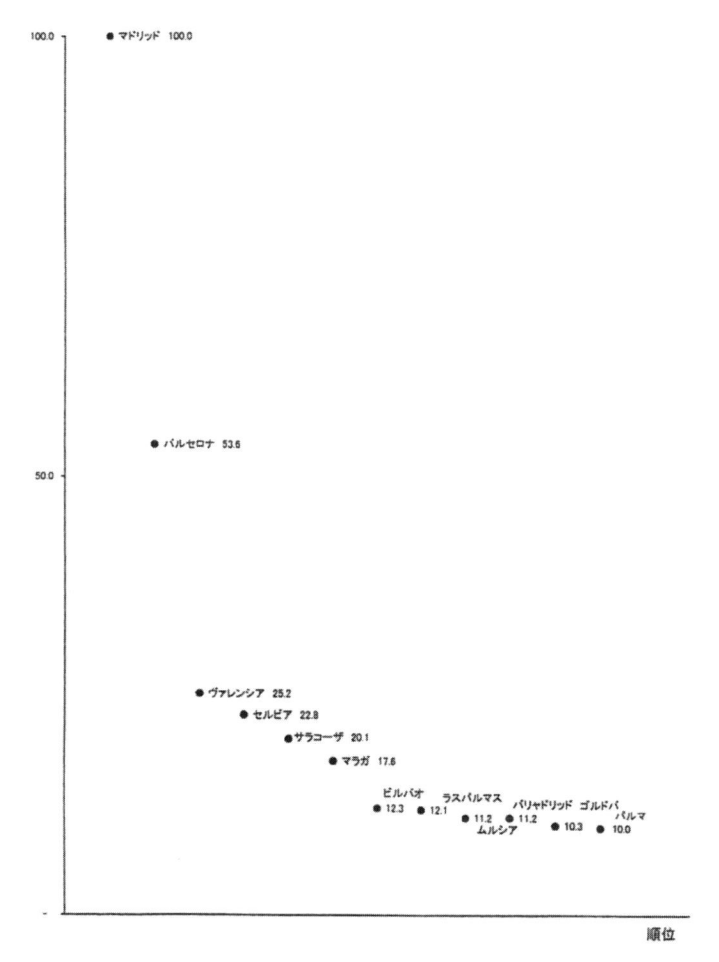

図 11-6　人口による主要都市の順位規模曲線 （スペイン 1991 年）

　人口が第 2 位都市の人口の何倍にあたるかを計算すると、当然のことながら、フランスが最も大きい。しかし、とりあげた 5 ヶ国以外のオーストリア、デンマーク、フィンランド、アイルランドの方がその値は大きい。西ヨーロッパの国々は総じて首位都市の卓越が顕著である。
　因みに日本の場合、半径 50km を都市圏とみなして、東京（29,200 千人）を 100.0 とすると、第 2 位の大阪（16,210 千人）の比率は 55.5％である（『平

成2年　国勢調査報告』による)。東京の人口は大阪の人口の1.8倍であり、スペインと同じくらいである。

　あらためて5ヶ国の人口による都市の順位規模曲線をみると、第2位の都市を単独で確認できるイギリス・スペインとそれが曖昧な3ヶ国とに分けることができる。この問題は主要都市群の(人口を指標とした)階層性の存否という問題でもあるが、この点についてはこの5ヶ国にクリスタラーの中心地理論的な意味での都市の階層性を指摘することはできない。ドイツにおいては、第1位階層ベルリン・第2位階層ハンブルク・第3位階層ミュンヘン・第4位階層ケルン、イタリアにおいては、第1位階層ローマ・第2位階層ミラノ・第3位階層ナポリとトリノ・第4位階層パレルモとジェノヴァという階層を指摘できないことはなさそうであるが、それはあまり意味をもたない。これら5ヶ国は人口からみると程度の差はあっても、首位都市が卓越した構造をもつ国であるといえよう。第1位都市の人口と第10位都市の人口とを比較すると、イギリスでは5.5％、フランスでは4.7％、ドイツでは16.5％、イタリアでは12.3％、スペインでは11.2％である。

　これら5ヶ国の政治体制は立憲君主制(イギリス、スペイン)、共和制(フランス、イタリア)、連邦共和制(ドイツ)である。一般に連邦制国家はその他の政治体制の国と比べて卓越した都市が出現しにくく、都市間の上下差が小さいと言われている。しかし、ドイツの主要都市を人口で見る限り、必ずしもこの説は当てはまりそうにない。各国の歩んできた歴史・文化・産業構造・政治体制が複雑に作用しあっている結果であろうが、その解明は都市地理学の重要なテーマである。とくに、分断から統一されたドイツの分析が1つの鍵となろう。

　以上の5ヶ国以外の状況にも言及しておこう。オランダが第2位都市(ロッテルダム)の第1位都市(アムステルダム)に対する比率が97.7％で最も高い。97.7％というのは第1位都市と第2位都市は同規模であるということである。ベルギー、ポルトガル、スウェーデン、スイスにおいても第2位都市の人口は第1位都市の人口に対して高い比率を示す。一方、オーストリア、デンマーク、フィンランド、アイルランド、ノルウェーにおいては、その数値は10％台、20％台でしかない。表11-1からもわかるように、各国の10万人以上の都市

数にも大きな差があり、こういう差異が何に由来するのかといったことを解明することは重要な課題であろう。

3　16ヶ国の大企業

(1) 業種構成

　既述した資料に掲載されている西ヨーロッパの大企業は16ヶ国で195社である（表11-3）。国別では大きな差があり、最多はイギリスの58社であるが、ルクセンブルグとスペインはともに1社でしかない。そして、ポルトガルには対象企業が存在しない。

　表11-3には各国の大企業の業種構成も提示している。この中には「農林・水産」「建設」「金融」「証券」が含まれていない。この4業種に該当する企業がないのか、意図的に掲載されていないのかは不明である。表11-3の業種分類に基づけば、最多業種は「金属・鉄鋼・機械」である。59社で全体の30.3%を占める。2番目に多い業種は「化学（石油精製業を含む）」であり、

表11-3　各国の大企業の業種構成

	本社数	鉱業	食料品	繊維	パルプ・紙	化学（石油精製）	ゴム・窯業	金属・鉄鋼・機械	その他製造業	分類不能の製造業（出版）	商	保険	不動産	運輸	サービス	ホールディング	その他・分類不能
オーストリア	2					1		1									
ベルギー	5	1				1		2						1			
デンマーク	3		1			1									1		
イギリス	58	1	7		1	5	2	14	3	7			1		9	2	6
フィンランド	11		1	1	1	1		5		2	1						
フランス	22	1	3			3		3	3	2				1	2		4
ドイツ	31					6	2	9	1	4		1			2	1	5
イタリア	6			1				2		1					1		1
ルクセンブルグ	1							1									
オランダ	14		1			3		4	1	1		1				1	2
ノルウェー	4				2			1							1		
スペイン	1					1											
スウェーデン	23				3	3		11		1		1				1	1
スイス	12		1				1	6							1		1
アイルランド	2							1		1							
計	195	3	14	1	7	28	6	59	8	20	2	4	1	1	16	5	20
	(100.0)	(1.5)	(7.2)	(0.5)	(3.6)	(14.4)	(3.1)	(30.3)	(4.1)	(10.2)	(1.0)	(2.1)	(0.5)	(0.5)	(8.2)	(2.6)	(10.2)

28社で全体の14.4％である。「食料品」「繊維」「パルプ・紙」「ゴム・窯業」「その他製造業（出版・印刷業）」「分類不能の製造業」を含めて製造業とすると、142社となり全体の72.8％になる。「サービス」は16社（8.2％）を数えるが、「商」（2社、1.0％）と「保険」（4社、2.1％）はともに少なく、全体として製造業中心の構成になっている。

国別に業種構成をみれば、14社を数えるイギリスの「金属・鉄鋼・機械」が最多であるが、14社というのはイギリス全体の58社の24.1％であり、この業種の全体比を下回る。製造業全体としては、イギリスは39社、67.2％となり、これも全体の比率より低い。イギリスの場合、「サービス」が9社と多く、イギリス全体の15.5％にもなる。

「金属・鉄鋼・機械」では11社のスウェーデン、9社のスイスが、それぞれスウェーデン全企業の47.8％、スイス全企業の50.0％という高率を占めている。その他では突出した業種はみられない。

以下の分析においては、基本的に業種の差異を捨象して行ない、ケースバイケースで業種の特徴に言及することにする。

(2) 本社からみた主要都市（圏）

都市（圏）別本社の状況をみると（表11-4）、上位都市はロンドン都市圏36本社（うち、ロンドン32本社）、パリ都市圏19本社（うち、パリ12本社）、ストックホルム11本社、ヘルシンキ都市圏11本社（うち、ヘルシンキ9本社、エスプー2本社）である。この4都市に続いて多くの本社をもつ都市はミュンヘン（5本社）、デュッセルドルフ（4本社）、バーゼル（4本社）であるが、そこには大きな差がある。

対象としてとりあげている企業数が国によってかなり異なるため、そのことも考慮しておかなくてはいけない。ロンドン都市圏の35本社というのはイギリスの58本社の62.1％であるが、パリ都市圏の19本社はフランスの22企業の86.3％にあたり、ストックホルムの11本社はスウェーデンの23企業の47.8％である。パリ都市圏はフランスにおける大企業本社の圧倒的な集中都市である。フランスを上回るのがフィンランドであり、対象の11企業がすべてヘルシンキ都市圏に本社を置いている。

表11-4　主要都市（圏）の本社の業種構成

	本社数	鉱	食料品	繊維	パルプ・紙	化学（石油精製）	ゴム・窯業	金属・鉄鋼・機械	その他製造業（出版）	分類不能の製造業	商	保険	不動産	運輸	サービス	ホールディング	その他・分類不能
ロンドン都市圏	36	1	7		1	5	1	7	2	1		1			5	1	4
パリ都市圏	19	1	2			3		3	2	2	1		1		1		5
ストックホルム	11				1	1		6		1		1					1
ヘルシンキ都市圏	11		1		1	1		5		2	1						

　このフィンランドやフランスと対極にあるのがドイツである。ドイツはイギリスに次ぐ31社が掲載されながら、都市としてはミュンヘンの5本社が最多である。国内の数都市にその本社分布は分散している。類似した分布を示すのがスイスである。この両国はともに連邦制国家であり、その場合、企業本社の立地が分散するのは既に指摘したところである。

　表11-4には本社多数都市の本社の業種構成も掲載している。ヘルシンキ都市圏の場合はフィンランド全体と同じであるから省くとして、3都市（圏）の本社の業種構成を大きく製造業と非製造業とに二分すると、ロンドン都市圏は製造業が24本社でイギリス全体の36本社の66.7%、パリ都市圏は同12本社で63.2%、ストックホルムは同9本社で81.8%である。ロンドン都市圏、パリ都市圏、ストックホルムとも製造業企業の本社集中率は国全体の製造業企業率とほとんど同じであり、とくに、製造業企業の本社集中率が高いというようなことはない。

4　大企業の branch company の配置

(1) branch company の配置

　ここでの目的は国境を越えた都市システムの分析であるが、その前に、まず各国にどのくらい branch company が配置されているのか、その点から見ていこう。表11-5は各国の企業（縦欄）がそれぞれの国（横欄）に branch company を何社配置しているのかを示したものである。

　最多配置はイギリス→フランスの48企業で、これは全イギリス企業の

世界の都市体系研究

表 11-5　国別配置 branch company の状況

from (本社数) \ to	オーストリア	ベルギー	デンマーク	イギリス	フィンランド	フランス	ドイツ	イタリア	ルクセンブルク	オランダ	ノルウェー	スペイン	スウェーデン	スイス	アイルランド	ポルトガル
オーストリア　2		1	1	1		1	1			1	1	1	1			
ベルギー　5	1		1	3		4	3	3		3	2	2	1	1		2
デンマーク　3	2	2		4	2	2	3	2		2	2	2	3	2	1	2
イギリス　58	15	30	17		9	46	39	34	3	36	11	31	17	18	22	16
(100.0)	(25.9)	(51.7)	(29.3)		(15.5)	(79.3)	(67.2)	(58.6)	(5.2)	(62.1)	(19.0)	(53.4)	(29.3)	(31.0)	(37.9)	(27.6)
フィンランド　11	8	9	10	11		10	10	9		11	9	9	11	10	5	6
フランス　22	13	17	7	18	6		18	20	6	16	9	17	10	16	8	7
(100.0)	(59.1)	(77.3)	(31.8)	(81.8)	(27.3)		(81.8)	(90.9)	(27.3)	(72.7)	(40.9)	(77.3)	(45.5)	(72.7)	(36.4)	(31.8)
ドイツ　(31)	23	26	14	24	10	26		23	4	23	12	25	14	21	10	14
(100.0)	(74.2)	(83.9)	(45.2)	(77.4)	(32.3)	(83.9)		(74.2)	(12.9)	(74.2)	(38.7)	(80.6)	(45.2)	(67.7)	(32.3)	(45.2)
イタリア　6	2	3	2	4	1	4	4			1	5	2	4	4	4	2
ルクセンブルク　1		1	1		1		1	1		1						
オランダ　14	3	12	5	12	3	11	11	7	3		3	11	7	9	6	7
ノルウェー　4	2	3	3	4	2	4	3	3		3		3	3	3	1	2
スウェーデン　23	16	19	16	20	17	19	19	15	5	21	19	17		16	6	9
(100.0)	(69.6)	(82.6)	(69.6)	(87.0)	(73.9)	(82.6)	(82.6)	(65.2)	(21.7)	(91.3)	(82.6)	(73.9)		(69.6)	(26.1)	(39.1)
スイス　12	7	8	6	10	6	10	10	9		5	8	9	8		7	7
アイルランド　2				2		1	1	1		2		2				
計	92	131	83	114	57	138	123	127	25	133	75	132	79	101	66	74

イギリス・フランス・ドイツ・スウェーデンの下段の数値は各国への branch company の配置率

79.3％である。このうちロンドン都市圏企業は77.8％なので、国全体の比率とほぼ等しい。このイギリス→フランスを筆頭に、30以上の配置数を示すのはイギリスしかない。

20以上30未満の配置数を見ると、イギリス→アイルランド、フランス→イタリア、ドイツ→オーストリア・ベルギー・イギリス・フランス・イタリア・オランダ・スペイン・スイス、スウェーデン→イギリス・オランダの合計12例ある。この中で注目すべきは、フランスとドイツであろう。対象企業はドイツの方がやや多いが、他国への配置はほぼ等しい。しかし、前項で検討したように、そして、次項で再検討するようにフランスにおいては．企業本社はパリ都市圏への一極集中であるのに対して、ドイツは分散立地であるが、国全体としてはほぼ同じである。

スウェーデンも対象企業の多い国であり、他国への branch company の配置も多い。配置率からみてもデンマーク、フィンランド、オランダ、ノルウェー

に対してはイギリス、ドイツ、フランスのそれを大きく上回る。スウェーデンの企業は北ヨーロッパの国々を中心に branch company を展開している。

　西ヨーロッパの国々はいずれも相互に強く関係しあっているとはいえ、branch company の配置には距離の影響が認められる。確かに、オーストリアやスイスに対してはイギリスからよりも、フランスとドイツからの方が配置率は高い。一方、ドイツとスペインは国土が隣接しあってはいないが、ドイツ→スペインの配置率（80.6％）はどこの国からよりも高い。オランダの企業もベルギー、イギリス、フランス、ドイツへの branch company の配置が多いが、スペインへも配置数・配置率がともに多く高い。

　次に国別の被配置企業数を見てみよう。表 11-5 に示したように、被配置企業数が最も多いのはフランスであり、138 を数える。130 以上はフランスをはじめ 4 ヶ国あり、最小はルクセンブルグの 25 である。スペインの対象企業数は 1 社であるが、被配置企業数は 132 社もある。アイルランドは同 2 社、同 66 社、ポルトガルは対象企業は 0 であるが、被配置企業数は 74 を数える。

　図 11-7 は各国の企業数（横軸）と被配置企業数（縦軸）をプロットしたものであるが、一見して明らかなように何らかの関係を見出すことはできない。あまりにも対象企業数の少ない、たとえば 10 以下の企業数の国を除いても、強い関係を見出すことはできない。1 国あたりの平均被配置企業数は 96.9 社である。やや精緻さに欠ける数値であるが、比較的多くの企業数・被配置企業数をもつ国の中で、この値を大きく下回るのはスウェーデンとフィンランドである。両国は他の西ヨーロッパ諸国に比べて市場としての魅力に乏しいのかもしれない。

　図 11-8 は縦軸に国の総人口を、横軸に被配置企業数をとった片対数グラフである。比較的強い相関関係を認めることができよう。総人口が市場の大きさを表すとすれば、各国企業の他国への branch company の配置は片対数的にかなり説明がつくことになる。

　図 11-9 は縦軸に国民総生産額（億ドル、表 11-6）、横軸に被配置企業数をとった片対数グラフである。総人口の場合よりも明らかに強い相関関係が認められよう。各国の国民総生産、つまり経済力が他国からの branch company をひきつけていると考えられる。

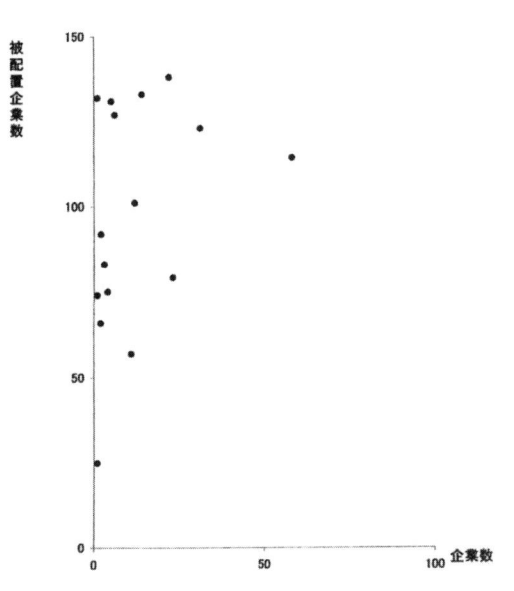

図 11-7　各国の企業数と被配置企業数との関係

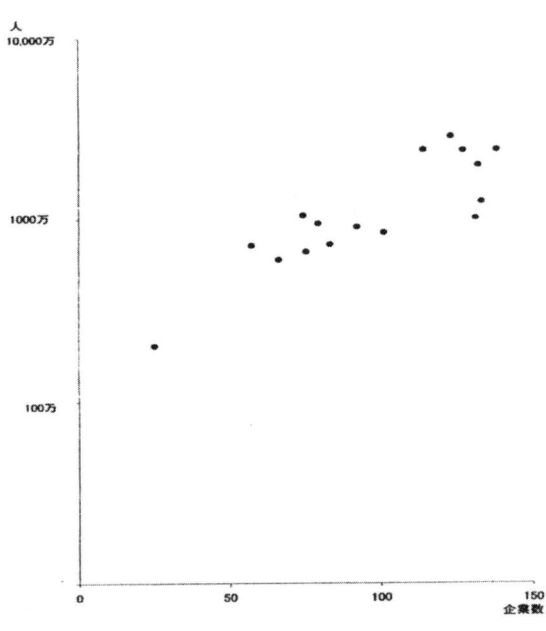

図 11-8　各国の総人口と被配置企業数との関係

第11章　西ヨーロッパの都市と都市システム　　199

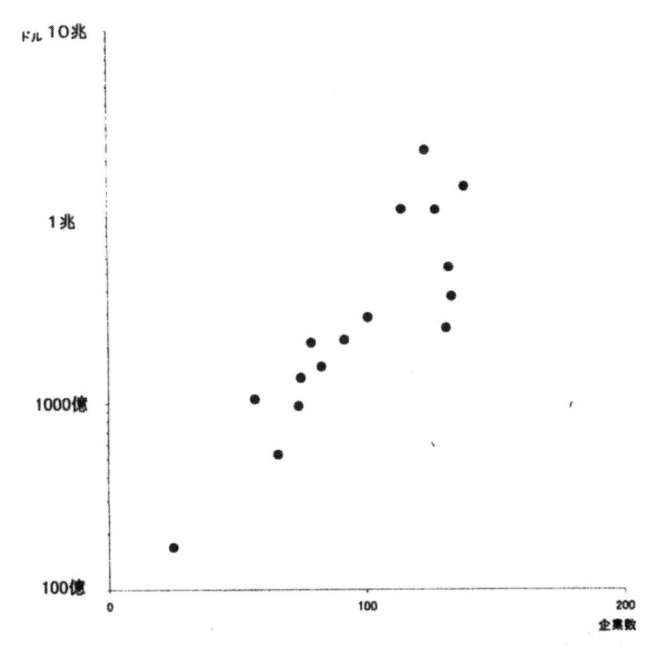

図11-9　各国の国民総生産と被配置企業数との関係

表11-6　各国の国民総生産

	単位は億ドル
オーストリア	2,165
ベルギー	2,507
デンマーク	1,560
イギリス	10,947
フィンランド	1,052
フランス	14,511
ドイツ	22,523
アイルランド	528
イタリア	10,881
ルクセンブルク	169
オランダ	3,710
ノルウェー	1,361
スペイン	5,323
スウェーデン	2,097
スイス	2,860
ポルトガル	967

資料：二宮書店『1998　データブック』

(2) branch company の配置からみた都市システム

表 11-7 はロンドン都市圏、パリ都市圏、ストックホルム、ヘルシンキ都市圏から西ヨーロッパの主要都市への branch company の配置状況を示したものである。これから都市間結合の状況を検討していこう。

branch company の被配置数の多い都市を順にみていくと、パリ都市圏（85）、ミラノ（79）、マドリッド（73）、ブリュッセル（56）、ウイーン（46）、グレイターロンドン（37）、ダブリン（36）、ハンブルク（34）、オスロ（30）の9都市が30以上を数える。そして、20~29 の被配置数の都市はバルセロナ（27）、リスボン（27）、ヘルシンキ都市圏（25）、アムステルダム（24）、コペンハーゲン（21）の5都市である。

この 14 都市のうち 11 都市が首都である。興味深いところでは、首都ローマ（11）を圧倒する被配置数のミラノである。イタリアの経済活動の中心ミラノへの外国企業の進出は著しい。

反対に、旧西ドイツの旧首都ボンは3つの被配置企業しか数えない。旧西ドイツではハンブルクの 34 を筆頭に、デュッセルドルフ（17）、ミュンヘン（13）など、企業の被配置は分散的である。この理由については既に指摘しているように、政治制度としての連邦制が挙げられる。首都に限らず、卓越都市のできにくい連邦制度の国に対しては外国企業の進出も特定の都市に集中しない。

たとえば、スイスも同様の傾向を示している。スイスでは最多数都市はチューリッヒ（12）であり、第2位はジュネーブであるが、その差は小さく、そして、首都ベルンは（1）でしかない。

ただし、現在、東西ドイツは解消し、統一ドイツが復活した。そして、首都はベルリンとなった。人口面ではベルリンは卓越している。人口面でのこのような卓越は当然他の指標でも大きく卓越するであろうことが予想される。連邦制を採用しながら卓越した首都をもっているドイツの都市ならびにその都市システムのあり様は興味深い（第7章）。

また、ドイツの都市の中で、もう1つ注目される都市はフランクフルトである。補論で指摘していることであるが、旧西ドイツ時代の 1987 年頃フランクフルトは本社数最多都市であった。第2位はハンブルクであった。フランクフルトの

第11章　西ヨーロッパの都市と都市システム

表11-7　都市間の branch company の配置状況

to / from	ロンドン都市圏	マンチェスター	ブラットフォード	ブリストル	アバディーン	パリ都市圏	マルセイユ	リヨン	アーヘン	ミュンヘン	ハンブルク	デュッセルドルフ	シュットガルト	ベルリン	ハノーヴァー	ケルン	エッセン	フランクフルト	ボン	ブレーメン	ミラノ	ローマ	タリン
ロンドン都市圏						50	2	2		4	12	1		2	1	3	1	4	2	3	26	3	2
パリ都市圏	10		1	3					4	4	2	4	3	2	3	3		2	1		27	4	5
ストックホルム	17	3	3	2	2	14	2			3	16	4	3	1	2	2	5	1			18	2	
ヘルシンキ都市圏	10	1		1	1	21		1		2	3	8		1				1			8	2	
計	37	4	4	6	3	85	4	3	4	13	33	17	6	6	6	8	3	3	79	11	7		

to / from	ウィーン	アムステルダム	ロッテルダム	ユトレヒト	オスロ	コペンハーゲン	ブロンドビー	ブリュッセル	アントワープ	ヘルシンキ都市圏	ストックホルム	エーテボリ	マルメ	マドリッド	バルセロナ	チューリッヒ	ジュネーブ	ローザンヌ	リスボン	ダブリン	ルクセンブルグ
ロンドン都市圏	13	7	11		2	7		17	5	5	3	4		27	9	4	2		8	23	3
パリ都市圏	9	4	2	2	5	3		15	1	2	6	3	2	21	8	4	7	3	9	5	3
ストックホルム	12	3	1	1	16	6	5	14	2	18				14	7	2			2	2	1
ヘルシンキ都市圏	12	10	5		7	5	1	10	2		9	4	3	11	3	2	2	1	8	6	
計	46	24	19	3	30	21	6	56	10	25	18	11	5	73	27	12	11	4	27	36	7

　本社数のうち、多い業種は「金融」であった。『Worldwide Branch Locations of Multinational Companies』は「金融」すなわち銀行については掲載していないので、フランクフルトへの配置数が多くないのは、この理由による。
　フランスの状況はドイツとは対照的である。表11-7に明らかなようにパリ都市圏への配置数が飛び抜けている。85社という数は対象全都市中最多である。マルセイユ、リヨン、ツールーズいずれも被配置企業の数は少なく、パリ都市圏との差はきわめて大きい。
　パリ都市圏内における配置企業の立地は、パリ市内とパリ周辺にほぼ均等に分布している。パリは市内のオフィス容積が限定されているため、パリに隣接する地区に多くのオフィスが立地している。その代表がラ　デファンス地区であり、ここはパリ市内とは全く異なる景観をしている。もちろん、企業が立地する隣接地区はラ　デファンスだけではなく、パリを取り巻くように交通上便利な地区に、いくつかの業務地区がみられる（第2章、阿部2009）。
　パリ都市圏はしばしば便宜的に内帯と外帯とに分けられて分析される（第2

章 図2-3）。表11-7の数字はこの内帯のものである。外側のパリ大都市圏にまで範囲を広げれば企業数はもっと多い。パリはフランスの中で圧倒的な地位を占めているのである。

また、ロンドン（グレイターロンドン）もパリ同様、国内最多の被配置企業都市圏であるが、表11-7で見る限り、フランスにおけるパリ都市圏ほどの卓越にはない。この理由の1つに、今回の対象企業にロンドン都市圏の企業が多いことがある。ロンドン都市圏に本社を置いている企業にとっては自都市圏内に branch company を置く必要はないからである。イギリスにおいてもグレイターロンドンに次ぐ第2位都市への被配置企業数は少なく、グレイターロンドンとの差は大きい。フランスと類似した構造を示している。

続いて、その他の特徴に言及しよう。マドリッド、ブリュッセル、ウイーン、ダブリン、オスロが被配置企業の多い都市である。バルセロナにも被配置企業数が比較的多い。スペインには対象企業は1社しかない。入超の著しい国である。ウイーン、ダブリン、オスロ、そして、リスボン、ヘルシンキ都市圏の場合、首都としてのこれらの都市に続く都市はない。もちろん、首都以外のすべての都市において被配置企業数が0ということではないが、とりあげるほどの数ではない。これらの国において首都は圧倒的な存在なのである。

オランダとベルギーにおいては、アムステルダムとブリュッセルに続く都市であるロッテルダムとアントワープに比較的多くの branch company が認められる。ロッテルダムは西ヨーロッパ有数の港湾都市、アントワープは古い工業都市の中心である。このことが両都市への配置数を多くしている要因であると推測される。

2都市間の配置状況について検討する。2都市間の最多配置はロンドン都市圏→パリ都市圏の50である。その他20以上の都市間として、ロンドン都市圏→ミラノ・マドリッド・ダブリン、パリ都市圏→ミラノ・マドリッド、ヘルシンキ都市圏→パリ都市圏の6例みられるが、ロンドン都市圏→パリ都市圏の50は群をぬいている。両都市間の関係は西ヨーロッパの諸都市間の中で際立った強さである。

イギリスの企業がパリ都市圏を西ヨーロッパの中で最重要視していることがわかる。しかし、今後、統一したドイツの首都ベルリンへの配置がどのように

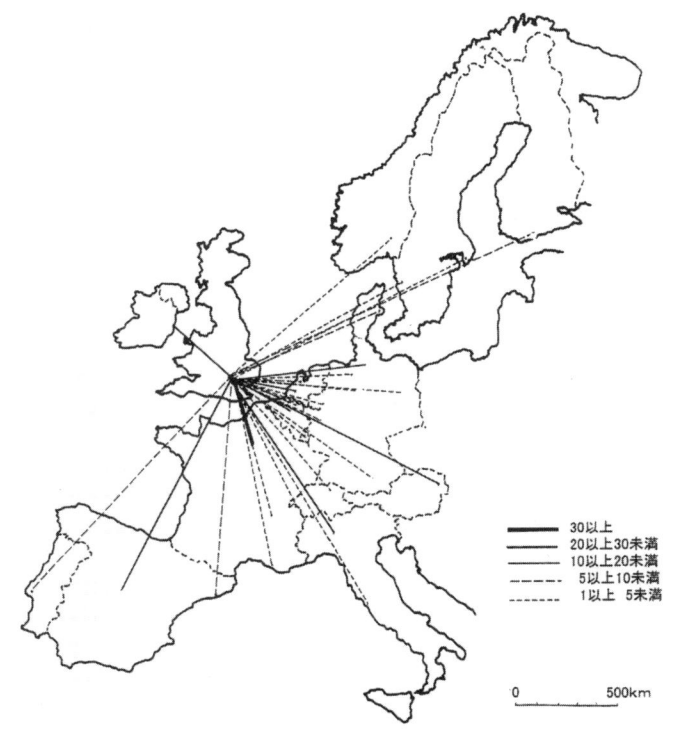

第 11 章　西ヨーロッパの都市と都市システム

図 11-10　ロンドン都市圏から各都市への branch company の配置

なるのか興味深い。ダブリンへはロンドン都市圏企業のものが圧倒的であるが、それは地理的なことをはじめとして両国の強い関係によっている。

　ロンドン都市圏からも、パリ都市圏からもミラノとマドリッドへの配置数が多いことも興味深い。とくに、ローマを上回るミラノへの配置数の多さは注目に値する。パリ都市圏に本社を置く企業数（19）とロンドン都市圏に本社を置く企業数（36）を考慮すると、パリ都市圏企業がこの2都市に branch company を数多く配置していることがわかる。パリ都市圏企業はロンドン都市圏には10しか配置していないことも注目しておく必要があろう。

　ストックホルム本社企業の配置状況をみると、ロンドン都市圏、ハンブルク、オスロ、ヘルシンキ都市圏において多くの branch company を配置している。これはある程度の被配置企業数をもつ都市の場合であり、あまりに数少ない都

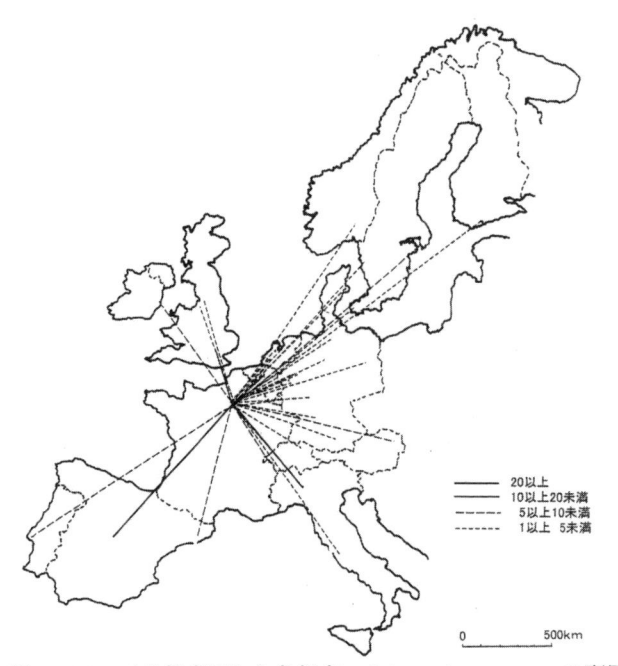

図11-11　パリ都市圏から各都市への branch company の配置

図11-12　ストックホルムから各主要都市への branch company の配置

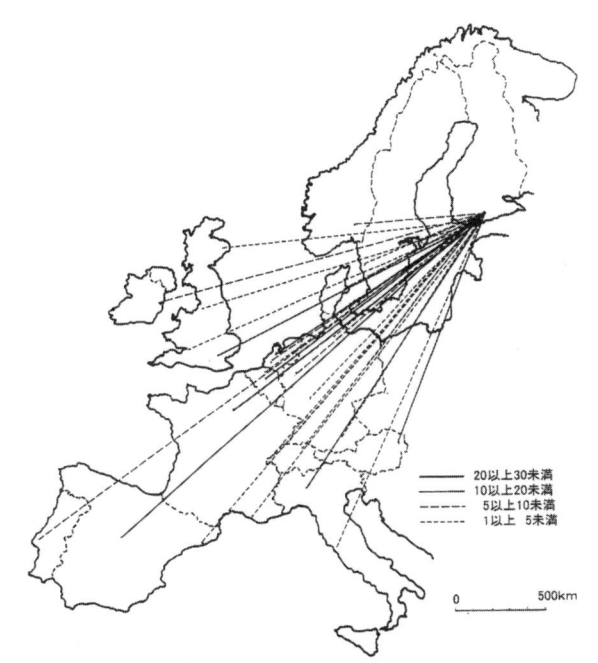

図11-13 ヘルシンキ都市圏から各主要都市への branch company の配置

市は省略しているが、エッセンにおいてもストックホルムは第1位の都市であり、ウイーンに対しても、かなりの配置数である。このことは図化することによってより明らかになるが、都市間相互の距離が branch company の配置に意味をもっていることが読み取れる。

ヘルシンキ都市圏企業の場合もストックホルム企業ほどではないが、デュッセルドルフ、ウイーン、アムステルダム、ストックホルムへの配置企業数が多く、距離のもつ意味はかなり明らかである。

図11-10、図11-11、図11-12、図11-13は表11-7を図化したものである。図11-14は本社数を考慮に入れて図11-10～14を合成して示したものである。4都市の高さは本社数を示している。4都市の柱の頭部からの線は各都市への配置 branch company の数を示している。branch company の配置を通してみると、西ヨーロッパの主要都市が相互に強い結びつきをもっていることが理解できる。

図 11-14　ロンドン都市圏・パリ都市圏・ストックホルム・ヘルシンキ都市圏から各都市への branch company の配置

5　おわりに

　結論として重要なポイントをまとめると、①西ヨーロッパという1つの地域内の企業の branch company の配置において、距離が意味をもっていること、②その国あるいはその都市自体は多くの企業をもたないものの、数多くの branch company の立地都市になっている都市が数多く存在すること、その代表はマドリッド、リスボン、ダブリン、ウイーン、オスロである。これらの都市はいずれも首都であるが、③国によっては、首都が多くの branch company

をもたない国があり、ドイツ、スイス、イタリアがこれに該当する。前2者は連邦制国家であり、その特徴を反映しているが、ドイツにおいては統一後の首都が同国の最大都市ベルリンに戻ったことにより、連邦制国家の中の卓越した都市としての将来を歩むか否か興味深い。一方、イタリアは連邦制国家ではないにもかかわらず、首都ローマの地位はミラノよりはるかに低い。地域の独立性が強かったことの影響かもしれない。④ branch company の展開からみた都市システムを図化（図11-14）したが、そのさらなる評価は今後の課題である。

第2節　銀行の支所配置からみた都市システム

1　国別銀行の状況

　第1節では一般企業の branch company の配置から西ヨーロッパの都市システムを分析したが、ここでは、銀行に焦点をあてて、その支所配置から西ヨーロッパの都市システムを分析する。資料としては『EUROPE'S 15,000 LARGEST COMPANIES － 1994 －』（ELC International 刊）と『The Bankers' Almanac July 1996』（Reed Information Services 刊）を使用する。前者の資料はヨーロッパの主要企業を業種別に網羅している。この「銀行」の項に資産額によって300位まで掲載されている銀行を対象とし、後者の資料によってその支所配置を整理する。

　国境を越えた銀行の支所配置のタイプは大きく3つに分けられる。1つは純粋な foreign branch であり、2つめは representative office であり、3つめは correspondent である。ここでは1と2を対象とする。

　分析の手順としては、まず前節の16ヶ国の銀行の一般的状況について提示し、続いて都市別の状況を述べ、最後に支所配置からみた都市システムを検討する。対象の300行を適宜上位100行と下位200行とに分けて分析する。

　最初に対象300行の国籍について述べておこう。表11-8は上位100行と下位200行を国別に分けたものである。最も多い国はドイツの79行であり、300行の26.3％である。上位100行のうち、ドイツの銀行は39行で39.0％を占める。第2位はイギリスとイタリアで40行、300行の13.3％である。

表 11-8　国別銀行数

国名	銀行数	銀行数 (上位100行)	銀行数 (下位200行)
ドイツ	79	30	49
イタリア	40	14	26
イギリス	40	12	28
フランス	39	9	30
スイス	24	6	18
オーストリア	19	9	10
スペイン	13	6	7
オランダ	13	5	8
ポルトガル	9	1	8
フィンランド	7	3	4
ルクセンブルグ	7	1	6
アイルランド	4	2	2
スウェーデン	3	2	1
ノルウェー	3	0	3
計	300	100	200

上位100行と下位200行とに分けてみると、イタリアの方が上位行が2行多い。第4位はフランスで39行、300行の13.0%であるが、フランスは上位行がやや少ない。この4ヶ国とその他の国の銀行数とには大きな差があり、第5位はスイスの24行（8.0%）である。上位4ヶ国の銀行数は合計で198行、300行の66.0%を占める。ほぼ3分の2がこれら4ヶ国の銀行である。以上が300行の国別の状況である。

2　銀行の本社からみた主要都市

表11-9は本社数の多い順に都市を並べたものである。最多都市はパリで26行が本社を置いている。第2位はロンドンで25行、やや差があって、フランクフルトとウイーンが続く。しかし、パリとロンドンは下位行が多いのに対して、フランクフルトは上位行の銀行本社が多い。上位都市で上位銀行の本社数の方が多いのはフランクフルトだけである。あらためて指摘するまでもなく、人口数ではフランクフルトはパリやロンドンには遠く及ばない。それにもかかわらず、多くの銀行が本社を置いているのは同市がドイツのみならず、ヨーロッパの金融中心として重要な位置を占めていることの証左である。

フランクフルトとパリ、ロンドンとのもう1つの違いは同市が首都ではないことである。ドイツの都市としては、ミュンヘン、シュツットガルトも8行の本社をもち上位都市に顔を出しているが、これら2都市ももちろん首都ではない。上位20都市の中にドイツの都市は8つも入っているが、これもドイツの経済力の強さと連邦制という政治制度に由来するものであろう。

そのほかに首都を上回る銀行数をもつ都市としてミラノが挙げられる。イタ

第11章 西ヨーロッパの都市と都市システム

リアは共和制ではあるが、連邦制国家ではない。それにもかかわらず、ミラノの銀行数がローマを上回るのは、同市が経済力の強いイタリア北部の中心であることによるものと思われる。あるいは同国の小地域分立的であった歴史が影響しているのかも知れない。表11-2に掲載されている42都市の国別状況をみても（表11-10）、国の経済力と政治制度の影響が反映していることが理解できる。

オーストリア、ノルウェー、スウェーデン、フィンランド、ルクセンブルグ、アイルランドは首都以外の都市は上位に入ってこない。ベルギーとデンマークは首都に2つ以上の銀行本社はない。このように西ヨーロッパとして含まれる国々の銀行状況は一様ではない。それには政治制度をはじめとして、言語・文化・宗教・

表11-9　本社数による都市順位

順位	都市	銀行数 計	上位100行	下位200行
1	パリ	26	7	19
2	ロンドン	25	9	16
3	フランクフルト	18	10	8
	ウィーン	18	9	9
5	ミラノ	10	5	5
6	ミュンヘン	8	4	4
	シュツットガルト	8	3	5
8	マドリッド	7	4	3
9	ルクセンブルグ	7	1	6
10	ローマ	6	5	1
	アムステルダム	6	3	3
	ヘルシンキ	6	3	3
	リスボン	6	1	5
14	ベルリン	5	2	3
15	チューリッヒ	4	3	1
	ハンブルク	4	2	2
	ダブリン	4	2	2
	デュッセルドルフ	4	2	2
	ハノーヴァー	4	1	3
	ケルン	4	1	3
21	ストックホルム	3	2	1
	ベルン	3	1	2
	ストラスブール	3	1	2
	リール	3	1	2
	バーゼル	3	1	2
	ベルガモ	3		3
	ポルト	3		3
	ヴェローナ	3		3
29	エディンバラ	2	2	
	ユトレヒト	2	1	1
	トリノ	2	1	1
	ボン	2	1	1
	ジュネーブ	2	1	1
	ブレーメン	2	1	1
	ロッテルダム	2	1	1
	フィレンツェ	2		2
	ローザンヌ	2		2
	オスロ	2		2
	ブラットフォード	2		2
	ザールブリュッケン	2		2
	ボローニャ	2		2
	バルセロナ	2		2

表11-10　本社数2以上の国別都市数

国名	都市数
ドイツ	12
イタリア	7
スイス	4
フランス	3
イギリス	3
オランダ	3
スペイン	2
ポルトガル	2
オーストリア	1
ノルウェー	1
スウェーデン	1
ルクセンブルグ	1
アイルランド	1

歴史などが関係しているであろうが、ここでは言及しえない。

3 銀行の支所からみた主要都市

続いて都市別銀行支所の状況を検討しよう。表 11-11 は支所数 3 以上の都市を上位 100 行と下位 200 行の支所とに分け、支所数の多い順に示したものである。銀行によっては 1 都市に複数の支所を配置している場合がある。というより、大都市の場合はそれが普通であるが、ここでの集計の原則は 1 銀行 1 都市 1 支所である。下位 200 行の支所数が上位 100 行の支所数に比べて少ないのは、大銀行ほど数多くの支所を広く配置させていることによる。

図 11-15 は上位 100 行の支所数による都市の順位規模曲線であり、図 11-16 は全支所数による都市の順位規模曲線である。支所数最多都市はロンドンであり 87 支所を数える。第 2 位パリの支所数の 2 倍をこえる。ロンドンの支所数の抜きん出た多さは 2 つの順位規模曲線を見ても明らかである。順位

表 11-11 主要都市の支所数（支所数 3 以上）

順位	都市名	銀行数 計	上位 100 行	下位 200 行
1	ロンドン	87	58	29
2	パリ	40	24	16
3	マドリッド	34	25	9
4	フランクフルト	33	24	9
5	ミラノ	30	21	9
6	ブリュッセル	24	18	6
7	ルクセンブルグ	18	5	13
8	バルセロナ	12	7	5
9	リスボン	10	8	2
10	アムステルダム	9	8	1
	チューリッヒ	9	9	
12	ミュンヘン	8	6	2
	ジュネーブ	8	4	4
14	ストックホルム	7	6	1
15	ローマ	6	6	
	ベルリン	6	5	1
	リヨン	6	3	3
18	コペンハーゲン	5	5	
19	デュッセルドルフ	4	3	1
20	アントワープ	3	3	
	オスロ	3	3	
	ウィーン	3	3	
	ロッテルダム	3	2	1
	ハンブルク	3	1	2

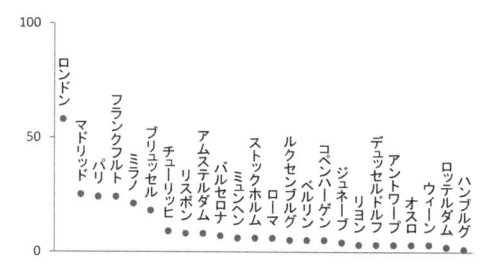

第 11 章　西ヨーロッパの都市と都市システム

図 11-15　上位 100 行の支所数による都市の順位規模曲線

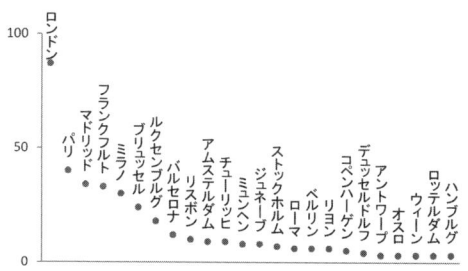

図 11-16　全支所数による都市の順位規模曲線

　規模曲線の状況から都市の階層性を指摘することはしばしば行われることである。2つのグラフからはロンドンの卓越性と第2階層のパリ～ブリュッセルの5都市を指摘できなくもないが、18支所のルクセンブルグの存在は上位都市とバルセロナ以下の都市群との明確な区別を妨げるものといえよう。

　上位100行と下位200行の支所数をみると全体として前者の方が多いが、ルクセンブルグだけは異なる。ルクセンブルグは上位100行の支所は5つしかないが、下位200行の支所数は13を数える。しかし、ルクセンブルグがなぜこのような状況を呈するのかは、より詳しい分析が必要である。

　下位200行は上位100行に比べて支所配置が少ないが、それは表11-11を見ても明らかである。10位以下の都市においてはジュネーブとリヨンを除いて支所数は少ない。チューリッヒ、ローマ、コペンハーゲンには下位行の支所は配置されていない。下位行の支所配置は上位行よりも、一層都市の重要性を示唆しているといえよう。

　本社数と支所数を対比すると、基本的に両指標の数と順位は一致するが、該当しない都市として、ウイーン、シュツットガルト、ヘルシンキ、ハンブルク、

ダブリンといった都市が挙げられよう。とくに、ウイーンは18もの銀行本社をもちながら支所数は3でしかない。簡単に言えば、外国銀行にとって魅力の乏しい都市ということになるが、この点についてもさらなる分析が必要であろう。

4 銀行の支所配置からみた都市間結合

支所数の多い都市をとりあげて、銀行の支所配置からみた都市間結合を分析する。支所数6以上の17都市をとりあげることにするが、これまでと同様上位100行と全300行とに分けてみていこう。上位100行の場合は支所数7以上の10都市をとくにとりあげたい。

表11-12は上位100行を対象とした、主要都市間の支所配置状況を示したものである。支所数が最も多いロンドンは多くの都市から支所配置が行なわれている。上位100行の本社を1つ以上所有する都市は41を数えるが、この

表11-12　主要都市間の支所配置状況（上位100行）

from \ to		ロンドン	マドリッド	フランクフルト	パリ	ミラノ	ブリュッセル	チューリヒ	アムステルダム	リスボン	バルセロナ
		58	25	24	24	21	18	9	8	8	7
フランクフルト	10 (100.0)	5 (50.0)	2 (20.0)		3 (30.0)	1 (10.0)	2 (20.0)		1 (10.0)		1 (10.0)
ロンドン	9 (100.0)		2 (22.2)	1 (11.1)		2 (22.2)	2 (22.2)	2 (22.2)	2 (22.2)	2 (22.2)	
ウィーン	9 (100.0)	5 (55.6)	1 (11.1)	1 (11.1)	2 (22.2)	4 (44.4)					
パリ	7 (100.0)	6 (85.7)	3 (42.9)	2 (28.6)		3 (42.9)		1 (14.3)	1 (14.3)	2 (28.6)	3 (42.9)
ローマ	5 (100.0)	3 (60.0)	1 (20.0)	2 (40.0)	2 (40.0)		1 (20.0)	1 (20.0)			1 (20.0)
ミラノ	5 (100.0)	3 (60.0)	2 (40.0)	3 (60.0)	2 (40.0)		1 (20.0)	1 (20.0)	2 (40.0)	1 (20.0)	2 (40.0)
マドリッド	4 (100.0)	3 (75.0)		3 (75.0)	3 (75.0)	3 (75.0)	2 (50.0)	2 (50.0)	2 (50.0)	3 (75.0)	
ミュンヘン	4 (100.0)	2 (50.0)	1 (25.0)		1 (25.0)	1 (25.0)					
その他		31	13	12	11	7	10	2	2		

表 11-13　主要都市間の支所配置状況（上位 300 行）

from \ to		ロンドン	パリ	マドリッド	フランクフルト	ミラノ	ブリュッセル	ルクセンブルグ	バルセロナ	リスボン	アムステルダム	チューリッヒ
		87	40	34	33	30	24	18	12	10	9	9
パリ	26	6		3	2	3	2		3	2	1	1
ロンドン	25		3	2	4	2	3			2	2	2
フランクフルト	18	6	4	3		6	3		2		1	
ウィーン	18	8	4	2	2		1		2	1	2	1
ミラノ	10	5	1	2	3							
ミュンヘン	8	2		1		1						
シュツットガルト	8							1		3		2
マドリッド	7	3	3		3	3	2					
ルクセンブルグ	7	2			1	1	1		1			

うちロンドン支所をもっていない都市は 7 つしかない。ロンドンがヨーロッパのみならず世界の金融中心としての地位を示す証左である。ヨーロッパのもう 1 つの中心都市パリの場合、ロンドンの半分以下の支所数ということもあって、パリに支所を出していない都市の数は 21 を数える。

　もう少し詳しくこの関係をみてみよう。ロンドンに最も多くの支所を出しているのはパリであり、7 行中 6 行である。このパリを筆頭に本社の多い都市はいずれも 50％を越えるロンドン支所配置率である。絶対数が少ないので比率による過度の評価は行なうべきではないと考えるが、ロンドンの重要性の一端を示していよう。

　表 11-13 は全 300 行を対象とした場合の主要都市間の支所配置状況である。表 11-12 と比較しても大きな数字の変動はない。つまり、下位 200 行は上位 100 行に比べると小銀行であるため、それほど多くの支所配置を行なっていないからである。

　たとえばパリの場合、下位 200 行中 19 の銀行本社をもつが、これら 19 行は上位都市に 1 つも支所を配置していない。ミュンヘン、マドリッドいずれも同じである。ロンドンは下位 200 行中 16 の銀行本社をもつが、フランクフルトとパリに 3 つずつの支所を配置している。

　図 11-17、図 11-18、図 11-19、図 11-20 は、それぞれ表 11-12 と表 11-13 から作成したものであり、支所配置からみた西ヨーロッパの主要都市の

相互結合状況を示したものである。ロンドンへの支所配置が多いので、ロンドンへの支所配置のみを示したものと、図の錯綜を避けるためにロンドン支所を除いた都市間の支所配置状況を示している。西ヨーロッパの主要都市が銀行支所という都市機能で相互に強い結合関係をもっていることは明白である。

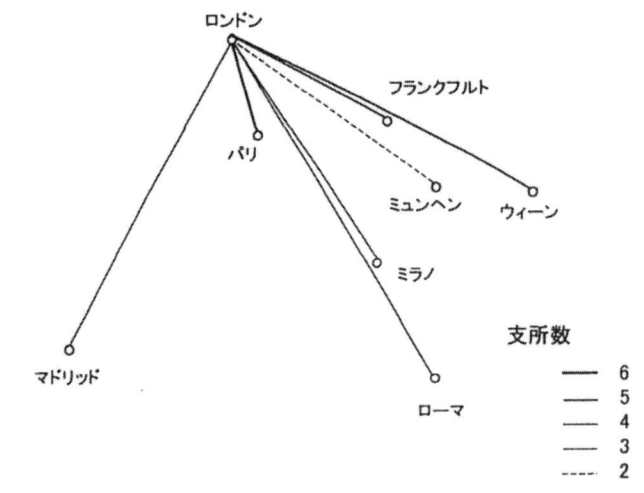

図 11-17　ロンドンへの支所配置
（上位 100 行）

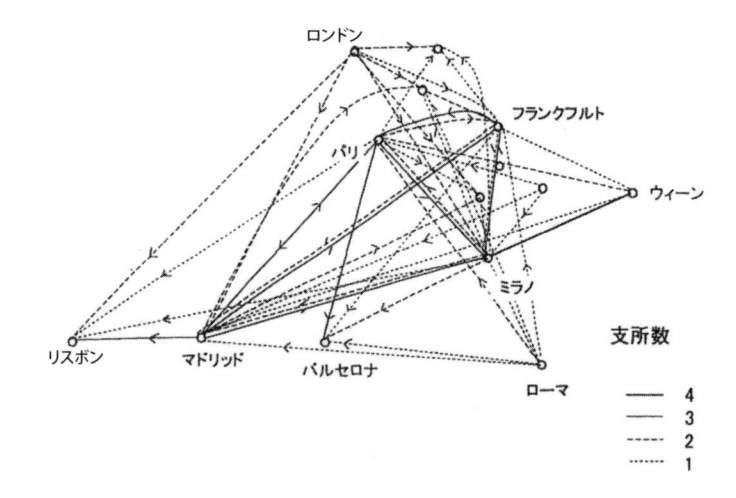

図 11-18　主要都市間の銀行支所配置（上位 100 行　うち対ロンドンを除く）

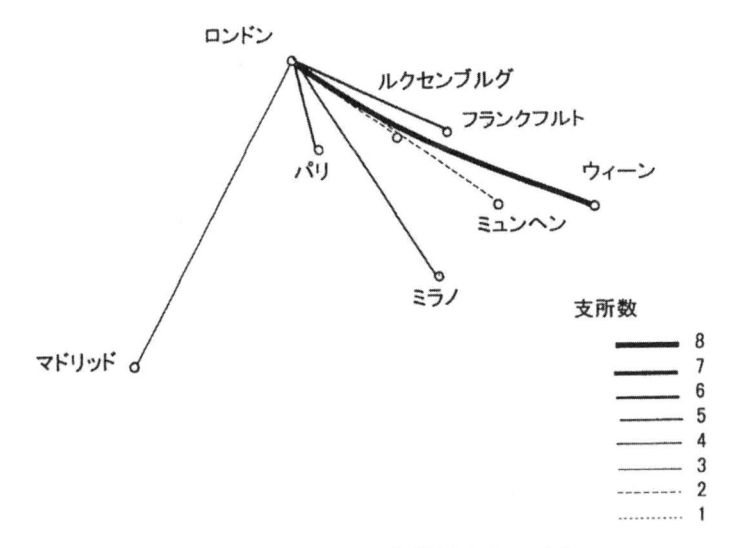

図 11-19　ロンドンへの支所配置（300行）

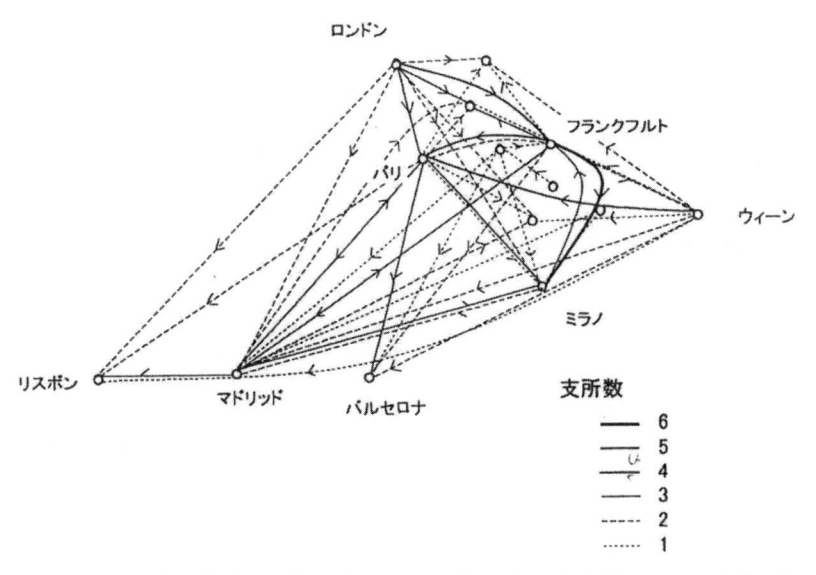

図 11-20　主要都市間の銀行支所の配置（300行　うち対ロンドンを除く）

5 おわりに

　西ヨーロッパの主要銀行300行を取り上げ、西ヨーロッパの主要都市の相互比較、都市間結合の状況を検討してきた。主要300行を上位100行と下位200行とに分けて分析してきたが、支所配置は大銀行の方が小銀行より活発なため、いくつかの例外を除くと主要都市への支所配置、そして都市間結合は上位100行の支所配置によってほぼ決定されていることがわかった。

　フランクフルトとロンドンの卓越性が指摘できた。前者は本社数の多さで、後者は本社も多いが、何よりも支所数の多さが群れを抜いていた。フランクフルトは連邦制国家の中で、首都以外の都市が重要な都市機能を多くもつ典型的な都市であった。ロンドンのCityと呼ばれる地区の金融機能については有名であるが、それは今回の分析でも明らかとなった。金融も他の業種同様、その支所配置にもつ地理的距離の意味が大きなことも明らかとなった。その状況を図化することによって、西ヨーロッパの主要都市はロンドンを中心に密接に結びついていることを指摘できた。

注
1) 都市（の範囲）をどのように規定するかということは難しい問題である。集落（その発展したものとしての都市）のなりたちは各国、各地域で異なるため都市の定義や範囲についての世界的なきまりというものはないのが実情である。日本の場合、市もしくは市町村をもって都市とすることが多いが、実質的な都市ということで都市圏を規定して分析することも一般的に広く行われている。ここでは、国際連合刊『世界人口年鑑　1995. Vol. 47.』に依拠して表を作成している。各国で行われる人口調査は調査年次が異なるため、完全に年次を揃えることはできないが、上記の年鑑には1990年代前半の状況が示されている。ここでは可能な限り、都市的地域、すなわち都市圏の人口を掲載している。

文献
阿部和俊　2009「ゆっくりと変化するパリのすがた」　阿部和俊編『都市の景観地理　大陸ヨーロッパ編』2章　古今書院
朴　倧玄　2006『韓日企業のアジア進出からみたアジアの国際的都市システム』古今書院

第12章　総　括

　以上、経済的中枢管理機能を指標として数ヵ国の都市と都市システムを分析してきた。ここで総括を試みてみよう。筆者は本書で取り上げた10ヵ国の他に、日本（阿部1991・1996・2004・2005・2014ほか）、イギリス（阿部1991）、サウジアラビア・エジプト・モロッコ・タイ・フィリピン・インドネシア・ブラジル（阿部2001）、中国（阿部2011）、ハンガリー（阿部2012）についても同様の観点からの分析を行っている。これらも総合して検討したい。筆者のこれまでの分析結果のうち、日本（図12-1）、サウジアラビア（図12-2）、ブラジル（図12-3）、中国（図12-4）、ハンガリー（図12-5-1・2）の都市システム図を提示しておく。

　本書では、主要都市における経済的中枢管理機能の状況と支所配置状況を具体的に把握することによって分析を行ってきた。キーワードは首都と政治体制である。そして、随所で指摘したように、この2つは密接な関係にある。

　経済的中枢管理機能の主要都市とくに首都における集積状況に注目し、支所配置の状況から首位都市を頂点とした強い都市システムのタイプ（都市間の結びつきが強いタイプ）と強い頂点都市をもたない都市システム（都市間の結

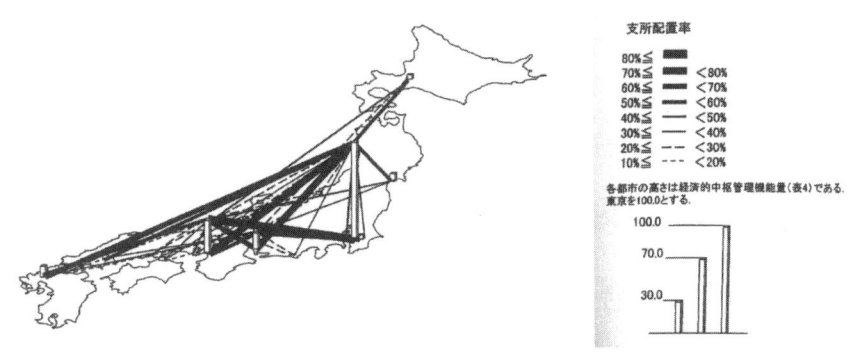

図12-1　日本の都市システム（2000年）
東京・大阪・名古屋本社企業の支所配置

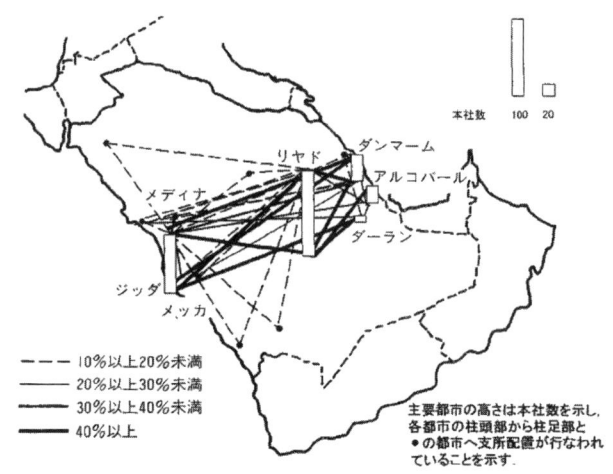

図12-2 サウジアラビアの都市システム（主要都市間の相互支所配置、1992年）

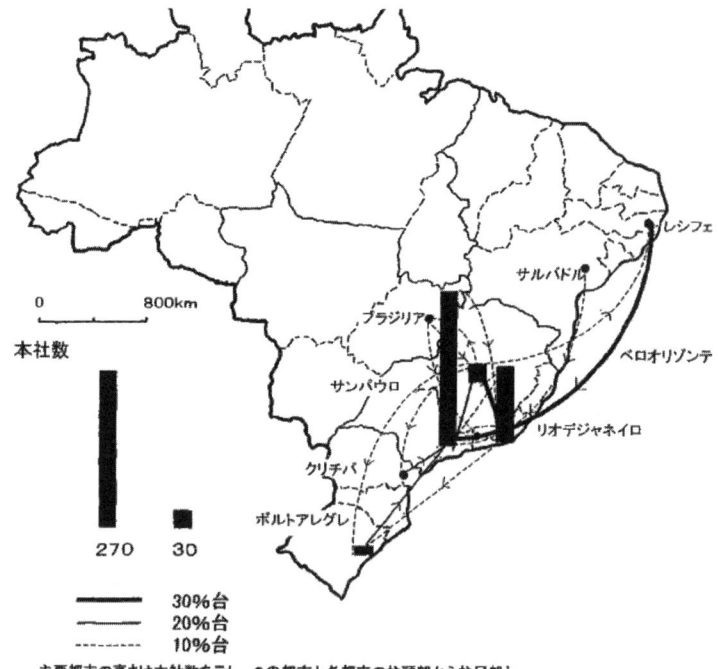

図12-3 ブラジルの都市システム（主要都市間の相互支所配置、1975年）

第12章 総 括　　219

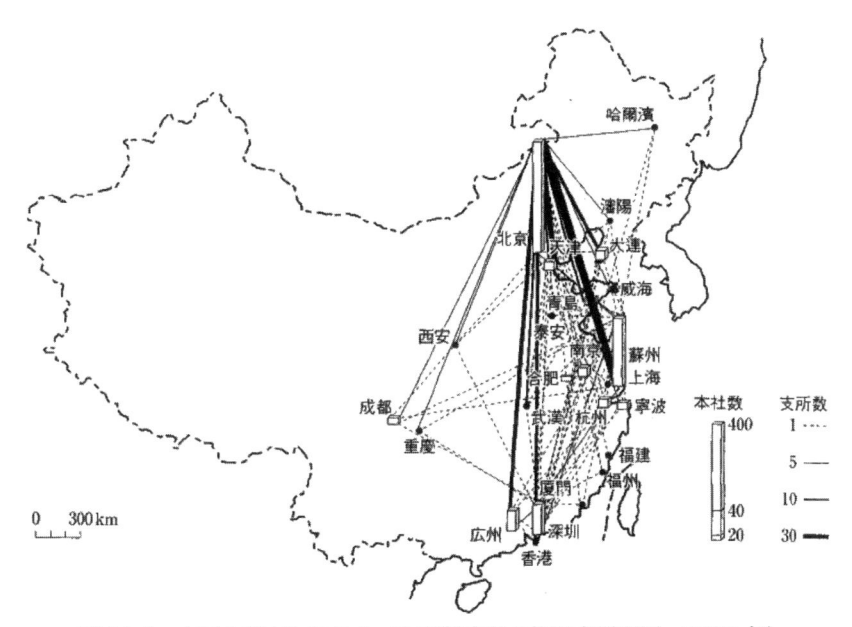

図12-4　中国の都市システム（主要都市間の相互支所配置、2001年）

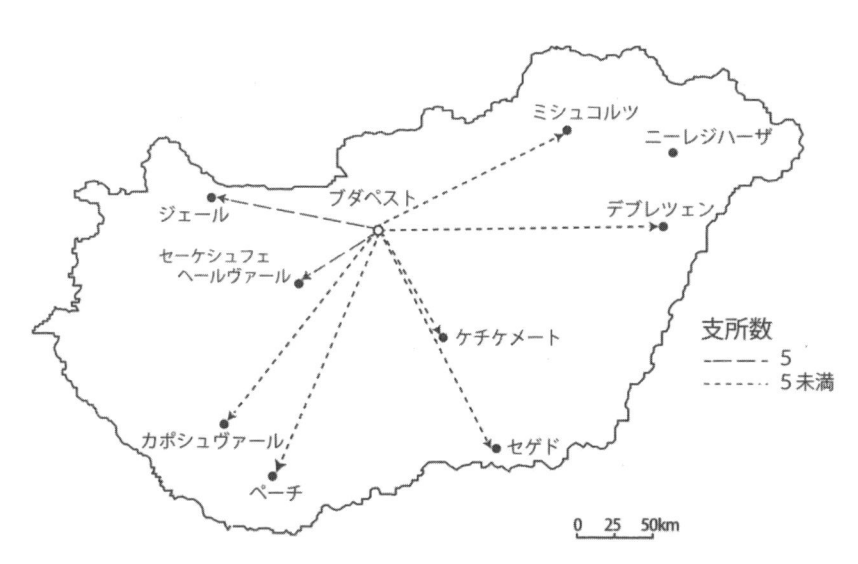

図12-5-1　ハンガリーの都市システム（1995-1996年）
　　　　―ブダペストから主要都市への支所配置―

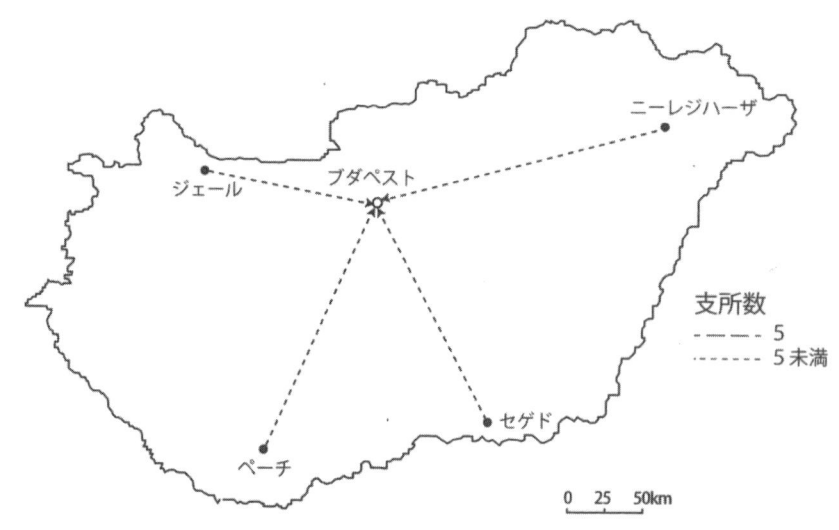

図12-5-2　ハンガリーの都市システム（1995-1996年）
―主要都市からブダペストへの支所配置―

びつきが強くないタイプ）の組み合わせで国々を4タイプに分けたものが図12-6である。

　AとDは、この機能の集積において首都が1位の国であり、BとCは、そうではない国である。AとBは首位都市が強い都市システム（首位都市を中心とした都市間の結びつきが強い）の国であり、CとDは強い頂点都市を持たない都市システム（都市間の結びつきが強くない）の国である。

　Aには、日本・韓国・フランス・中国・サウジアラビアが含まれる。
　Bには、ナイジェリア・南アフリカ共和国が含まれる。
　Cには、アメリカ合衆国・ドイツ・カナダ・インド・ブラジルが含まれる。
　Dには、イギリス・エジプト・モロッコ・ハンガリー・タイ・ポーランド・ロシア・フィリピン・インドネシアが含まれる。

　この分類には問題もある。1つは基準が曖昧なことである。何％以下、以上という基準を明確にした上での分類ではないからである。やや主観的な判断の部分を含んでいることを認めなくてはならない。そのことを承知のうえで検討を進めていこう。

第12章 総括　221

首位都市が頂点として強い都市システム
（首位都市を中心とした都市間の結びつきが強い）

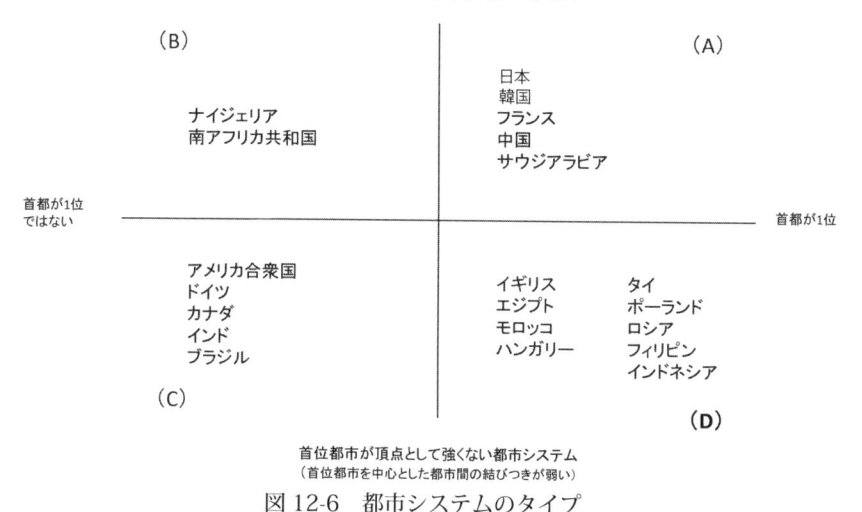

（B）

ナイジェリア
南アフリカ共和国

日本
韓国
フランス
中国
サウジアラビア

（A）

首都が1位ではない ─────────────────────── 首都が1位

アメリカ合衆国
ドイツ
カナダ
インド
ブラジル

イギリス
エジプト
モロッコ
ハンガリー

タイ
ポーランド
ロシア
フィリピン
インドネシア

（C）

（D）

首位都市が頂点として強くない都市システム
（首位都市を中心とした都市間の結びつきが弱い）

図 12-6　都市システムのタイプ

　ＢとＣの国の政治体制は南アフリカ共和国を除いて連邦共和制である。連邦制の特徴は一言で言えば「非集中」である。アメリカ合衆国の政治中心はワシントン、経済中心はニューヨークということを想起すればわかりやすい。
　ＡとＤの国の政治体制は、立憲君主制であれ共和制であれ、非連邦制である。中国は人民民主共和制、サウジアラビアは（祭政一致の）君主制、ロシアは共和制であるが、連邦制的な性格も持ち合わせている。
　もう少し詳しく見ていこう。Ａの国のうち、韓国とフランスは首都が都市システムの圧倒的な頂点に立つ。これに対して、日本・中国・サウジアラビアは首都が頂点に立つものの、第２位都市の存在も小さくはない。
　Ｂのナイジェリアと南アフリカ共和国の首位都市はラゴスとヨハネスブルグである。ナイジェリアは15世紀にポルトガル人が進出したが、19世紀末にイギリスの植民地となった。1960年にイギリス連邦内の自治国として独立する。首都はラゴスに置かれた。ナイジェリアの北部はイスラム教文化圏、南部はキリスト教文化圏である。両地域の融合を図ることを目的として、国土の中央部に首都が建設されることになり（1976年）、1991年に首都はアブジャと

なった。

　本書の分析結果では、連邦制国家はこの機能上突出した首位都市は存在しないことになる。しかし、ナイジェリアではラゴスの地位は卓越していたし、現在でもそうである。植民地時代の名残であると考えられるが、第5章で分析したようにアブジャの都市機能の充実は著しい。連邦制国家であれば、政治中心のアブジャ、経済中心のラゴスとなり、ラゴスの相対的地位は低下というパターンの国になるとも想定されるが、予測は簡単ではない。経済の発展段階と宗教の影響が大きいからである。

　南アフリカ共和国の政治体制は連邦制ではないが、この国は三権分都（首都はプレトリア、国会はケープタウン、最高裁判所はブルームフォンティン）とも言えるようなシステムを採用している国である。連邦制ではないが、分散的なシステムと言えよう。

　Cの国のこの機能上の第1位都市は、ニューヨーク、ハンブルク、トロント、ムンバイ、サンパウロである。共通点はいずれも首都ではないことと、第1位都市とはいえそれほど卓越してはいないことである。

　Dの国の首都はいずれも地位が高い。しかも、かなり卓越度が高い。代表はバンコクである。その地位は圧倒的である。しかし、この機能を指標とした国内の都市間結合は弱い。意外な結果ではあるが、ロンドンも同様である。資料上の懸念も拭いきれないが、イギリスの場合ロンドンは国内の都市システムの強大な頂点というよりも第11章で検討したように、ＥＵの中（あるいは世界の中）での中心的地位が高いことを評価すべきかもしれない。今後の課題である。

　各国の都市システムは上のように整理されるが、さらに検討すべき点がある。それは経済の発展段階と社会主義体制の評価である。前者に関しては、先進国と発展途上国という区分が一般的である。かつて筆者もその基準で本を書いた（阿部1996・2001）。しかし、経済の発展段階と都市システムのタイプには相関性は乏しい。

　社会主義体制についてはどうであろうか。本書で取り上げている国のなかで社会主義体制を経験した国として、ポーランド・ハンガリー・ロシアがあるが、いずれもＤタイプである。これら3ヶ国の激動の歴史については、筆者が述

べるまでもない。中国は形式上共産主義国家を標榜しているが、その実態は共産主義とも社会主義とも言えない。1949年の革命による立国以来の変遷も著しい。また、この機能の担い手の中心が外資系企業であることも留意しておかなくてはいけないポイントである。

　次に留意しておく点として、時系列的な変化というものがある。変化を分析できた国についても現在まで既にかなりの年数が経過している。言うまでもなく、都市も都市システムもゆっくりとではあるが常に変化している。本書では出来る限り変化を取り上げた。しかし、資料の関係から十分にそれができなかった国もある。アメリカ合衆国の都市や都市システムにここ数年間で大きな変化があったとは考えにくいが、発展途上国のいくつかの国では都市システムの大きな変化が予想される。Bの国々である。社会の変化と無縁の都市システムはありえない。さらなる時系列的な分析が重要である。

　次の点は、これらの都市システムのモデル化・理論化は可能かという問題である。本書では、分析結果の模式図化を試みたが、それは一般化と呼ばれるほどのものではない。都市システムの理論を確立することは出来るのか。最大の課題である。

文献
阿部和俊　1991　『日本の都市体系研究』　地人書房
阿部和俊　1996　『先進国の都市体系研究』　地人書房
阿部和俊　2001　『発展途上国の都市体系研究』　地人書房
阿部和俊　2004　「都市の盛衰と都市システムの変容」　阿部和俊・山崎朗『変貌する日本のすがた―地域構造と地域政策』のⅢ章　古今書院
阿部和俊　2005　日本の主要都市間結合の推移とその模式図化の試み　愛知教育大学研究報告　第54輯（人文・社会科学編　135~145
阿部和俊　2011　中国の都市システム　上野和彦編『世界地誌シリーズ2　中国』118~125　朝倉書店
阿部和俊　2012　「経済的中枢管理機能からみたハンガリーの都市体系」　小林浩二・大関泰宏編『拡大EUとニューリージョン』Ⅲ-1　原書房
阿部和俊　2014　わが国の経済的中枢管理機能の立地と都市システム　地理科学　vol.69 no.3　114~126

索 引

アルファベット

A
Africa South of the Sahara 78, 79, 168, 169, 170
Alphabetical List of Canadian Manufactures 134, 135

B
Bankers' Almanac 2, 18, 77, 95, 168, 207
Bottin 17, 30
branch company 183, 184, 188, 195, 196, 197, 200, 201, 202, 203, 204, 205, 206, 207

C
Canadian Global Almanac 136
CMA 137
CORPUS ALMANAC &CANADIAN SOURCE BOOK 138

D
David S. Hoopes editor Worldwide Branch Locations of Multinational Companies 183

E
EUROPE'S 15,000 LARGEST COMPANIES — 1994 — 207

F
France 10000 17, 18
France 30000 17

H
Handbuch der Grossunternehmen 113, 123, 132

I
Illustrated Atlas of Southern Africa 171
INSEE 15, 20, 48

K
Kompass 17

L
L'expansion 16, 18

M
Major Companies of Central & Eastern Europe and the Commonwealth of Independent States 52, 67
Major Companies of Africa South of the Sahara 168, 170
Major Companies of South West Asia 95, 100, 101

N
NIGERIA'S TOP 500 COMPANIES 77, 83

O
OECD 1

S
SMSA 153, 156, 160, 161, 162, 163, 164, 165, 166, 167

T
THE CAREER GUIDE 153, 156, 160

U

urban system ii
U.S. Bureau of the Census, Census of Population 154

W

Worldwide Branch Locations of Multinational Companies 200

日本語・漢字

い

イル　ド　フランス 20, 21

き

共和制 i, 50, 54, 55, 63, 76, 77, 192, 209, 221
均衡メトロポール 28, 29, 31, 32, 34, 42

か

韓国統計年鑑 3

け

経済的中枢管理機能 i, ii, iii, iv, 1, 2, 4, 13, 14, 15, 16, 17, 18, 19, 21, 27, 35, 47, 50, 52, 54, 61, 63, 67, 72, 76, 77, 80, 94, 95, 96, 99, 100, 110, 112, 113, 117, 123, 132, 134, 141, 150, 153, 156, 166, 168, 169, 170, 180, 183, 184, 217, 223

こ

広域中心都市 32, 34, 58, 129, 162
国民総生産額 197
国立統計経済研究所 15
コミューン 15

さ

祭政一致 221

し

社会主義 i, 50, 54, 55, 57, 60, 61, 63, 67, 76, 222, 223
社会主義国 50, 54, 57, 60, 61, 63, 67, 76
上場法人 1, 4, 5, 14

つ

通貨危機 1, 2

て

テリトリー 27, 29, 30, 31, 32, 35, 48, 107, 129, 131, 132, 137

と

登録法人 1, 5, 14
都市システム i, ii, iii, iv, 1, 10, 11, 14, 15, 16, 18, 35, 44, 45, 47, 48, 50, 55, 60, 61, 62, 63, 75, 76, 77, 94, 95, 110, 112, 113, 116, 121, 123, 131, 132, 134, 150, 151, 152, 153, 166, 168, 178, 180, 181, 183, 184, 188, 195, 200, 207, 216, 217, 218, 219, 220, 221, 222, 223
都市体系 ii, iii, iv, v, 14, 49, 62, 76, 112, 152, 182, 223

ら

ラ　デファンス 15, 25, 39, 40, 48, 201

り

立憲君主制 i, 54, 192, 221

れ

連邦制 i, 54, 57, 60, 61, 76, 103, 104, 111, 116, 118, 121, 122, 151, 192, 195, 200, 207, 208, 209, 216, 221, 222